教育研究方法

苗培周　主　编

化学工业出版社
·北京·

内容简介

本书基于教育研究方法发展趋势和教师培养现实需求，按照系统性和变通性互补、基础性和前瞻性相融、原理性与应用性结合的原则精心选择课程的核心内容，并使之形成模块化体系，即教育研究方法概论—选题与研究设计—收集与分析资料—教育研究成果表达四个基本课程模块，各个模块既有相对完整的内容，又相互融合，共同实现课程价值。全书共分为 12 章，包括概述、选题、文献检索与综述、调查法、观察法、实验法、个案研究法、行动研究法、叙事研究、内容分析法、研究资料整理分析以及研究成果呈现等内容，比较全面地阐述了教育研究方法的一般原理和基本过程以及方法技术。在具体论述过程中结合具体的案例进行分析，提高读者运用研究方法的能力。

本书力求用简洁、清晰的语言阐明内容，做到形象直观、通俗易懂，既可以作为高等学校师范类专业学生的教材，也可供广大教育工作者和教科研人员参考使用。

图书在版编目（CIP）数据

教育研究方法 / 苗培周主编. -- 北京：化学工业出版社，2024. 7. -- ISBN 978-7-122-46118-6

Ⅰ. G40-034

中国国家版本馆 CIP 数据核字第 20249JG776 号

责任编辑：王　可　　　　　文字编辑：林　丹　赵　越
责任校对：李露洁　　　　　装帧设计：张　辉

出版发行：化学工业出版社
　　　　　（北京市东城区青年湖南街 13 号　邮政编码 100011）
印　　装：北京科印技术咨询服务有限公司数码印刷分部
710mm×1000mm　1/16　印张 17½　字数 323 千字
2024 年 7 月北京第 1 版第 1 次印刷

购书咨询：010-64518888　　　　售后服务：010-64518899
网　　址：http://www.cip.com.cn
凡购买本书，如有缺损质量问题，本社销售中心负责调换。

定　　价：88.00 元　　　　　　　　版权所有　违者必究

前言

自 20 世纪七八十年代有学者提出"教师即研究者"的思想以来，人们对教师的研究能力日益关注，培养高素质、专业化、创新型教师已经成为世界各国深化教师教育事业改革的重要目标。随着我国教育事业进行由追求数量和规模扩张为主的外延式发展向以讲求质量和结构优化为主的内涵式发展的历史性转变，加快推进教育现代化、建设教育强国已经成为新时代国家经济和社会发展的重要战略，是未来我国教育改革与发展的主旋律。从加快教育现代化、建设教育强国这一历史站位和战略视野来看，培养教师的研究素养与创新能力无疑具有十分重大的意义。提供更高质量、更加公平的教育，要求新时代的教师必须对当前我国一系列需要突破和解决的重大教育问题作出独特的探索和回答，而其中的关键就在于不断提升教师的研究和创新能力。从根本上说，教育教学是一种创新性劳动，必须以研究为依托才能不断得到深化和提高。没有教科研素养支撑的教师队伍，是很难支撑起中国式教育现代化、建设教育强国的战略要求的。面对新形势、新任务、新要求，只有抓住了教师研究与创新能力这个关键，改变教师看待问题的角度和方式，从而引发教师自身思维和思想的裂变，进而为教师专业成长提供精神养分，才能真正引领、推进中国式教育现代化。

师范生是未来的教师，其研究素养和创新能力不仅关系到他们未来的专业发展，也直接影响着我国未来教师队伍整体素质的提高。因此，举办教师教育的高等院校必须加强对师范生的科研素养的培养与训练。

作为石家庄学院校级规划教材建设"教育科学研究方法"应用型课程转型建设的成果，本书在广泛吸收和借鉴国内外相关优秀成果的基础上，结合多年来课程教学改革的实践探索，以《普通高等学校本科专业类教学质量国家标准·教育学类教学质量国家标准》和中小学教师《专业标准》相关要求为基础，较为全面地介绍了教育研究的基本过程与常用方法。全书分为12章，主要内容包括教育科学研究概述、研究课题的选择、文献资料的检索、研究数据的收集方法与分析方法、研究结果的解释与表达等方面的内容，展现出教育研究的主要架构，使读者对教育科学研究方法体系有一个比较全面的了解。本书特点在于从研究过程入手，结合实例分析和讨论教育研究过程中所涉及的常用方法，既可帮助师范生正确和深入地理解原理、概念，也能突出训练教科研的基本技能和策略。该书适合作为高校师范类专业教材，也可供广大教育工作者作为参考资料。

本书由苗培周担任主编，负责全书的策划和写作大纲的制定，并负责内容的审定和统稿，亢飞飞参与全书文稿的辅助整理。具体分工：第一～三章由苗培周、柴育青编写，第四章由李烨编写，第五、十章由秦潇晓编写，第六章由李烨、陈新景编写，第七章由张雯雯、苗培周编写，第八章由张雯雯、李萌编写，第九章由亢飞飞编写，第十一章由陈新景编写，第十二章由葛婧茹编写。

本书参考和引用了有关专家和学者的著述文章，在此我们表示衷心感谢，但也难免有所疏漏，敬请谅解，心中不胜感激。由于作者水平有限，加上时间仓促，本书中难免存在不妥之处，恳请各位专家同仁和广大读者批评指正。

编　者
2023 年 8 月

目录

第一章
教育科学研究概述

【知识目标】

1. 掌握教育科学研究的含义及特征。

2. 理解教育科学研究的价值。

3. 理解教育科学研究方法的体系。

4. 掌握教育科学研究的基本过程。

【任务目标】

1. 根据本章所学，访谈几位优秀教师，了解他们对开展教育科学研究的认识和理解。

2. 阅读专业相关领域的核心期刊论文，尝试分析论文所使用的研究范式，说出其使用了哪些具体的研究方法。

⇥》 问题导入

20世纪60年代，英国学校委员会和拉斐尔德基金会联合发起"人文课程计划"，强调把实验课程和课程研发的概念重建作为课程研究的基础，鼓励教师对教学采取一种批判性反思的态度，对自己和同事的课堂开展研究，并为教和学创造更有活力的动态环境。自此以后，"教师即研究者"的思想开始萌发。1975年，主持该计划的劳伦斯·斯腾豪斯在其出版的《课程研究和研制导论》一书中明确提出"教师即研究者"的命题。他在书中极力推广普及这一理念，促进了教师研究运动在世界范围内的蓬勃开展，一时间，英国、美国、澳大利亚、加拿大、法国以及其他许多国家出现了诸多教师研究者团体。20世纪80年代以来，随着教育专业化运动的进一步发展，有关教师开展研究的理论与实践日益深入、丰富。那么，什么是教育科学研究？教师开展教育科学研究的意义和价值何在？

第一节 教育科学研究的含义、特征与价值

一、教育科学研究的含义

研究是人类的一种生活现象，也是日常生活的一种基本方式。远古人类走出洞穴，寻得安身之所在，就是一种研究；而当他们眺望太空，预知天气变幻，也是一种研究。实际上，每个人都在日常生活中做着研究。从某种意义上说，没有了研究，人类便不能很好地生存或不能生存[1]。

在日常生活中，教师对"教育科学研究"有着不同的看法。我们经常听到中小学教师对教育科学研究的不满、抱怨，甚至误解。

"教育科学研究就是一堆空洞无用的理论。"

"我想要好好研究一下这个问题，但我真的没时间。"

"我教了这么多年学，经验丰富，知道课堂、教学和学生是怎么回事，研究对我来说没有任何意义。"

……

那么，究竟什么是教育科学研究呢？我们认为，与所有科学研究一样，教育科学研究是指以教育现象和问题为研究对象，运用科学的理论和科学的方法，有计划、有目的进行探究，进而发现和研究教育现象的本质和客观规律的认识和实践过程。

要理解教育科学研究活动，必须把握三个关键要素：

① 教育科学研究是一种探究活动，即通过对一个问题的详细研究，发现新信息，形成新的知识和理解。从一定意义上说，研究是人类用以发现真理的一种重要手段。

② 教育科学研究是一种系统的探究活动。在教育科学研究活动中，探究是系统的，有一定顺序的，即探究包含的原理和方法是可以被解释的，是可靠的。与经验不同，研究是系统化的，并且以演绎-归纳模式为基础进行运作，具有自我修正的特点，其程序和方法也公开地接受业界的公共检视。

③ 教育科学研究的结果为他人所共享。如果教育科学研究的结果仅仅是研究者个人所知，那么充其量也只是一种个人的反思，而不是研究。研究的目的在于更加有效地改善整个人类的教育实践活动，促进儿童身心健康发展。

---

[1] 童辉杰. 心理学研究方法导论 [M]. 北京：中国人民大学出版社，2012：1-2.

二、教育科学研究的特征

教育科学研究同其他社会科学研究一样，具有以下几个特点❶。

（一）个体性与整体性的统一

从实践唯物主义的观点来看，人是个体与整体的辩证统一体。作为社会存在物，个人的生命表现"也是社会生活的表现和确认"，所以，要"首先应当避免重新把'社会'当作抽象的东西同个人对立起来"❷。因此，在教育科学研究活动中必须在个体与社会整体之间保持适当张力，在个人与社会的有机相关性和互为参照性中展开自己的研究思路，在人与社会的多方面、多层次、多向度参照关系中达到对人的自我观照和自我理解❸。

（二）说明性与理解性的统一

在教育科学研究活动中，既可以通过实证方法来客观地分析、说明教育事实的本质、结构、功能及发展规律，又可以通过对教育事实的意义的理解来揭示教育现象之间的内在联系。因此，既重视实证主义方法的说明性，又要重视解释学方法的理解性，积极探索二者有效互通的途径，以达到对教育现象的全面完整的理解。

（三）批判性与建构性的统一

批判性、建构性、创新性是教育科学研究的内在本性和活力所在。因此，在教育科学研究活动中，不仅要对教育现实世界进行科学的审视和批判，还要对理想的教育世界进行观念的追寻和建构，使人们在"批判旧世界中发现新世界"。

（四）价值中立性与非中立性统一

一方面，教育科学研究从不同侧面、角度在不同程度上揭示了教育现象的本质、特点和发展规律，其所揭示的规律在一定范围内是具有客观性的。另一方面，教育科学研究总是包含、渗透、负荷着人的价值，从选题、研究过程活动到研究成果评价、应用等都离不开人的价值选择。因此，必须正确把握教育科学研究的客观性与价值性的辩证关系。

三、教育科学研究的价值

教师进行教育科学研究的意义主要体现在以下几个方面。

---

❶ 欧阳康，张明仓. 社会科学研究方法 [M]. 北京：高等教育出版社，2001：32-50.
❷ 马克思. 1844 年经济学哲学手稿 [M]. 北京：人民出版社，2000：83-84.
❸ 欧阳康，张明仓. 社会科学研究方法 [M]. 北京：高等教育出版社，2001：37.

（一）开展教育科学研究有助于教师专业自主判断的形成与完善

教师开展教育科学研究就是采取研究的态度和实践，不断提升自身专业自主判断能力，把自己从传统工厂式的教育体系中逐步解放出来的过程。斯腾豪斯指出："好教师必定能独立进行专业判断。他们不需要别人告诉他们该做什么。在专业上，他们既不依附于研究人员或教育督导员，也不依附于教育革新者或是学科督导员。这并不意味着他们不愿接受他人提出的观点，也不是他们拒绝别人的建议、不征求他人意见或不接受帮助。但老师们确实明白那些教育理念和那些人起不了多大真正的作用，除非教师可以消化理解并做出自己的判断，简言之，课堂之外，所有的教育家的任务都是为教师服务，因为只有教师才能创造出良好的教学效果。"❶ 这样，教师就会朝着解放自己和捍卫自己的专业自主权的方向不断迈进，最终成为自己职业生涯的主宰。

（二）开展教育科学研究有助于使课程与教学、教师真正融为一体

教学是师生共同建构知识的过程，课程中的观念只有通过教师才能转化为实际❷。在把课程政策转化为实际教学的过程中，教师需要开展以研究为基础的教学，以便更好地实施课程。这样，教师的教育科学研究就与课程和教学紧密地结合起来了。也正是在这一过程中，使教学成为一门专业。

（三）开展教育科学研究有助于推动教育科学的发展

教师的教育科学研究是教育科学发展不可或缺的重要力量，是推动教育科学繁荣发展的重要资源。中小学教师开展教育科研的出发点和落脚点是解决教育教学实际问题，改进学校现有实践状态，改善师生的生存状态，具有鲜明的实践品格和强烈的实践关怀。这对于教育科学的发展具有十分重要的意义。如果我们想要提升教育理论对课堂教学实践的影响力，就必须按照与教师的视角更相符的方式来分析、理解和解释他们的实际活动。

（四）开展教育科学研究有助于进一步提升教育质量

开展教育科学研究，培养研究型教师已经成为世界各国推进教育变革、提高教育质量的重要途径。在我国亦是如此。随着我国教育事业由追求数量和规模扩张为主的外延式发展向以讲求质量和结构优化为主的内涵式发展的历史性转变，加强推进教育现代化、建设教育强国已经成为新时代国家经济和社会发展的重要战略，是

---

❶ 戴维·霍普金斯. 教师课堂研究指南 [M]. 3 版. 杨晓琼，译. 上海：华东师范大学出版社，2009：31-32.

❷ 全国十二所重点师范大学联合编写. 教育学基础 [M]. 3 版. 北京：教育科学出版社，2014：354.

未来我国教育改革与发展的主旋律❶。首先，我们必须充分正视并努力解决我国教育事业发展中存在的各种不平衡不充分问题以及一系列需要突破和解决的重大问题。而这些问题的解决最终需要通过教师的教育科学研究作出独特的探索和回答。其次，没有教育科学就没有科学的教育。教师现代化是加快教育现代化、建设教育强国的关键❷。开展教育科学研究是教师转变自身生存方式的重要途径。从根本上说，教学是一种创新性劳动，必须以研究为依托才能不断深化和提高。没有教科研素养支撑的教师，教育现代化也就难以完成。只有抓住了教育科研这个关键，改变教师看待问题的角度和方式，从而引发教师自身思维和思想的裂变，才能真正引领、推进教育现代化。

总之，教师工作的领域充斥着尚未解决的谜题，教师有专业义务成为终身学习者，拓展专业技能，加深专业知识和能力，在专业判断中显示智慧。教师对教育问题的持续探究不仅可以促进教师持续的专业成长与发展，促进更专业的教学决策，而不是习惯性的反应，还可以使教师真正成为教育变革的主体，以便更好地应对未来教育的不确定性。因此，教师开展教育科学研究意味着教师对其实践以及对实践的改进方式有更好的理解，并通过获得鲜活的理解寻求教学改进策略，以获得最佳实践，促进学生全面健康发展。

第二节 教育科学研究的原则与类型

一、教育科学研究的基本原则

教育科学研究的原则是指教育科学研究的基本规范和要求。研究者必须严格遵守教育科学研究的基本原则，确保教育科学研究顺利开展，实现预期研究目标。

（一）客观性原则

教育科学研究要从教育现象的本来状态出发，力求客观地认识教育现象以及与之相关的各种客观事实，适宜地选择研究方法和手段，以实事求是的态度对待研究，不能有个人偏见，不能主观臆造。只有这样，教育科学研究才能反映客观事实、揭示教育规律、指导教育实践。

（二）科学性原则

教育科学研究是一种科学的探究活动，科学性是其必须遵循的基本原则。因

---

❶ 褚宏启. 我们需要什么样的教育现代化与教育强国 [J]. 人民教育，2018（20）：16-20.
❷ 田学军. 加强新时代教育科学研究 加快推进教育现代化 [J]. 教育科学研究，2019（05）：4-9.

此，开展教育科学研究，除了要有深刻的洞察和创新的思想之外，还要有严密的逻辑、科学的研究设计以及令人信服的证据。这就需要研究者秉承科学精神，按照科学的逻辑设计和论证研究过程，保证研究结果的科学性和可靠性。当然，科学并不意味着量化，也不一定意味着精确，而是指要符合逻辑，意味着实事求是。

（三）创新性原则

教育科学研究需要获得新的知识和新的、更为适宜的解决问题的方法，即在理论上有所创新，在实践上有所突破[1]。创新是科学研究的生命力所在，一个研究如果没有创新，那就是对研究资源的严重浪费。因此，开展教育科学研究首先要具有创新的意识和勇气，不盲从权威，不拘泥经验，不墨守成规，要以新的理念分析已有资料，以新角度、新方法去研究现实问题，努力寻求研究的新价值、新突破，探索新规律，总结新成果。

（四）伦理性原则

与自然科学的研究对象不同，教育科学研究的对象往往是处于成长和发展过程中的儿童，这就要求教育科学研究必须注重伦理性原则，什么时候也不能以影响甚至牺牲儿童的身心健康为代价而进行研究。在实际研究过程中，研究者要充分尊重儿童的意愿，应征得其父母或其他监护人的同意，允许儿童有不参加研究或中途退出的权利，保护儿童的自尊心和隐私权。如果研究给儿童身心造成损害，研究者有责任去消除一切不良的后果。

二、教育科学研究的基本类型

按照不同的标准，教育科学研究可以划分为不同的类型。

（一）基础研究和应用研究

按照研究目的来分，教育科学研究可分为基础研究和应用研究。

1. 基础研究

基础研究，其关注点主要在于探索现象之间的因果联系，增加对教育现象所具有的内在规律的理性认识，以便更好地发展和完善理论。例如"中国特色社会主义教育理论体系研究""教育现代化的理论研究"等都属于基础研究。一般来说，基础研究与建立教育科学的一般原理有关，旨在建立具有普遍性的理论，为现有学科的知识体系增加新的知识，诸如关于教育本质、教学过程规律、德育过程、教育目的等的研究都属于此类研究。

---

[1] 刘晶波. 学前教育科学研究方法 [M]. 北京：人民教育出版社，2014：18.

2. 应用研究

应用研究是运用基础研究的成果，解决当前实际问题的研究，通常可直接用于指导教育实践，提升教育质量和效益。它是对基础研究的验证和发展。例如，"教材建设中创新性发展中华优秀传统文化研究""面向核心素养发展的课堂深度学习设计研究""语文教科书的国家认同建构及教学实现研究""信息化视域下乡村小规模学校优质教学资源供给机制研究"等都属于应用研究。从目前实际情况看，大多数教育科学研究都是应用研究。一般来说，应用研究能够快速了解教育现象和问题的整体状况与特征，可以为解决某些特定的实际问题提供直接有用的知识或方案。

在教育科学研究中，基础研究和应用研究都是重要的，二者相互补充，相互促进。基础研究提供了解决教育问题的理论指导，应用研究提供了新事实材料以支持和完善理论。没有基础研究，不了解事物之间的内在联系，可能只会解决局部问题；没有应用研究，不解决现实的教育问题，教育科学理论也很难进一步发展。

资料链接1-1

发展研究、评价研究和预测研究

发展研究主要目的在于研究用于教育发展的有效策略，即解决教育"如何改进"的问题。例如"乡村振兴战略背景下边境民族地区乡村小规模学校发展研究""新时代民办教育发展战略和治理创新研究""后扶贫时代民族地区教育扶贫问题研究"等都属于此类研究。

评价研究旨在通过搜集和分析资料数据，对一定教育目标和教育活动的相关价值做出判断，主要回答"怎么样"的问题。例如"藏区国家师范生公费教育政策实施效果追踪与质量提升研究""千名中西部大学校长海外研修计划（2012—2017）效果追踪研究""高考改革试点省份高中学生选课选考追踪研究"都属于此类研究。

预测研究的目的在于分析和解释事物未来发展的前景和趋势，主要解决"将来怎么样""将来应怎么样"的问题。例如"新中国70年出国留学政策演变与发展走向研究""'十四五'期间我国高等教育发展目标与推进策略研究"等都属于此类研究。

上述三种研究其实都属于应用研究的范畴，都是为解决现实教育问题服务的。对于中小学教师而言，受工作对象、研究时间等限制，其开展的教育科学研究应侧重在应用研究。

（二）定量研究与定性研究

按照研究手段和方式，教育科学研究可分为定量研究和定性研究。

1. 定量研究

定量研究，又称量化研究，主要是依赖对事物的测量和计算，用数字和量度来描述事物，更加注重研究程序的标准化、系统化和操作化，多使用量表、问卷、结构式访谈和结构式观察等方法和技术去搜集研究资料，在分析和解释问题时往往会强调"价值无涉"和"价值中立"。从目前情况来看，定量研究的方法发展十分迅速，进展很大。

2. 定性研究

定性研究，又称质化研究，更侧重于对事物的含义、特征、隐喻、象征等的理解，主要用文字来描述事物，更加注重现象与背景之间的关系以及现象对行为主体所具有的意义，多使用参与观察、深度访谈、个人生活史、文本分析等方法和技术搜集研究资料，在分析和解释问题时往往强调价值判断。

定量研究和定性研究是开展教育科学研究的两种方式和途径，可以为我们提供不同性质的有关教育现象的图景，并无孰优孰劣之分。它们在描述和理解教育现象和问题时起着不同的作用。对于研究者来说，在实际的教育科学研究中，该采用哪种方式，不仅取决于个人兴趣，更取决于他所要解决的问题[1]。事实上，在实际的教育科学研究过程中，绝对的定量研究或定性研究可能是很少的，更多的是二者兼而有之，只不过可能以某一方式为主。

资料链接1-2

定量研究与定性研究的争论

定量研究和定性研究代表两种不同的探求知识的方法。长期以来，这两种研究方式有过不少交锋，很多学者对定量研究和定性研究的差异也进行了讨论和研究，其中陈向明教授的研究较有代表性，现介绍如下，见表1-1。

表1-1　量化研究与质化研究的比较[2]

项目	量化研究	质化研究
研究目的	证实普遍情况,预测,寻求共识	解释性理解,寻求复杂性,提出新问题
对知识的定义	情境无涉	由社会文化所建构
价值与事实	分离	密不可分
研究的内容	事实,原因,影响,凝固的事物,变量	事件,过程,意义,整体探究
研究的层面	宏观	微观

---

[1] 风笑天. 社会研究方法 [M]. 4 版. 北京：中国人民大学出版社，2013：12.

[2] 陈向明. 质的研究方法与社会科学研究 [M]. 北京：教育科学出版社，2000：11.

项目	量化研究	质化研究
研究的问题	事先确定	在过程中产生
研究的设计	结构性的,事先确定的,比较具体	灵活的,演变的,比较宽泛
研究的手段	数字,计算,统计分析	语言,图像,描述分析
研究的工具	量表,统计软件,问卷,计算机	研究者本人,录音机
抽样方法	随机抽样,样本较大	目的性抽样,样本较小
研究的情境	控制性,暂时性,抽象	自然性,整体性,具体
收集资料的方法	封闭性问卷,统计表,实验,结构性观察	开放性访谈,参与观察,实物分析
资料的特点	量化的资料,可操作的变量,统计数据	描述性资料,实地笔记,当事人引言等
分析框架	事先确定,加以验证	逐步形成
分析方式	演绎法,量化分析,收集资料之后	归纳法,寻找概念和主题,贯穿全过程
研究结论	概括性,普适性	独特性,地域性
结果的解释	文化客位,主客体对立	文化主位,互为主体
理论假设	在研究之前产生	在研究之后产生
理论来源	自上而下	自下而上
理论类型	大理论,普遍性规范理论	扎根理论,解释性理论,观点,看法
成文方式	抽象,概括,客观	描述为主,研究者的个人反省
作品评价	简洁,明快	杂乱,深描,多重声音
效度	固定的检测方法,证实	相关关系,证伪,可信性,严谨
信度	可以重复	不能重复
推广度	可控制,可推广到抽样总体	认同推广,理论推广,积累推广
伦理问题	不受重视	非常重视
研究者	客观的权威,理论的、定量统计的训练,明确的心态	反思的自我,互动的个体,人文的、人类学的多方面的训练,不确定的含糊的多样性的心态
研究关系	相对分离,研究者独立于研究对象	密切接触,相互影响,文化,共情,信任
研究阶段	分明,事先设定	演化,变化,重复交叉

总的来说,定量研究和定性研究只是不同的研究方法和研究取向,二者并非根本对立的,而应当是共存互补的关系,缺一不可。

(三)横向研究和纵向研究

按照研究持续的时间不同,教育科学研究可分为横向研究和纵向研究。

1. 横向研究

横向研究，又称横剖研究，是指在同一时间里收集研究资料，以描述研究对象在这一时间点的状况，或者探讨在这一时间点上不同变量之间的关系。这类研究实施方便，可以在较短时间内获取大量的研究资料，进而发现事物的规律性联系。诸如全国人口普查、经济普查都是横向研究的典型例子。横向研究的优势在于在短时间内了解某种教育现象的横截面状况，但对事物发展连续性的把握上有所不足。因此，横向研究一般不适合进行因果研究。

2. 纵向研究

纵向研究，又称追踪研究、趋势研究，是指在较长的时间里对研究对象的某些特征进行系统的、定期的研究，是在若干个不同的时间点上收集资料，以描述教育现象的发展变化过程及现象之间的联系，进而揭示事物变化发展的规律。一般来说，纵向研究有三种主要的类型：趋势研究、同期群研究和同组研究[1]。趋势研究的目的在于通过对研究对象在不同时期的态度、行为或状况进行比较，以揭示和发现教育现象的规律。同期群研究又称人口特征组或共同特征组研究，是指对某一特殊人群随着时间推移而发生变化的研究。同组研究，又称定组研究或追踪研究，是指对同一组人群随时间推移而发生变化的研究，旨在探讨人们的行为、态度或意向变化的过程，并由此分析影响这种变化的因素。如"新进教师职业认同变化调查——基于免费师范毕业生的追踪研究""'寒门贵子'：文化资本匮乏与精英场域适应——基于'985'高校农村籍大学生的追踪研究"等都属于此类研究。一般来说，纵向研究能够较好地解释事物的因果联系，但是其耗费时间和成果较高，而且样本容易流失，还可能会受到生理心理因素、社会经济环境变化等因素相互作用的干扰。

需要指出的是，横向研究和纵向研究并不是截然对立的。在纵向研究中，可以使用横向研究，对研究对象的纵向研究相当于对这一对象在不同时间点进行的若干次横向研究，进而分析和探讨研究对象发展变化的规律。一定意义上说，针对研究对象在同一时间点上的研究即是横向研究，而随着时间的推移对这一研究对象进行连续的研究，则成为纵向研究。

资料链接1-3

横向研究和纵向研究的特征、优势和不足见表1-2。

---

[1] 风笑天. 社会研究方法 [M]. 4 版. 北京：中国人民大学出版社，2013：71-72.

表 1-2 横向研究和纵向研究的特征、优势和不足❶

研究类型	特征	优势	不足
横向研究	1. 对一个时间点不同样本的简略描述和同步分析 2. 大规模和代表性抽样 3. 微观层面分析 4. 允许对不同的组进行对照分析 5. 能够回溯和展望	1. 相对快速地进行 2. 相对简便地实施 3. 由于目标只参与一次,限制了控制影响 4. 因为只需要一个单个的时间,所以参与的可能性大大增强 5. 描述集中的样本 6. 有利于在单个时间点描述总体的特征 7. 能够使研究者确定某个群组或阶层中人的比例 8. 大的样本能够使推论更加准确和可靠	1. 不允许进行因果分析 2. 不能描述个体变量的变化、发展以及它们的影响 3. 由于所用样本的不同,抽样不能和每一轮所获取的资料进行对比 4. 每个样本每次收集时背景细节不同,所以比较耗时 5. 单个变量的缺失会严重削弱结果的影响 6. 不能描述随着时间推移社会进程的变化 7. 只能进行全面分析
趋势研究	1. 随着时间推移连续地对影响因素进行研究 2. 利用记录的资料预测未来的趋势	1. 目标贯彻在整个研究过程中 2. 能够在明确并监控变量和假设的基础上预测和预估	1. 忽视非预测性因素的影响 2. 过去的趋势并不是总能很好地预测未来 3. 程序化,可能过于保守,或者研究最初的假设可能是错误的 4. 忽视混沌和复杂性理论的含义 5. 预测的标准可能不严密
同期群研究/同组研究	1. 在一段时期内是单个样本 2. 允许对相同个体进行比较分析和历时性考察 3. 微观层面分析	1. 便于建构因果关系和得出可靠的结论 2. 显示什么样的个体特性变化如何适应整体的变化 3. 允许在已知研究工具的界限范围内进行 4. 从偶然现象中区分真实趋势 5. 带来广泛的时间范围优势 6. 便于描述发展和变化 7. 同步收集资料,因此避免了选择性或者不能正确记忆的问题 8. 便于逐步建构样本图像 9. 深入全面地覆盖一个广泛范围的变量 10. 能够从个体/微观层面分析变化 11. 便于把握动态的变化、特定状态内外的变动以及不同状态之间的变迁 12. 个体层面的资料比微观层面、横向研究的资料更加精确 13. 随着时间的变化,对于同样样本的研究会一直持续,因此会降低抽样的不足 14. 具有明显的干预优势	1. 费时 2. 样本流失率会随着时间变化逐步增强,逐步丧失其最初的代表性 3. 影响研究效果,如对同一样本的重复访谈会影响他们的行为 4. 干预的影响会逐步削弱最初的研究计划 5. 因为需要重复地接触,参与者的稳固性是很大的问题 6. 个体层面的资料非常丰富,常常分析起来相当复杂

❶ 刘易斯·科恩,劳伦斯·马尼恩,基思·莫里森. 教育科学研究方法(第 6 版)[M]. 程亮,宋萑,沈丽萍等 译. 上海:华东师范大学出版社,2015:315-317.

此外，根据研究对象数量的多少，教育科学研究还可以分为个案研究和成组研究；根据研究内容，还可以分为单一研究和综合研究；根据采取的方法，还可以分为历史研究、比较研究和实验研究等。

第三节　教育科学研究的方法体系

一、教育科学研究方法的含义

按照我国学者裴娣娜教授的观点，教育科学研究方法是按照某种途径，有组织、有计划、系统地进行教育科学研究和建构教育理论的方式，是以教育现象为对象、以科学方法为手段，遵循一定的研究程序，以获得教育科学规律性知识为目标的一整套系统研究过程。它既是一种知识的体系（思维方式），又是一种行为规则（行为方式）[1]。

方法在教育科学研究中具有不可替代的重要地位和作用。作为合格的教育科学研究者，必须具有相当的方法意识和方法素养，即在探索一个具体问题或接触一项实际研究时，思想上能够随时意识到要从方法的角度做些分析、判断和选择[2]。研究者要注意培养自己的方法意识和方法素养，不断提升自己掌握和运用研究方法的原理、规则、程序、工具和技术的能力，不断提高自身理解、操作教育现象，分析和解剖教育事实的能力。当然，研究者的方法意识和方法素养并不是要对各种方法进行孰优孰劣的判断，而是针对具体的研究问题选择最为适宜的方法。

二、教育科学研究方法的体系

教育科学研究方法体系属于科学方法体系的一部分，其自身有多个层次、多种类别。有学者认为[3]，科学研究方法体系一般由四个层次构成，分别是高层的哲学方法观层，中层的系统科学和数学层，低层的自然科学方法论、管理科学方法论、社会科学方法论、人文科学方法论，以及底层的各门具体学科方法论。因此教育科学研究方法论知识体系亦可分为四层。高层的方法观层，主要是受哲学、系统科学、数学、社会科学等方法论影响形成的教育科学思维图式。中层的范式层、研究类型层和学科视角层，如教育科学研究范式可分为科学实证主义范式、现象学和解

---

[1] 裴娣娜. 教育科学研究方法导论 [M]. 合肥：安徽教育出版社，1995：4-5.
[2] 风笑天. 社会研究：设计与写作 [M]. 北京：中国人民大学出版社，2014：18.
[3] 徐建华，张天雪. 对教育科学研究方法知识体系建构的思考 [J]. 课程·教材·教法，2012（4）：27-31.

释学范式、批判理论范式、建构主义范式和符号互动范式等。低层可按研究进程划分为选题（发现问题）的方法、收集资料的方法、分析资料的方法和成果呈现的方法四种类型。低层的做法则是对上述方法层中具体操作的技术性描述。还有学者认为[1]，"方法"是一个总体，它包含了各种各样的方法，在这些方法中又包括了层次和类型的区别。因此，主张把教育科学研究方法分为三个层次，即方法论层次、研究方式层次和研究方法层次。方法论层次代表了对一个事物的基本看法，这种基本看法一般都表达了研究者的哲学视角；研究方式层次代表了认识事物的基本策略或基本途径，如采取直接的方式还是间接的方式，主观的方式还是客观的方式，其中也表达了研究者的认识论信仰；研究方法则是论证的基本手段，代表了具体获得资料和处理资料所采用的方法。不难看出，上述对教育科学研究方法体系的划分尽管有所差异，但其精神内涵是相同的。综合上述研究，我们从方法论、研究范式、研究方式和具体的研究方法等几个层面对教育科学研究方法体系予以介绍。

（一）方法论

在《现代汉语词典》里，"方法论"有两个基本解释：一是关于认识世界、改造世界的根本方法的学说；二是在某一门具体学科上所采用的研究方式、方法的综合。它所涉及的主要是教育科学研究过程的逻辑和研究的哲学基础，重点探讨研究教育的基本角度和由此形成的基本规范。因此，我们可以认为，方法论是一种规范和厘清研究中探询程序的思维方式，是研究者对所使用的具体研究方法进行哲学层次上的思考，包括研究者所持有的特定学科的基础理论视角，以及决定研究类型以及研究实践中研究者所采用的"基本信念系统或范式"[2]。一个科学的研究方法必须有可靠的哲学基础，这个哲学基础代表了它对世界的基本看法和观察世界的基本态度。因此，持什么样的方法论就决定了采取什么样的研究设计和进行什么样的研究规划。方法论层次是教育科学研究方法中的最高层次，它所揭示的是一个方法或研究思路成立或存在的根本理由。

与西方相比，我们过去缺少方法论的专门研究，改革开放以后这方面的研究才有所增加，但主要是介绍西方的，讲我们自己的很少[3]。整体上来说，我国传统思维和方法论长于类比推理，而短于演绎推理，注重体认事物的内在联系，忽视事物间不同的层次和过渡环节，不热心严密的逻辑论证和构建理论体系，没有发展成完整系统的形式逻辑。随着马克思主义历史唯物主义和辩证唯物主义的传入，我们逐

---

[1] 王洪才. 教育科学研究的基本方法论 [J]. 北京师范大学学报（社会科学版），2006（6）：21-27.
[2] 朱志勇. 教育科学研究方法论范式与方法的反思 [J]. 教育科学研究与实验，2005（1）：7-12.
[3] 杨自俭. 小谈方法论 [J]. 外语与外语教学，2002（2）：1-9.

渐构建起"一切从实际出发""对具体情况作具体分析""历史和逻辑相一致""理论与实践相结合"等方法论命题❶。

（二）研究范式

所谓范式（paradigm），是由美国科学哲学家库恩（T. Kuhn）提出的用于说明科学革命机制的概念。在他看来，范式是一个科学共同体的成员所共有的东西，主要包括符号系统、信念、价值、理论、范例等。后来的学者对这一概念做了不同的阐释。其中 Patton 认为范式是"一种世界观、一种综合的视角、一种分解真实世界复杂性的方式"，Guba 把它界定为"在受过训练的探询中指导行动的一套基本的信念"❷，艾尔·巴比则认为范式是"我们用来组织我们的观察和推理的基础模型或是参考框架"❸。正如邓津和林肯所言"所有的研究者只是在讲述他们所研究的世界的故事。因此，科学家所做的传述、所讲的故事，都是在通常定义为范式的特定的讲故事传统之内，对措辞和框架的说明"❹。

研究范式就代表了其背后的哲学基础不同和认识论主张的不同❺。综合前人有关成果，现对不同研究范式的基本特征予以比较说明❻，见表1-3。

表1-3　各种范式的基本特征

项目	实证/逻辑实证主义	后实证主义	现象学与诠释学	批判理论	后现代主义
本体论	有真实的客观的外在存在	有真实的客观的外在存在	现象既不是客观事物的表象，亦非客观存在的经验事实，而是纯粹意识内的存有	有真实的客观外在存在，但受历史的、社会的价值影响	不存在客观现实，现实是被建构的
认识论	可以认识客观存在的本质与规律；发现真理	可客观了解存在，但是只能逼近真理	反对主客分裂，强调对现象的本质的直觉；通过视界融合获得真知	实践是检验真理的标准	通过语言对话，建构话语与世界
方法论	定量的、实验的、逻辑的方法	量化与质化并用	本质还原的方法；诠释与理解	辩证的、实践的方法	语言话语分析、叙事方法
价值论	同意价值中立	不完全同意价值中立	不同意价值中立	不同意价值中立	不同意价值中立

❶ 侯惠勤. 马克思主义方法论的四大基本命题辨析 [J]. 哲学研究，2010（10）：3-10.
❷ 朱志勇. 教育科学研究方法论范式与方法的反思 [J]. 教育科学研究与实验，2005（1）：7-12.
❸ 艾尔·巴比. 社会研究方法 [M]. 10版. 北京：华夏出版社，2005.
❹ 诺曼·邓津，伊冯娜·林肯. 定性研究：方法论基础 [M]. 风笑天，等译. 重庆：重庆大学出版社，2007.
❺ 王洪才. 教育科学研究的基本方法论 [J]. 北京师范大学学报（社会科学版），2006（6）：21-27.
❻ 童辉杰. 心理学研究方法导论 [M]. 北京：中国人民大学出版社，2012.

教育问题和教育事实的背后总是隐藏着复杂的人的踪迹，蕴含着生命个体的价值以及生命间的意义连接。同时，所有个体又都处于多元化的关系之中。所以，教育科学研究必须要有一种审慎、开放、多元的研究精神。任何偏执于单一的研究范式都不可能认识和解决当今的教育问题，都不能够整全地直面和回到教育问题本身以揭示教育事实，都不能称之为一种合理有效的教育科学研究。简言之，综合多学科的研究成果和研究方法才是教育科学研究必须遵循的方法论原则。只有这样，才能够整全性地把握复杂的教育问题，说明客观事实所隐含的各种复杂多样的关系，解释事实背后隐藏的生命价值意义与寻求对教育实践改进的期待。

（三）研究方式

研究方式是指研究所采取的具体形式或研究的具体类型，代表了认识事物的基本策略或基本途径。在研究方法体系里，研究方式居于中间层次，它上承方法论指导，向下与具体的"研究方法"相接。研究方式是方法论中的研究设计和研究规划的具体化、操作化，构成了对研究对象进行处理的基本态度。

通常，人们把教育科学研究领域的具体方式划分为四种主要类型，即调查研究、实验研究、实地研究和文献研究。每一种研究方式都具备某些基本元素或特定的语言，构成一项具体的研究区别于其他研究的明显特征。同时，每一种方式可以独立地完成一项教育科学研究的全部过程。比如，调查研究的基本要素包括抽样、问卷、统计分析等；实验研究的构成要素包括操纵与控制、实验组、控制组、前后测等；实地研究包括参与观察、深入访谈、扎根理论等；而文献研究则包括内容分析、编码与解码等。不同的研究方式通常也分别被用于不同的研究目的：调查研究最经常地被用来描述一个大的总体的状况，以及探讨不同变量之间的相关关系；实验研究则主要被用来探索和证明变量之间的因果关系；实地研究更多的是在深入理解特殊的教育现实，以及在提炼和建构理论方面发挥作用；而文献研究则常常被用于帮助研究者去探讨那些既不会引起研究对象的任何反应，又是其他方式在时间和空间上无法达到的教育现象和问题❶。

（四）具体的研究方法和技术

具体的研究方法和技术是指在研究过程中所采用的具体的获得资料和处理资料的方法以及各种特定的操作程序和技术。资料收集和分析是教育科学研究过程中的两项重要任务，与四种不同的研究方式相对应，研究者可以采用多种不同的资料收集方法和分析方法，如自填问卷方法、结构式访谈、参与观察、随机抽样方法、问

---

❶ 风笑天. 社会研究方法［M］. 4 版. 北京：中国人民大学出版社，2013：8.

卷资料编码方法、数据统计分析方法、实验控制方法等，它们处于教育科学研究方法体系最具体的层面，具有专门性、技术性、操作性等特点。

关于这一层次的方法，需要注意的是，它们虽然属于"操作性方法"，但它们并非纯技术操作，而涉及一系列方法论思考。比如，任何观察都是在一定理论指导下的观察，否则对什么都"视而不见"❶。

此外，收集资料的方法和分析资料的方法不可偏废。然而，在现有的研究方法的文献中，虽然有的文献也专门谈到分析资料的方法（主要是量的分析方法），然而更多的文献只是在探讨收集资料的方法过程中附带地对分析资料的方法作些说明。人们往往可以说出很多收集资料的方法，但很难说清楚多少分析资料的方法。这种现象不能不说与人们对分析资料的方法系统研究不够有关❷。

第四节　教育科学研究的基本过程

作为一种系统的科学认识活动，教育科学研究必须遵循一整套固定的程序，一般要经历确定研究课题、设计研究方案、收集和分析研究数据、形成与报告研究成果等几个阶段❸。

一、选择与确定研究问题

选择和确定研究问题是整个教育科学研究活动的起点，决定着教育科学研究活动的方向和水平。研究问题一旦确定，整个研究活动的目标和方向也就随之确定。研究问题选择得如何，往往比其他因素更能决定某一研究的价值，因此，研究者应当对选题阶段的工作予以高度重视。由于影响和制约研究问题选择的因素有很多，研究者需要认真、仔细而审慎地分析主客观条件，充分查阅相关文献，多方面听取他人意见和建议。

选题阶段的主要任务包括两个方面：一是选择研究主题，即从现实社会中存在的大量现象、问题和领域中，根据研究者的兴趣、需要和动机确定一个研究主题；二是形成较为具体的研究问题，即通过查阅文献等进一步明确研究的范围，集中研究的焦点，将最初的比较含糊、比较笼统、比较宽泛的研究领域或研究对象具体化、精确化，将其转化为既有研究价值又有新意，同时还切实可行的研究问题。这

❶ 冯向东. 关于教育科学研究方法的功能分层 [J]. 大学教育科学，2010（2）：4-7.

❷ 孙绵涛. 西方范式方法论的反思与重构 [J]. 华中师范大学学报（人文社会科学版），2003（6）：110-125.

❸ 风笑天. 社会研究方法 [M]. 4版. 北京：中国人民大学出版社，2013：14-15.

一过程既是一种从一般到特殊的"过滤"过程，也是一种从模糊到清晰的"聚焦"过程。本书第二章将详细阐述教育科学研究选题的意义、价值、原则等基本内容。

二、形成研究设计

研究设计是根据研究目的和研究问题的性质，对研究过程进行总体设想和规划的过程。如果说选择研究问题的意义在于确定研究的目标和方向，那么研究设计的价值就在于为实现研究目标而进行路径选择和工具准备，即为达到研究目标而对研究的思路、策略、方式、方法以及具体技术工具等各个方面进行综合考量。研究设计一般包括提出研究假设、选择研究对象、确定研究方法、分析研究变量和形成研究方案等步骤。

研究假设是研究者根据已有理论、经验事实和已有资料对所选定的研究问题的规律或原因作出的一种推测性论断和假定性解释，是在进行研究之前预先设想的、暂定的理论，如"行为契约法改善小学生学业拖延的个案研究"。在教育领域中，并非所有研究都有明确的研究假设。当然这并不是研究没有假设，只不过没有明确提出来而已，或者需要在研究过程中逐渐形成。界定研究对象包括两个方面的内容，一是对研究对象的总体范围进行界定，二是对研究对象所涉及的某些模糊性概念进行界定。此外还需要描述研究的样本数量及抽样方法等。选择研究方法主要涉及"怎么做"的问题，包括研究者所采用的研究途径、手段及开展研究的步骤等。研究者要根据课题研究的目标、研究对象的性质等综合考虑选择具体的研究方法，以及在研究中如何科学安排，以有效实现研究目的。

三、收集研究资料

确定研究设计方案以后，研究者就要根据实际需要选用恰当的研究工具来收集研究数据。一般来说，研究者要根据研究设计方案中确定的方式、方法和技术进行资料的收集工作。首先要做好相应的准备工作，特别是准备好观察记录表、调查问卷、量表以及相应的录像录音设备等资料收集工具。其次要做好资料收集的组织管理工作，特别是处理好在资料收集现场遇到的各种实际问题，如人际关系的处理、研究经费使用等。最后，在收集资料过程中，研究者应确保资料收集的全面性、真实性、基础性，尽可能增强资料、数据的可靠度和客观性。

四、资料分析

资料分析阶段的主要任务是对研究所收集到的原始资料进行系统的审核、整理、分类、统计和分析。资料分析既包括对数据资料进行定量分析，也包括对数据资料进行综合、归纳和质性分析。在这个过程中，研究者应注意结合取样范围、资料来源及整理分析资料的方法，综合地考虑与研究相关的各种证据和各方面的影响因素，对整个研究中的背景环境、具体条件或特殊情景等做出明确的描述和解释，以便推导出科学的研究结果。

五、呈现研究成果

在这一阶段，研究者要选择适当的形式将研究过程及研究结果明确地表述出来，并公之于众。因此，主要任务是撰写研究报告，交流研究成果。研究报告是一种用文字和图表等将整个研究工作所得到的结果系统地、集中地、规范地反映出来的形式，是呈现和表达教育科学研究成果的主要形式。撰写研究报告也可以说是对整个研究过程进行全面的总结。此外，学术论文也是常见的呈现研究成果的形式。

思考与练习

1. 简述教育科学研究的含义与特征。

2. 结合实际说明教育科学研究方法体系的层次与特征。

实践与训练

1. 访谈 3～5 位教师，了解他们对开展教育科学研究的认识和理解。

2. 在《教育科学研究》《北京大学教育评论》《中国教育学刊》等核心学术刊物上找几篇文章进行阅读，尝试分析它们所采用的研究范式或方式，所使用的具体研究方法与技术。

第二章
教育科学研究课题的选择

【知识目标】

1. 了解问题意识的内涵。

2. 掌握教育科学研究选题的原则与途径。

3. 理解教育科学研究选题常见的问题与注意事项。

4. 掌握教育科学研究选题的基本过程。

【任务目标】

1. 加强阅读，了解我国教育领域存在的各种问题及现象，认真思考，培养自身的问题意识。

2. 能够结合某种教育现象提出一个可以操作的研究问题，并拟订课题名称，确定选题来源、目的意义以及初步构想。

▶ 问题导入

詹姆斯·瓦特是世界上公认的发明家，他从小就表现出惊人的智慧和强烈的好奇心，非常喜欢提问题。一天，他在厨房里看到奶奶正在烧水。水开了发出"咻咻"的声音，他发现壶盖不知为什么就被顶了起来，于是问奶奶："奶奶，是什么东西把壶盖顶起来了?"奶奶笑着说："是水蒸气呀，水开了，壶盖就会被水蒸气顶起来了。"小瓦特很不相信地说："水蒸气能有这么大的力量? 一定是壶里有小动物把它顶起来的。"说着就过去把壶盖拿了下来看了又看，但是里面除了水还是水，其他什么东西也没有。奶奶说："怎么样? 我说得对不对?"可是瓦特还是不服气，又把壶盖拿了下来，察看了半天，里面还是没有"小动物"出现，这使他有些失望。瓦特仍然不明白这是怎么回事，又追问道："为什么只有水开了，壶盖才会被顶起来呢?"瓦特的父亲很喜欢瓦特这样寻根问底，他告诉瓦特，蒸汽是有很大力量的。父亲让瓦特仔细观察，看看蒸汽的力量到底有多大。从这以后，小瓦特像中了魔一样，常常盯着烧水壶，一看就是大半天。瓦特常常想："壶盖是被水蒸气推动而上下跳动的。既然一壶开水能够推动一个壶盖，那么用更多的开水，不就可以产生更多的水蒸气，推动更重的东西了吗？"在瓦特的不懈努力下，他终于发明了蒸汽机，人类社会由此进入了"蒸汽机时代"。这个大家耳熟能详的故事告诉我们，好奇心、有效提问在人类社会发展中具有重要意义。那么，在教育科学研究领域中，究竟什么是真正的问题？好的问题有哪些特征呢？

选择和确定研究课题，是进行教育科学研究的一个重要环节，是一项完整的研究工作的开端，它决定着研究工作的方向和研究工作的性质，对教育科学研究工作起着重要的作用。古人云："学贵知疑，小疑则小进，大疑则大进。"任何研究都是从问题的发现开始的。没有问题就不会有研究的冲动，没有研究的冲动就不会有研究的行动，也就不会有问题的真正解决。

有意识地发现研究问题，选择和确定恰当的研究课题是教育科学研究工作者所必须具备的一个基本素质。但是，如何选择和确定一个值得研究的好课题并不是一件轻而易举的事情。从广义上讲，选择与确定研究课题包括两个方面的含义，一是确定科学研究的方向，二是选择进行研究的问题。

第一节　问题意识与教育科学研究

一、问题与现代科学研究

英国学者波普尔明确提出，科学发现只能发端于"问题"。此后，学者们对"什么是科学问题"进行了深入探讨和研究，但认识分歧很大。波兰尼把问题视为人的一种心理上的欲求，而这种欲求必须通过人的智力活动来满足；并且问题是因人而异的，是完全由人的主观心理状况决定的。美国哲学家图尔敏把科学问题定义为解释的理想与目前能力的差距，即"科学问题＝解释的理想-目前的能力"，并认为"科学家通过认识他们目前解释自然界有关特征的能力与他们目前关于自然秩序或充分可理解性的理想间的差距，找到和确定目前概念的缺陷"。这个对问题的解释很有启发，但没有涉及社会科学研究。林定夷则认为，问题就是某个给定过程的当前状态与所要求的目标状态之间的差距。欧阳康在上述这些定义的基础上，提出就问题的最根本性质而言，问题的实质就是矛盾❶。

---

❶ 欧阳康，张明仓. 社会科学研究方法 [M]. 北京：高等教育出版社，2001.

科学问题总是具有一定的难度，对它的回答和探索往往不能一蹴而就。正如爱因斯坦曾经说过："提出一个问题往往比解决一个问题更重要，因为解决一个问题也许仅是一个数学上的或实验上的技能而已，而提出新的问题、新的可能性，从新的角度去看旧的问题，却需要有创造性的想象力，而且标志着科学的真正进步。"我国著名地质学家李四光先生也曾指出："作科学工作最使人感兴趣的，与其说是问题的解决，恐怕不如说是问题的形成。任何一个实际问题很少是单纯的，总要对于构成一个问题的各项事物，实际上就是代表事物的那些语句的意义，和那个问题展开的步骤，有了正确的认识，方才可以形成一个问题。做到这一步，问题可算已经解决了一半。"他在这里不仅强调了形成研究问题的重要性，而且指出了进行科学研究的方法，具有普遍的方法论意义。

总的来说，问题是科学的真正起点，是科学发展的动力，问题的深刻程度是科学水平的基本标志。因此，教育科学研究必须自觉地把问题研究作为重点。

二、问题意识与教育科学研究

(一) 问题意识的内涵

近年来，在人文社会科学领域尤其是教育领域中，十分重视研究的问题意识。无论是导师指导学生，还是编辑审阅论文，问题意识的有无及其质量高低是一个非常重要的评价标准。在某种程度上，问题意识的有无及其质量高低可以说是一个学者治学水平高低的关键所在。

问题意识既然如此重要，那么，究竟什么是问题意识呢？而要探明这一问题的前提在于阐明"问题"本身。已有研究从不同学科提出了不同的定义。有学者结合"问题"的英文词义进行了探讨。研究者认为，对应汉语"问题"一词的单词至少有三个，分别是 question、problem 和 issue，其中 issue 意为议题，相当于我们所说的话题，自然不是以创新为追求的学术研究要面对的，因而学术研究中的问题也就是 question 和 problem 两种。其中，question 是需要解答的问题，整体上属于"知"的领域，这种问题的消失是以答案的呈现为前提的；problem 是需要解决的问题，整体上属于"行"的领域，这种问题的消失则是以方案的呈现为前提的。不难推出，从问题出发的研究也就是"问题—解答"式和"问题—解决"式两类，前一类研究旨在寻求答案，可以说是基础性的学术研究，后一类研究旨在寻求方案，可以说是应用性的学术研究。基于此，研究者首先需要弄清楚自己研究的问题属于哪一种类型❶。

---

❶ 刘庆昌 . 学术研究中的问题意识 [J]. 山西大学学报（哲学社会科学版），2017（1）：2.

在有关教育问题的分类上，已有研究提出了不少不同的观点，诸如教育问题既可以分为教育认识问题、教育价值问题和教育操作问题，也可以分为教育理论问题与教育实践问题等。总体而言，教育问题自身具有客观基础性、主观建构性、社会规约性及总体上的动态复杂性❶。

基于上述分析，我们认为，问题意识是指主体在进行认识活动时，通过主体对认识对象的深刻洞察、怀疑、批判等，产生了认知冲突，经过深入思考后仍困惑不解时，出现的强烈的探索情境的真实问题或想做出发现式创新的一种心理状态❷。

评判研究者的问题意识不能单纯依靠学科理性或知识的尺度，它不仅涉及研究者的知识水准、敏悟力和洞察力，还关乎研究者的人文情感、心理动机和价值观等素养。因此，教育科学研究中有必要对所谓"有意义的问题"和"没有意义的问题"，或者说"真问题"和"伪问题"保持足够的警觉。

（二）问题意识的培育

问题意识源于何处，如何养成？王学典教授曾对问题意识的来源做出专门论述。他指出，"问题意识"的重要来源包括：对现实问题的关注，尤其是那些最重要的，涉及我们民族、国家、人民命运的时代问题；学者的学术使命感；"读书得间"，即在读书当中发现问题；学术论战的启发；从其他学科"移植"问题；与研究者个人感情、天分悟性等有关的特殊眼光和视野。他进一步指出，从根本上说，问题意识来源于随时随地的思考，即学与思的平衡，同时总归是来自于人类思想的"理性"方面，是需要去思索、判断、整合的东西。而除了"理性"，人类思想还有"情感"的方面。他特别谈到，由文化、传统、风俗以及时代变迁，研究者独特的人生经历共同赋予的情感倾向是理解人文学术的一大关键，也就应当是问题意识一个别样但重要的来源❸。苏力教授在谈到法学研究时提出，问题意识并非来自于概念或理念层面，更多的是来源于真实世界的经验。他认为，我国的法律制度要符合中国人对自己、他人、社会和国家的想象、情感，而这些情感和想象在很大程度上是中国文化和历史塑造的。因此，要以普通人的立场和视角来考察和理解来自于中国社会的经验。务实的学术思考和问题意识关注的是社会实践的后果和社会格局的变化。有实践意味的问题意识，不仅是法学人的问题意识，也是真正法律人的问题

---

❶ 余清臣. 教育科学研究的问题意识：实用化风险及其应对 [J]. 国家教育行政学院学报，2018（5）：88-95.

❷ 房寿高，吴星. 到底什么是问题意识 [J]. 上海教育科研，2006（1）：24-25.

❸ 王学典. 历史研究为什么需要"问题意识" [J]. 北京师范大学学报（社会科学版），2020（6）：70-79.

意识❶。黄宗智先生在回顾自己学术生涯时也明确提到，"感情，作为自己学术研究的问题意识的来源和动力，其实比理性的认识起到更根本的作用。我们习惯认为'问题意识'主要来自于一个学者的学术或理论修养，而在我的人生经历之中，它其实更来自于感情。而且，感情的驱动，区别于纯粹的思考，也许更强有力、更可能成为个人长期的激励。当然，其中的关键是要从矛盾的感情获得建设性的动力而不是陷入颓丧。同时，需要把感情上的矛盾配合理性的求真才能从其中找到建设性的学术路径。"❷ 我们认为，这一论断同样符合教育科学研究领域。

对于中小学教师问题意识的培育而言，主要包括自我培养与组织化培育两个维度❸。一方面，中小学教师必须重新定位自己的角色，主动转变观念，从单纯的知识传递者走向教育学习者、研究者和实践者的复合体，必须保持一种职业的敏感和探究的欲望，才有可能形成强烈的教育问题意识。另一方面，学校及教育管理部门有责任通过教育制度的设计来帮助教师提高问题意识，养成反思性教育科学研究的习惯。要通过制度保障和组织安排，不断提高教师的职业责任感，使其树立以问题为纽带进行教育教学的工作思路，培育问题意识和创新精神。

（三）教育科学研究中问题意识的特征

我们认为教育科学研究的问题意识应该具有真实性、价值合理性、批判性和创新性等特征。真实性是教育科学研究问题意识的基点，它要求教育科学研究要立足于我国社会及学校教育教学的实际，尊重事实，实事求是，深刻地认识教育问题产生的社会根源、时代背景及其具体内涵。只有这样，才能更加准确地回应这些问题，探究教育的发展之路。价值合理性要求研究者的价值取向必须符合理想化的道德范式和人类共同的价值目标体系。批判性要求研究者要保持自己的问题意识，不要盲目地相信权威，要有普遍的怀疑精神。创新性需要研究者对未来的可能性进行想象，做出各种预测，并通过参与各种社会实践活动来进行合作、对话、交流。此外，教育科学研究中的问题意识还应该包括研究者的学术良知和人文情怀，敢于直面真相，追求真理❹。

（四）教育科学研究中提出问题的基本方式

概括起来，教育科学研究领域里提出问题的基本方式有"科学式"、"价值性"、"发散性"和"质疑式"等。科学式提问的基本样式有三种，即怎么样、是什么、

❶ 苏力. 问题意识：什么问题以及谁的问题？[J]. 武汉大学学报（哲学社会科学版），2017（1）：10-17.
❷ 黄宗智. 问题意识与学术研究：五十年的回顾 [J]. 开放时代，2015（6）：123-134.
❸ 李云鹏. 中小学教师问题意识研究 [J]. 中国教育学刊，2010（12）：64-67.
❹ 于洪卿. 教育科学研究中问题意识的特征 [J]. 教育探索，2010（11）：35-36.

为什么。如"当代我国小学生学习状况怎么样?""启发式教学策略的实质是什么?"
"为什么学生具有主体性?"等等。价值性提问的基本样式也有三种,即应该怎么
样、应该是什么、应该为什么。如"当代教师应该具备什么样的素养?""当代教育
价值的基本内涵应该是什么?"等等。发散性提问的基本样式有三种,即还会怎么
样、还会是什么、还会为什么。如"教育过程中师生关系的可能状态,除了'教师
中心'、'学生中心'和'学科中心'外还会怎么样?""教学过程的本质除了'特殊
认识'和'发展'外,还会是什么?"等等。质疑式提问一般有两种样式,即面对
已有的命题和见解从两个方向打上问号:"仅仅如此吗?""确实如此吗?"前一种是
深化性质疑式提问思路,后一种是否定性质疑式提问思路 ❶。

在教育科学研究中,我们可以先按照科学式提问和价值性提问的方式,确定问
题域,然后利用发散性提问和质疑式提问的方式,将问题具体化和细致化。还可以
直接利用发散性提问和质疑式提问的方式,寻找到新的问题域,然后再应用科学式
提问和价值性提问的方式,将问题具体化和特殊化,提出一系列相关的新问题加以
研究。

三、教育科学研究选题的价值

教育科学研究选题,顾名思义,就是研究者选择一个有待于解决、验证或回答
的问题,并将之加以明确化和具体化的过程。选择和确定研究课题是开展科学研究
的第一步,是教育科学研究的关键,决定了教育科学研究的方向和水平,是科学工
作者研究水平的重要标志,对整个研究过程和组织管理教育活动都具有十分重要的
意义。

(一) 选题可以反映研究的价值

课题是教育实践和教育认识进一步发展中必须解决的问题,是已知领域和未知
领域的联结点。从人类认识发展来说,它反映现有实践和认识的广度和深度,又反
映向未知领域探索和前进的广度和深度。在教育科研中,课题同样具有重要的
价值。

教育科研的目的是要解决教育面临的各种问题。这些问题由于其对教育的影响
不同,在教育活动中所处的地位和作用不同,因而其价值体现也就不同。从研究者
自身来说,能否善于提出问题是进行科学研究的关键,决定着研究价值的大小,决
定着研究的成功与否。选题不当往往是导致研究失败的最常见原因。无数事实表

---

❶ 黄甫全. 关于教育科学研究中的问题意识 [J]. 华南师范大学学报 (社会科学版), 2003 (4):
119-124.

明，大到国家一级的科学规划，小到科研单位或研究者个人的科学研究活动，要想取得较大的成功，除了人员素质和必要的物质条件外，选题正确与否是一个非常关键的因素。题选得好，可以突破一点，带动全盘；而选题失当，则可能心余力拙，久攻不克，或者事倍功半，劳而无获。兵家言"慎重初战"，也说明了选题的重要性。

（二）选题引导着研究的方向

在教育实践中有许多问题需要我们去研究和解决。研究者总是根据实践和自身发展的需要，从中选择问题进行研究。好的课题的提出，将会对教育实践和教育科学带来极大的推动，以致会揭示在一个时期内教育实践和教育理论的发展方向。

课题还影响着整个研究过程的方向。课题是对研究对象、研究范畴、研究主题的界定，整个研究工作由此发展，并围绕其进行。整个研究方案的设计、实施，成果的鉴定，又都必须紧紧围绕课题进行。显然，课题明确，整个研究活动的方向就明确。

（三）选题是教育科学研究工作者进行科学研究的基本功

独立地判断和正确地选题是衡量教育科学研究者水平的一个重要标志，是研究者敏锐的洞察力、对形势的判断力以及胆识的综合反映。有的基层实际工作者在长期的教育实践中积累了较丰富的资料，但往往不善于把问题转化、提炼成科研课题，导致研究成果停留在一般的经验总结阶段，不能纳入一定的理论框架。有的青年学者，缺乏问题意识，不会提问题，或者盲目跟着"热点"走，缺乏深入扎实的科学研究和系统的理论基础。有的人发表了不少文章，涉及多个领域的内容，虽然面宽但显得零碎肤浅。因此，学会正确选择对于提高科学研究能力水平具有特别重要的意义。

第二节　教育科学研究选题的原则与途径

一、教育科学研究选题的基本原则

教育领域虽然广大，研究课题十分丰富，但要真正选择一个既有较高价值，又适合自己实际，能够取得研究成果的课题并不容易。为保证研究的质量，教育科学研究课题的选择应该遵循以下一些基本要求。

（一）课题必须具有价值

从事任何一项研究，都要花费研究者一定的时间、精力和资金等，因此，研究问题是否具有价值，是首先要考虑的因素。关于研究课题的价值，可以从以下三个方面考虑：①研究该课题是否能够增进教育理论领域的某一部分知识；②研究该课题是否会改善教育实践，或提高教育水平；③研究该课题是否会改善人（如教师或学生）的生存状况。以上这三个方面，可以归结为课题的理论和实践价值或社会与个人意义。简言之，衡量一个研究课题是否具有价值，主要看两方面。一是所选择的研究课题是否符合社会发展和教育事业发展的需要，是否有助于人们认识和了解教育问题，是否有利于教育改革和提高教育质量。也就是说，所选择的课题要具有应用价值，要从当前教育改革和发展的实际出发，具有针对性和代表性，是被普遍关注的亟须解决的问题。二是所选择的研究课题是否适合教育科学本身发展的需要，对提出、检验、修正和发展教育理论有所贡献。也就是说，所选择的课题要具有学术价值，在理论上有所突破和建树，或对相关理论有重要的补充和完善。教育科学研究的实际课题，有的强调应用价值，有的强调学术价值，有的二者兼而有之。但无论哪一种，都要选择那些最有意义的教育问题作为研究对象。

仔细思考上述问题，不断追问自己"研究这个课题有没有用？""有什么用？"，会帮助我们判断想要研究的课题是否重要。有些初学者，常常会凭借个人爱好来夸大某个研究课题的意义，这是不可取的。

（二）课题必须有科学性

选题的科学性表现在选题要有明确的指导思想和研究目的，使选题的立论根据充分、合理。选题的科学性具体表现在这样几个方面。一是选题要在充分占有资料的基础上形成。研究者应当充分研究和分析现有资料，了解与研究课题有关的研究成果。在综合分析这些研究成果的基础上，提出研究问题思路和重点，明确所要解决的主要问题。任何一项研究，都是在以往的研究基础上进行的。只有比较清楚、全面地了解以前关于这个课题的研究成果，才能知道现在研究这个问题是否有意义，是否可以在以前研究的基础上，提出新内容，不至于简单地重复别人的研究，造成浪费。对某一方面的研究资料有一个比较全面的掌握，在现有基础上提出新的研究方向，或把某一个研究扩展到不同的情境或不同的研究对象上去，这样才能使研究的课题具有一定的新意。比如，要研究"如何建立良好的班集体"问题，就要了解这方面的研究成果，在理论和实践上已经解决了哪些问题，理论上还需要论证什么问题，在实践中还存在什么问题，这样才能找出研究的方向。二是选题要有事实依据，这是选题的实践基础。研究课题应具有很强的针对性，以教育改革实践为基础。实践经验为课题的形成提供一定依据，在较强的实践经验的支持下，可以保证课题选择的科学性。三是选题要以教育科学基本原理为依据，这是选题的理论基础。教育科学理论将对选题起到定向、规范、选择和解释作用。没有一定的科学理论依据，选定的课题必然起点低、盲目性大。

(三) 课题必须具体明确

一个好的课题必须是具体明确的。研究者要将自己所研究的问题限定在一定的范围之内。选定的问题要具体化，界限清楚，不能太笼统，不着边际。问题是否具体适度往往影响整个研究过程的成败。那种大而空、笼统模糊、针对性不强的课题往往科学性差。一般来说"小题大做"的问题会得出具体明确的、比较深入的研究成果，而"大题小做"的问题却收不到具体明确的、对理论和实践问题有指导意义的成果。应当以具体明确的限制在一定范围内的课题为主，避免选择大而全的、宏观性的研究问题。具体明确的问题也有利于保证研究的可行性。

(四) 课题要具有独创性

创造性是科学研究的重要属性。尽管重复以前的研究问题也有一定价值，但对于一个研究者来说，探索能够得出新结果的研究问题会带来更大的挑战与愉悦。而且，教育的实践性质也决定了教育科学研究必须面对新问题、解释新问题、解决新问题。所以，选定研究问题应是前人未曾解决或尚未完全解决的问题，通过研究应有所创新，具有新意和时代感。要做到这一点，就要把研究课题的选择放在总结和发展过去有关学科领域的理论和实践成果的基础上，没有这个基础，任何新发展、新突破都是不可能的。科学上的任何重大成果，几乎都是科学工作者在前人、别人工作成就基础上一步步取得的，即使是被人认为非常新的，第一次开辟的新领域，也仍然由以前或同时代的人提供了条件。因此，要通过广泛深入地查阅文献资料和调查，搞清所要研究课题在当前国内外已达到的水平和已取得的成果，了解是否有人已经或者正在、将要研究类似的问题。如果要选择同一问题作为研究课题，就要对已有工作进行认真审视，从理论本身的完备性、从研究方法的科学性高度进行评判性分析，在此基础上，重新确定自己研究的着眼点。只有在原有研究成果基础上的突破和创新，才具有研究意义。

(五) 课题要有可行性

研究问题的可行性是指研究者具备顺利地进行这一课题研究的条件。具体而言，问题研究的可行性包含以下三方面的条件。

首先是客观条件。研究的客观条件包括与课题相关的资料、设备、时间、经费、技术、人力、理论等方面的条件，同时也包括进行课题研究科学上的可能性。选择具有充分科学依据的，而不是盲目的不具备研究可能性的问题。

其次是主观条件。研究的主观条件指研究者本人原有的知识、能力、基础、经验、专长，所掌握的有关这个课题的材料以及对此课题的兴趣。也就是说，要权衡自己的条件寻找结合点，选择能发挥自己优势特长的课题。第一线的教育工作者，具有丰富的经验，适合于进行实践性较强的研究，而对理论性强的基础性研究问题就不一定合适。而擅长于理论思维的工作者，就可能选择理论性较强的问题进行研究。当然在现实的教育改革背景下，更需要不同背景和不同知识结构的人进行合作研究，集体攻关，共同解决较复杂的和综合性的问题。在有不同类型的人参与的课题研究组中，能增加完成课题的可能性，特别是对于较大规模的重要的研究课题。不同背景的研究人员在研究过程中可以优势互补，共同解决疑难问题。对于刚起步的青年，最好选择那些本人考虑长久、兴趣最大的课题。而在教育第一线从事实践工作的教师，最好选择与自己的实践工作有密切联系的问题。

最后是研究时机。选题必须抓住关键性时期，什么时候提出具体的研究课题要看有关理论、研究工具及条件的发展成熟程度。提出过早，问题会攻不下来，而错过时机，好的问题也有可能失之交臂。

（六）课题要符合教育伦理要求

研究伦理是指进行研究的时候必须遵守研究的行为规范。有时候，虽然研究者具有良好的行为动机，但倘若不慎，其研究也可能会给参与者造成伤害。为此，研究者必须思考"我的研究是否会给任何个人或群体造成身体或心理上的伤害"这样的问题。任何可能引起被试永久性或严重伤害的研究都不应该进行。

人的教育的出发点，也是教育的归宿，一切教育科学研究都与人相关，因此，必须考虑研究的伦理要求。

二、教育科学研究选题的途径

恰当地选择和确定研究课题，首先要知道从什么地方去寻找研究课题，通过什么途径才能找到我们所需要的研究课题。一般来说研究课题的来源有以下几个方面。

（一）在自身教育教学实践活动中寻找研究课题

在教育改革与发展实践中，存在着许多值得研究的问题，对这些问题进行适当的筛选、提炼，就可能成为很好的研究课题。一是从提高本职工作的质量上去发掘课题。每个教育工作者都有自己的工作任务与职责，应当如何完成本职工作任务与提高工作质量呢？这里就有许多值得研究的课题。例如，教师研究如何培养儿童的良好行为习惯、课堂教学如何促进儿童人格发展等等。从本职工作中去寻找课题，加以研究，有利于提高教育工作的科学化程度。二是从工作中的困难与缺点中去发掘课题。教育工作者在教育实践中会遇到各种困难，工作中也会产生这样或那样的缺点，有的还带有一定的普遍性，解决这些问题对于提高教育质量有较大的意义。例如，传统的教育教学方法不能激起儿童学习的兴趣，总有一部分儿童不愿学或学不好。教师就可以这样思考，是否可以从转变教育观念入手，是否可以改变原来的教学方法，促使儿童由被动学习转为主动学习。

基于个人经验的初步想法是构思研究问题很重要的来源。在实际的教育科学研究活动中，我们常常看到很多教师正是在那些基于他们个人经验的初步想法直接促进下进行了研究。如一位教师说："当我使用新的教学方法教学生数学的时候，我观察他们，甚至看到最沉默寡言的学生都表现出了热情，我就在想这些热情会影响他们的成绩吗？会影响他们的学习态度吗？"另一位老师说"当我看到学生们积极参加课外活动时，我常常想这些活动可以促进学生的创造力提升吗？"等等，诸如此类的想法虽然各不相同，但往往会触发教师的深度思考和质疑，进而带来研究的勇气和改进实践的期盼❶。

（二）从教育实践活动的观察中去发现课题

观察教育实践活动，最能发现问题，若以科学的敏感、学术的敏感来进行理论的思考，就不难发现一批极有研究价值的课题。教育现场是教育问题的原发地，是问题产生的真实土壤，进入教育现场的教师对教育现场所做的任何真切而深入的分析，都有可能滋生大量的待研究的问题。可以说，真实的教育实践场景既是研究进行的主要依托，同时又是发现问题的重要所在，正是教育场景蕴含了大量的甚至是无穷尽的待研究问题。从实践中寻找研究课题的范围很广，可以是某一教学的具体问题，也可以是与在教育教学过程中的各种表现有关的问题。只要肯动脑筋，具有研究精神和钻研态度，就可以随时发现和确定值得研究的课题。

要在教育现场中发现研究问题，首要的是要求我们具有较强的问题意识。要能够在稍纵即逝的现象中捕捉问题。一方面需要我们在日常的教育教学实践中通过撰写教学日志、教学随笔等多种形式，积累相关的素材和经验，形成对教育教学的独立见解和认识，另一方面需要对问题具有高度的敏感性，不放过任何可以提出问题的细节和现象。

（三）从教育改革与发展过程出现的新问题、遇到的新情况中去发掘课题

在教育改革与教育事业发展中会遇到许多新情况、新问题，也就形成许多研究课题。此外，学校或学科发展中存在问题是正常的，没有问题是不正常的，而这些问题又有许多是现有的经验或理论难以有效解释的，是现有的工作模式难以恰当解

---

❶ Ian Menter. 教育科研实用指南 ［M］. 刘常庆，邱超，译 . 上海：华东师范大学出版社，2014：38-39.

决的，在这种情况下，研究者个人或群体成为发现和解决问题的主体，就变得理所当然了。学科是教师生活的精神家园，学校是教师生活的主要空间，学科发展与学校变革直接与教师的专业发展相连。把个人的成长发展乃至个人的命运与学校或学科的发展规划及面临的问题结合在一起时，就会发现许许多多的问题有待于自己去解决，就不会坐等问题的现成答案。

（四）从与他人的讨论和交流中发现问题

一个人的智慧是有限的，一个人所想的问题往往也比较狭窄。在科学研究的过程中，人们有时可以通过某种形式的交往获得一些信息。因此，各种形式的交往也是发现问题的一种途径。在教师和学生、学生家长、同事、朋友等的交谈、会议发言或辩论中，在广播、电视、报纸的报道中，会涉及许多教育问题，若留意将它们记录与思考，就有可能形成教育科研的课题。

教师可以从与他人进行教育教学问题的讨论中得到启示，从而发现需要研究和探索的问题，并通过对有关问题的深入思考，进一步将有关的问题发展为教育科学研究的课题。事实上，有不少教育科学研究课题正是通过这种途径而提出来的。

从我们接触的教师研究者的情况来看，特别是在校本研究中，不可或缺的关键问题之一是学校高级管理团队坚定不移的支持。研究与服从于学校使命二者是一个很好的结合，这是双赢的。

（五）从理论学习和研究中发现问题

理论学习不仅可以丰富知识，同时也是寻找和发现研究课题的来源。任何一门理论知识都不是尽善尽美的，都存在一些需要完善、充实和发展的地方。因此，人们在学习某一学科的理论或阅读一些研究成果的过程中，就可以受到启发，发现值得进一步研究和思考的问题。对这些问题进行分析和提炼，就可能作为研究的课题。报纸杂志上发表的研究论文是对新问题的研究成果，反映了某个学科研究的方向和进展，但往往并没有解决问题所涉及的全部内容。因此，在阅读研究论文时，既抱着学习的态度，又进行批判性的评价，便可以从中发现某些不足或值得进一步探索的问题。有些研究论文本身在后面就提出了一些值得研究的问题。

教育理论文献分析是教育科研课题的重要来源。在人类文明史上，一些思想家、哲学家、政治家、教育家对教育现象作了大量的理论探讨，提出了许多教育观点和主张。从现有的教育理论文献中，从前人构造的教育理论体系中，我们可以寻找并填补其中的空白区，可以继续他们提出而没有解决的问题的研究，也可以对前人理论发出怀疑，经过研究提出新的见解和主张，还可以参与学术上的争鸣、讨论。

实际上，教师应当了解一定数量的研究成果，研读、学习相关的理论论著，时时注意结合自己的工作实际进行有针对性的思考，注意把理论的论述转化为对自己工作中相关问题的解读与说明，并注意将自身已有的经验与阅读材料中的分析相联系。问题也就是在这样的转化、联系、解读中逐渐呈现并变得清晰起来。

总之，在教育科学研究中，特别是我们有了基于实践经验的初步想法以后，就要进一步阅读相关理论文献以及其他相关资料。可阅读的资料有很多，比如国家和地方报纸、教育期刊、教育网页和相关书籍。因此教师应及时掌握教育信息、教育动态，做好情报资料的搜集和分析工作，提高从教育信息中发现科研课题的能力。

（六）从成功的教育、教学经验总结中去发掘课题

教育工作者从教育实践中积累了丰富、宝贵、成功的教育经验，但往往又是零碎的、不自觉的，也未经科学检验。因此，这些经验往往"自生自灭"，难以推广。若运用经验总结法或实验法予以科学检验与总结，揭示教育措施与教育效果间的关系，并给以理论的抽象与概括，就使它们有了推广的可能。

（七）直接从各种课题指南中选题

为了更好地指导教育科学研究工作，提高教育科学研究水平及其成效，国家及地方教育行政部门及学术组织往往定期或不定期地对教育科学研究的发展作出规划，推出一定的教育科学研究课题指南。这些规划的课题，多是依据当前教育改革发展情况，结合国家、地区的教育发展实际和教育科研现状制定的，它明确了教育科研一定时间内的任务和重点，直接为研究工作指明了方向，可以使研究者少走弯路。另外，一些教育科学研究学术刊物，如《教育科学研究》《课程·教材·教法》等也会在年初几期中提出一些选题要点以供研究者本年度参考。广大教师应该关注这些教育科学研究规划，积极了解课题申请要求与申请资格，根据自身的研究能力和专长选择课题，按照课题申请程序进行申报。同时，教师们还应多关注教育类学术期刊，了解最新研究热点与难点，根据刊物选题指南进行选题研究，投身于教育科研的前端领域❶。

三、教育科学研究选题常见的问题与注意事项

教育科学研究选题的方法灵活多样，不同的研究者以及不同性质的研究课题等

---

❶ 尹国强，杨晓萍. 中小学教师科研选题的六大途径 [J]. 教学与管理，2009（8）：32-33.

存在诸多差异，因而没有统一的规范和标准。

在教育科学研究中经常出现以下选题不当的情况。一是范围太大，无从下手；二是主攻目标不十分清楚；三是问题太小，范围太窄，意义不大；四是在现有的条件下课题太难，资料缺乏；五是经验感想之谈，不是科研题目。

正确选题并非一蹴而就，它要求研究者不仅要有科学的教育理论指导，还要坚持唯物主义观点，从实际出发，通过对事实材料的分析比较，善于发现和抓住重要问题；不仅要把握该领域理论研究的全局，而且要对教育实际有深入的了解；不仅要有问题意识，而且要了解和掌握选题的有关知识和方法，不断提高自己的选题能力和创新、判断、评价等综合能力。

选题之前，应注意以下几个问题。

① 在选定题目以前，必须初步查阅有关文献资料。在选定教育科学研究题目前后，都应该认真查阅有关文献资料，以便了解前人对本研究题目做过哪些研究，引用些什么资料，用的什么方法，以避免不必要的重复，使自己的教育科学研究工作，在前人的基础上，取得新的较高一级的成果。同时，对前人的研究步骤、建立的假说和进行概括与分析的方法以及所得出的科学结论，可予以参考和借鉴，以便使自己的研究少走弯路，较易成功。

② 最好选择那些平时有一定的研究兴趣和基础知识，并且积累了一些资料的课题。兴趣是最好的老师，美国心理学家斯金纳曾说过："不被科学方法论学者正式承认的第一个原则：当您撞上一些有趣的事时，就要抛开其他一切事，抓紧去研究它。"在价值相当的情况下，让人感兴趣的问题更值得选择，这样我们就可以心甘情愿地去面对和克服研究中可能遇到的困难。

③ 课题的大小要适度，开始应以小课题研究为主。在选择研究课题时，一定要从实际出发，选择范围大小与实际研究条件相适合的课题。而且，无论是微观课题研究还是宏观课题研究，综合课题研究还是单项课题研究，都要力求使所研究问题清晰、具体与可操作化，提高研究成功的可能性。

④ 选择课题时要扬长避短，紧密结合本职工作，既可以提高本职工作的质量，又较容易获得成功。当然，有条件者，也可以选择理论研究或宏观研究方面的课题。

⑤ 要善于变换思考问题的视角，从不同层次、不同角度、不同维度来认识研究问题或现象，以形成关于对象的新认识。这就要求研究者不墨守成规，勇于打破原有的思维定式，另辟蹊径，寻找新的解决问题的思路，使研究的问题步步深入。

⑥ 要善于对研究问题进行分解，形成一定层次结构的问题网络或系列。

⑦ 要学会学习和移植，善于借他山之石，从其他学科研究中学习和借用它们

的思维方式、理论视角等，使之成为发现研究问题的"工具"。

⑧ 要深入探究研究对象，多问几个为什么，及时捕捉到有价值的问题。

此外，教育科学研究问题选择过程中还需要处理好以下几种关系。一是要处理好真问题与假问题的关系。有时由于研究者囿于偏见或对某些教育现象的误读，往往错将假问题当作真问题。更有甚者，故意制造一些假问题。二是要处理好热点问题与冷门问题的关系。研究者应该根据自己的研究专长选择研究问题，切忌盲目跟风。三是要处理好有重大价值的问题与自己能胜任的问题的关系。研究者要根据自身能力和实际水平以及设备和经费的条件进行研究，不要贪大求高。四是要处理好他人的问题与自己的问题的关系。研究者可以根据自己的情况来确定问题，也可以在研究群体的问题域中选择自己感兴趣的问题，从而使他人的问题与自己的问题结合，优势互补❶。

第三节　教育科学研究选题的基本过程

一、教育科学研究选题的一般步骤

教育科学研究的选题一般经历从产生意向到选定研究方向，从问题模糊到清晰的过程，并在反复思考中不断修正和逐渐完善，一般需要四个步骤❷。

（一）明确问题领域，形成稳定研究方向

教育科学研究的课题来源广泛，不是所有问题都适合研究。研究者应该明确问题的领域，根据学科兴趣、知识储备、专业特长以及工作精力，在自己较有优势的领域，经反复考量后选择相应问题，以形成一个稳定的研究方向。研究方向就是研究者在一个较长时间内从事研究活动的领域。一个研究者可能会对多个方向感兴趣，但人的精力和时间是有限的，要取得有价值的研究成果，必须确立自己的主攻方向。方向明确、稳定就能集中各种资源，积累丰富的实践经验，做长期、深入的研究，形成研究的连续性、累积性。

（二）分析研究背景，确立课题目标

在明确主攻方向后，还要认真分析课题研究的背景。依靠文献查阅、实地调查、专家咨询、自我判断以及听取实际工作者意见等方式来把握课题研究的背景。譬如，自己的研究与同类课题在目标、内容和方法上有什么不同，哪些已有的理

❶ 李爱民. 论教育科学研究问题及其确立 [J]. 当代教育科学，2005（1）：9-12.
❷ 孙泽文. 教育科学研究选题过程与思维策略探析 [J]. 湖北第二师范学院学报，2017（8）：85-88.

论、观点可以为本课题借鉴，别人的研究达到何种程度等。思考这些问题，就能找到研究的理论来源和实际的意义所在，从而确立所要解决的具体问题。

在同一研究方向上的问题很多，随着背景分析的逐步深入，还应明确课题具体要解决什么问题，问题的性质是什么，大体估计出要达到什么目的。譬如，是否能填补空白，将在哪些方面有所创新和突破，在多大程度上有助于教育行动的改进，从而做到心中有数。课题目标确立了，原有问题将渐趋清晰，就会形成一些具有价值的新认识。

（三）界定课题范围，细化研究问题

研究范围宜小不宜大，不要以为范围越大越好，小范围的问题就没有研究的价值。事实上，小范围问题的主题比较集中，易于提出新的见解，可以使研究更为具体深入。研究范围主要由研究者根据自己的思考和兴趣来定，当然，也可以借鉴上级教育行政部门和科研机构的课题指南，帮助自己确立选题范围，使研究方向更明确。选题范围只是一个笼统的方向，还需要进行分析、梳理和筛选，然后选取其中一个关键性问题作为研究课题。因此，界定课题范围的关键是对问题细化。所谓细化，就是按照内在逻辑关系把一个大问题的各个主要因素分解成相互联系的许多小问题，按其由面到线、由线到点的内在联系形成一定的层次结构。在问题细化后，还应敢于质疑常规和固有思维，对问题要素之间的联系作出理性推演，把选题聚焦在某一个较为关键性问题之上，最终以课题形式正式确定下来。

（四）转换问题提法，严谨表述课题

转换问题是指在选题时不断从新的角度提出问题。不少研究者大多被自上而下的课题指南牵着鼻子走，固执于已成的理论，无法摆脱惯常思维，缺少创造性的想象力，这是选题之大忌。研究者应激发选题灵感，不时转换问题提法，从不同侧面和层次上发现各种生长点，杜绝一般的、空泛的和陈旧的选题。如果固守传统，在原有方向上不知回头，很可能销蚀掉研究者的聪明才智而以失败告终。

转换问题后，还要严谨地表述课题。内容要简洁明了，框定研究对象和主题，提炼中心内容，蕴涵研究假设，表达出变量关系。要避免价值判断，价值判断往往体现出结果，会制约研究的进程。句型要规范，用语要新颖醒目，要用特定含义的词汇反映出问题的实质，使之独到别致，凝练深刻，既彰显精神，又传达神韵。

二、科学开展课题论证

课题选定以后，并不能马上实施研究，还要做好课题的论证工作。

（一）课题论证的意义

课题论证的目的，旨在通过对研究课题进行评估与分析，使研究者加深对课题

研究的重要性和必要性的理解，进一步阐明研究目标、内容、技术路线和方法，增强研究课题的可行性和操作性，以便使课题取得更好成果。因此，做好课题论证是提高科研水平和科研效益的重要环节，在教育科研工作中具有重要意义。具体而言，一是可以进一步完善课题方案，创设落实条件，使课题获得成功。二是为参加课题研究的教师提供一个集思广益、取长补短的环境，达到带着问题进行教育科研理论方法学习的目的，初步认识课题研究的规范。三是使科研管理部门本身更充分地了解到课题研究的条件，进而为今后保证重点，建立更完善的体系，进行科学管理提供更具体的依据。

（二）课题论证的步骤与内容[1]

一般来说，中小学的科研课题论证可以分为以下四个步骤：

① 明确课题评议的内容；

② 提供课题详细研究方案；

③ 内部论证准备；

④ 同行评议。

对课题研究方案进行评议，可以归结为以下几个方面。

1. 课题研究依据

① 课题研究目的、意义；

② 课题的形成理论、实践依据；

③ 课题相关的国内外研究动态。

2. 课题研究的目标系统

① 课题的目标确切性；

② 课题的目标体系。

3. 课题研究范畴

① 课题研究的类型；

② 课题研究的内容、对象、范围。

4. 课题研究的方法、步骤、进度

① 课题研究方法的预计效果；

② 课题研究步骤的落实程度；

③ 课题研究进度的可行性。

5. 课题研究策略

课题研究的难点、重点。

---

[1] 阮龙培，周伟灿. 教育科研课题论证的实践和认识 [J]. 教育科学研究与实验，1989（4）：55-59.

6. 课题成果结构形式

① 课题成果的组成结构；

② 课题成果提供形式。

7. 课题研究保证条件

① 课题研究人员结构及与任务的匹配。

② 课题研究的经费预算和物资条件。

三、课题论证中常见的问题

在中小学教育科研实践中，研究课题论证中存在不少问题，主要集中在选题及其表述、核心概念界定、文献收集与综述与研究设计等几个环节。

（一）选题及其表述方面的问题

在选题方面，主要在选题的大小、创新程度等方面存在着问题。在实践中，很多中小学教师为了突出研究价值，常常会选择一些大而空的选题，这就导致选题缺乏明确的问题意识，也没有抓住研究的突破口和创新点。因此，教师在选题时要做到小题大做，切忌大题小做。此外，还有部分教师选题真假不辨。教育的真问题存在于真实的教育情境中，其指向学生和教师有价值地发展。因此，教师要辨别哪些问题是明显可以证伪的、不存在的问题，哪些问题是既不能证明也不能证伪、无法判断其是否存在的问题，哪些问题是存在于教育领域中的非教育问题。

在选题表述方面，主要存在课题名称表述不清的问题。课题名称集中体现了研究的方向、内容和目标，课题名称新颖醒目、定位适宜、特点鲜明，是课题成功的首要因素。有的课题名称表述存在关键词不聚焦、前后不一致等问题。

（二）核心概念界定方面的问题

一是缺乏概念界定。核心概念的界定是对研究对象及其蕴涵的问题给予呈现、说明和论证，为研究划清边界、指明方向并提供逻辑地图。然而，不少教师的课题研究方案中往往会忽视这个问题。二是概念界定模糊。有的教师虽然对核心概念做了界定，但存在的问题也十分明显，如对概念分析视角、适用情境、界定的有限性缺乏说明。其中为概念而概念或泛泛而谈、歧义模糊的情况并不少见。三是概念前后游移。部分教师的课题研究方案存在概念论证避重就轻和概念内涵前后重点不一致的问题。虽然概念界定和研究实施是一个双向互动、相互趋近、逐渐整合的过程，前期的概念界定在研究中可能进一步丰满和适当调整，但就课题论证本身而言，对核心概念的理解越深刻，其他各部分的阐述就会越清晰，研究的设计也更具可行性。

（三）文献收集及综述方面的问题

在文献收集方面，存在的问题主要表现为文献的全面性、权威性、新颖性不够。部分教师在课题论证中呈现的文献并不是从中国知网等专业学术资源网站检索而来，存在着资料占有不全、不新和不够专业的问题。部分教师只注重网络期刊的收集，而对相关学术专著以及相关的学术会议论文重视不够。另外，部分教师收集的文献不能紧扣研究的核心概念及相互关系等关键问题。从国外研究文献的收集看，普遍偏少，即使部分课题有外文文献，也以二手资料居多，甚至部分研究者在课题论证中直接忽视国外研究现状。

在文献综述方面，部分教师容易陷在数量众多的研究成果中难以做到恰当的"综"和客观的"述"。一是在文献数量的处理上，完全被数量多的文献左右，或以主观感觉代替对数量少的文献的概括。二是在文献的呈现上，表现为贪多求全或罗列观点，一一呈现与课题研究相关的文献，或如数摘录已有成果的结论。三是在文献的评论上欠客观、深入，多用"研究不够深入、系统"等笼统的语言。

（四）研究设计方面的问题

一是研究重点不突出。部分教师的课题研究内容直接就是写好的论文提纲，平铺直叙，缺乏重点内容的体现和阐述；部分教师的课题围绕研究主题面面俱到，区分不了已有研究和研究者即将要做的研究的差异，以及研究的深入程度和可能的创新空间。二是研究难点把握不准。一般而言，不同课题的研究难点具有相对性，有的课题难点集中在研究内容的突破上，有的体现在研究对象的确立或研究方法的选择上。在这些方面，中小学教师还需要准确把握。三是研究思路不明确。中小学教师重视课题选题价值的阐述，但对课题内容和研究实施，特别是研究思路和方法部分思考不够，没有准确体现研究者对课题推进的独特理解、研究的切入点、创新的突破点等课题研究的"个性化"推进思路，对研究思路确立的基本依据、科学性和可行性缺少审思。

🧑‍🤝‍🧑 思考与练习

1. 教育科学研究选题有哪些来源与途径？
2. 教育科学研究选题的基本原则与要求有哪些？
3. 教育科学研究选题的一般步骤是什么？

⚛️ 实践与训练

1. 根据你目前最关心的现象或结合身边的教育教学故事，提出一个可以操作的研究问题，同时将所选择的问题初步拟订为课题名称，并梳理选题的来源、目的、意义及初步研究构想。

2. 请从下面的叙述中提炼出一个研究课题。

我是一名刚刚通过招考到小学任教的新教师。上大学时，我学习的是新闻学专业，但对教师职业很感兴趣，自己选修了教育学、心理学的课程，并且通过了教师资格考试，拿到小学语文学科教师资格证书，但没有在小学参加实习，也没怎么接触过小学生，对小学的教材也不是很熟悉。在小学里，我感觉一切都是全新的，没有任何经验，所有的一切都要从头学起，甚至有时都不知道该从何学起。

第三章

文献检索与综述

【知识目标】

1. 理解文献的含义及分类。

2. 熟悉文献检索的过程与方法。

3. 了解文献综述的含义及作用。

4. 掌握文献综述撰写的要求。

【任务目标】

1. 能根据本章所学，跟进某个当前教育热点问题，进行文献的检索与查阅。

2. 根据当前基础教育改革中的热点问题，选取其中一项进行文献检索并撰写文献综述。

问题导入

人们获取知识需要相互之间的协助和支持。任何有价值的研究，都与以往所做的研究有着紧密的关系。因此，从一定意义上说，特别是考虑到科学知识沉淀的特性，以往大量的真实可信的研究是构建有序科学知识体系的必要条件，也是新的研究的起点和基础。然而，随着信息社会的到来，研究者正在超负荷接收着科学知识，这导致他们不堪重负。随着科学研究数量的激增，人们对大量真实可信的研究综述的需要也日益增多，因为研究者不可能时刻把握相关领域中原始研究的最新发展动态。在很长一段时间里，国内学术界都不太重视文献综述，一篇论文写下来，往往只有对他人观点的零散引用，而缺乏对研究现状的系统梳理。近年来随着学术规范的逐步建立，国内学者越来越重视文献综述的重要性。在中国知网以"综述"为篇名进行检索，发现每年发表的综述或述评类论文数以千百计。然而，仔细分析发现很多文献综述的水平令人不敢恭维。在很多文献综述中，研究者只是大量罗列文献，缺乏严格而适当的综述方法。因此加强文献综述的策略指导就势在必行了。

第一节 文献概述

一、文献的含义

在科学研究过程中，文献占有十分重要的位置。在选题时，需要了解与课题有关的背景文献；在研究过程中，需要及时了解与课题有关研究文献的进展情况；而在对研究结果进行分析时，还需要用文献来充实论据。因此，文献的检索、阅读、分析与综述是现代科学研究工作中一个重要的步骤。那么，究竟什么是文献？它有哪些类型和特点？

（一）文献的内涵

文献一词最早见于《论语》。宋代学者朱熹在《论语集注》中解释说："文，典籍也；献，贤也。"但是后人的理解及用法则有不同。近代以来，由于出版事业的发达，各种仪节、制度、议论、掌故等，已多见诸文字图表，成为书籍；而载有图、文的文物资料也大量出土，再加上科技的发展，又产生了各种声像和机读文献，使得资料呈现的方式与种类，与古代大不相同。因此《辞书》认为，文献应泛指一切资料的载体。类似定义还出现在《辞海》中，《辞海》将文献解释为"记录知识的一切载体的统称，包含以文字、图像、符号、声频、视频等记录人类知识的各种载体（如甲骨、金石、竹帛、纸张、胶片、磁带、光盘等）。"

综上所述，我们认为，文献是指以文字、符号、图形、音像等方式记录人类知识的一切载体[1]。

（二）文献与信息、知识、情报的关系

信息是世界上一切事物的运动状态、特征及其反应，它可以通过数据、资料、图形、语言、声音等得以表现和传递。知识是信息的一部分，是人类在改造客观世界实践中所获得的认识和经验的总和。信息经过人的大脑的储存、甄别、加工、处理、转换等形式而形成知识。换句话说，知识是人的大脑通过思维加工、重新组合的系统化信息的集合。情报是特定的知识，主要指那些被人们用来解决特定问题所需要的、经过加工整理使之系统化、有序化的知识。可以说，世界客观事物的运动产生了信息，各种信息经过人们系统化的加工处理，便转化为知识，知识又经过系

---

[1] 韩秋云，许柏瑛. 文献特性浅识 [J]. 图书馆理论与实践，2001（2）：45.

统化的加工处理转化为情报，而情报应用于实践，在解决实践中存在的问题的过程中又会产生新的信息，这就形成了一个无限循环的转化过程。由此可见，信息、知识、情报之间是相互包含关系，知识是信息中的一部分，情报是知识中的一部分，而文献是知识的一种载体，是被物化了的知识记录，是被人们所认知并可进行长期管理的信息，是储存、传递知识、情报和信息的介质。

二、文献的类型

按照不同的划分标准，文献可以划分不同的种类。

（一）按文献的载体形式分类

1. 刻写型文献

刻写型文献是指在印刷术尚未发明之前的古代文献和当今尚未正式付印的手写记录，以及正式付印前的手稿。如古代的甲骨文、金石文、绵帛文、竹木文以及现今的会议录、手稿等。

2. 印刷型文献

印刷型文献是以纸张为载体、主要通过印刷手段所形成的文献。它是传统的文献形式，也是目前的主要形式，各种图书、期刊、报纸等都属于此种类型的文献。其优点是便于阅读与传播；其缺点是存储密度太低，篇幅庞大，体积笨重，占据储藏空间太多，难以实现自动输入和自动检索。

3. 缩微型文献

缩微型文献是一种印刷型文献的缩微复制品，它是以感光材料为载体，以印刷型文献为母本，利用照相复制的方法，把文献资料的记录缩小，感光复制而成的一种文献形式，包括缩微胶卷、缩微胶片和缩微卡片等。随着激光和全息照相技术的应用，又出现了超级缩微胶片和特技缩微胶片，一张全息胶片可存储 20 万页文献。其优点是体积小，存储密度高，传递方便，可节省 95％以上的储藏空间，而成本只是印刷型文献的 1/10 左右。其主要缺点是不能直接阅读，必须借助缩微阅读器。

4. 电子型文献

电子型文献又称机读性文献，是指采用高新技术手段将资料存储在磁盘、磁带或光盘等一些媒体中，形成多种类型的电子出版物，包括电子图书、电子期刊、各种连级信息库和光版数据库或软盘、磁带等产品，以及电传文本和电子邮件等等。人们可以通过计算机阅读、编辑、检索和获取信息，通过网络访问计算机中心各种类型的数据库资源。其特点是一次加工，多次使用，存储容量大，存取速度快，节省存放空间，易于实现资源共享。但是，这类文献在检索利用时必须借助电子计算机。

5. 声像型文献

声像型文献又称视听型文献，这是一种以磁性材料或感光材料为存储介质，借助特殊的机械装置，直接记载声音或图像信息而产生出来的一种文献形式，包括唱片、录像带、录音带、幻灯片、电影片、电视片。其优点是存储密度高、直观、真切，给人以如闻其声如见其形、身临其境的感觉，容易被人接受和理解。视听型文件不仅适用于变现那些难以用文字来描述的信息，而且也是快速传播信息的一种有力工具。随着多媒体技术的发展，其应用的范围更加广阔。

（二）按加工程度分类

1. 原始文献

原始文献即曾经经历过特别事件或行为的人撰写的目击描述或其他方式的实况记录，是未经发表和有意识处理的最原始的资料，也可以视为第一手文献。这类教育科学研究文献包括未发表付印的书信、手稿、草稿和各种原始记录。历史形成的原始文献大都收藏在档案馆和博物馆内；而现实的原始文献，则分散在教育工作者和教育科研人员手里，是非常重要的教育科学研究情报。这些文献，大多数不是用于教育科学研究，而是为其他目的所撰写，如日记、教师日志、给亲属和朋友的信件、自传和自述的信件等。许多非个人的文献则是由学校、政府部门、事业单位、教育学术组织等连续写下的，目的是连续记录各种事件，以确保这类重要事件及记忆的可靠性。这类文献往往比个人文献更有结构，如历史镜头、实况录像、谈话记录、会议记录、备忘录、协议草案，以及有关的其他各种各样的材料案卷等。

2. 一次文献

一次文献主要是指作者根据本人的研究成果或经验而创作或撰写的文献。像期刊论文、科技报告、会议论文、专利说明书、技术标准以及部分学位论文等文献，都属于一次文献。这类文献直接记录事件经过和研究成果，具有较高的直接参考和借鉴使用价值，然而由于比较分散，给系统收集和查阅带来一定困难。

3. 二次文献

二次文献是指文献工作者对一次文献进行加工、提炼和压缩之后而得到的产品，是为了便于管理和利用一次文献而编辑、出版和累积起来的工具性文献。通常二次文献要对一次文献的外部特征进行著录，如题名、作者、来源或出处；对内容进行提炼和压缩形成文献或摘要。二次文献包括文摘、索引、题录、书目。二次文献是对一次文献的摘编、分类或合辑，具有报告性、汇编性和简明性的特点，为人们提供了一次文献信息的线索，大大减少了人们查找一次文献信息所花费的时间。

4. 三次文献

三次文献是在一次文献、二次文献的基础上，对其内容作进一步综合分析后撰写成的科学著作，如综述性论文、专题述评、学科年度总结、年鉴、动态研究、手册、百科全书等。三次文献具有资料丰富、信息密度大、学术价值高、使用寿命长等特点，所以三次文献也称参考文献。其通常都是由专业人员撰写或编辑。

（三）按出版形式分类

1. 图书

图书又称书籍，是内容比较成熟，资料比较系统，有完整定型的装帧形式的出版物，按其篇幅和出版形式的不同，可分为小册子、单卷书、多卷书、丛书、专著、教材等。公开出版发行的图书，一般标注有国际标准书号（ISBN）。如果想对某一陌生领域获得初步知识，或对范围较广的问题获得一般性的知识，参考阅读有关图书较为合适。

2. 连续性出版物

连续性出版物是连续以分册发行的刊物，其分册有期数、年度、月份等，但没有预定的终止期。它包括定期出版物和不定期出版物，如期刊、报纸、年鉴、会议录等。

期刊是一种定期或不定期出版的汇集多个著者论文的连续性出版物，具有出版周期短、报道速度快、内容新颖、学科广、数量大、种类多等特点，是科研人员的主要信息来源；报纸是一种定期出版物，出版周期更短、信息传递更及时，很多学科最新的情报信息常常首先在报纸上发表，因此，它也是科研人员十分重要的信息来源。

3. 特种文献

这类出版物一般单独成册，有的不公开发行，有的还需要保密，如科技报告、专利文献、政府出版物、会议文献、学位论文、工程图纸、标准文献、产品样本等。它报道及时，类型复杂多样，内容广泛新颖，从不同的角度反映了当前科学技术的发明创造、最新水平和发展动向，它独特的情报功能对于生产和科学研究具有十分重要的参考价值。

① 科技报告也称研究报告，是描述一项研究进展或结果，或一项技术研制试验和评价结果的一种文体。其内容专深具体，完整可靠，具有一定的保密性和专门性，一般采用出版单行本的办法，在一定范围内流通。

② 会议文献是指在各种会议上所宣读的论文或书面发言，经过整理后，再编辑出版的文献。一般来说，会议文献内容丰富、新颖，信息数量大，专业性强，学术水平高，具有一定的创造性等。

③ 专利文献主要指发明人或专利权人向自己国家或国外的专利局申请保护某项发明时所呈交的一份详细的技术说明书，经专利局审查，公开出版或授权后所形

成的文献。

④ 学位论文是本科生、研究生为取得学位资格而撰写的学术性较强的研究论文，是一种原始研究的成果，其理论性、系统性较强，内容专一，阐述详尽，具有一定的独创性。

⑤ 政府出版物是指各国政府及其所属部门出版的文件，包括行政性、政策性文件，也包括相关的科研报告和科研成果公布等。其内容广泛、可靠，借助政府出版物可以了解某一国家的经济、科技、教育以及其他社会领域的政策，也是科研人员重要的信息源。

⑥ 标准文献是指由技术标准、管理标准、经济标准及其他具有标准性质的类似文件所组成的一种特种文献，主要是指按规定程序制定，经公认权威机构（主管机关）批准的一整套在特定范围（领域）内必须执行的规格、规则、技术要求等规范性文献。

三、现代文献资源发展趋势与特点

（一）数量庞大，增长速度快

随着现代社会经济和科学技术的发展，研究文献的数量激烈增长，造成了文献的出版速度与研究人员对它的利用之间的不平衡，导致研究精力的巨大浪费，出现了所谓的信息危机。目前，全世界文献资源的数量，正以惊人的速度迅猛增长。据统计，全世界每年发表的科技论文约 500 万篇，出版的图书在 50 万种以上，国外出版的期刊为 10 余万种，专刊文献为 100 余万件，科技文献年平均增长率为 15%，一般文献每 10 年翻一番，尖端科学的文献每 5～10 年翻一番❶。有研究报告显示，近 10 年来，中国的科研活跃度呈爆发式增长，论文发表数量增长 2.4 倍❷。

（二）内容广泛，载体多样

现代文献已经是当今人类从事的所有活动的一个缩影，由于载体及记录形式发生了变化，记载、保存这些信息的手段、技术也日益先进，文献形式已由单纯的文字存储，演化为今天既具图像、又有声音的综合形式，所包括的内容、信息仅仅用文字已不能表达。日益发展的多媒体技术与光盘技术的结合，使用户既能欣赏立体活动的彩色画面，又能置于声的环境中，加上文字说明，可提高读者的兴趣，增强

---

❶ 王芳. 浅论期刊资源的开发利用 [J]. 滨州师专学报，1996（1）：80-81.

❷ 中国已成世界科技论文发表数量最多的国家 [EB/OL]. https://www.sohu.com/a/270098325_115479，2018-10-19.

理解力、记忆力和创造力。此外，随着计算机的出现及多媒体网络技术的应用，文献从形式到内涵均发生前所未有的变化，存储材料革命对文献载体及其他电子产品产生重大影响。

（三）文献的传递快捷方便

文献情报工作，已成为现代信息高速公路上传递的重要内容，通过信息高速公路网以极快的速度向全社会用户提供教育、科研、卫生、生产、商务、金融、交通、文化、娱乐等领域内的信息服务。人们随时随地都可获得各种文献信息。随着科学技术的进步，以数字化信息网为代表的信息介质的传输将会更加迅捷、方便。

（四）文献的实用价值增加

文献是人类知识、学问、智慧及客观现象提炼出来的各种信息的综合，对人类发展起重要的推动作用。所谓文献信息的实用性，是说文献作为一种可利用的重要资源，从事文献信息开发的人员和机构应树立市场意识，大力开展文献信息的深加工，生产出为科研、教学、生产、市场所需的信息产品，为社会主义市场经济服务，以期取得更大的社会效益和经济效益。

（五）文献的时效性明显

文献是重要的信息资源，具有明显的时效性特点。随着知识经济时代和信息化互联网技术的发展，作为文献情报工作者，对信息的时效性要有一个深刻的认识，保持清醒的头脑，必须时刻注意时效性，避免文献老化。现代社会，科学研究的发展和科学技术的不断创新，每时每刻都会有新的发现、发明和创造，文献资源也必然会随之出现新陈代谢加快、老化加剧、使用寿命缩短的趋势。可能有些文献还未出版发表，就被记载有更新知识的文献所取代。

（六）文献服务的社会性增强

现代文献信息已按行业、系统、部门或专业联成网络，进行集约化管理，实现规模效益，并与现代社会各部门、团体之间形成一种具有一定经济联系的互相制约的密切关系，这对文献信息的产品价值的社会实现极为有利。随着信息化网络技术的发展，全球文献资源正在逐步通过信息网络而得以共享。我国有关单位和行业也正在加快大型中文数据库建设，并以不同的形式在全国范围进行联网，用户可通过网点对这些文献数据库进行检索。今后，要充分利用、宣传这些文献数据库，使有价值的文献资源发挥其应有的作用❶。

---

❶ 叶昕．现代文献及特点分析［J］．图书馆学刊，1997（4）：58-61．

第二节 文献检索的过程与方法

一、文献检索的含义

文献检索是指依据一定的方法，从已经组织好的大量有关文献集合中，查找出特定的相关文献的过程。从广义上讲，文献检索包括文献信息的储存和文献信息的检索两个过程，前者是对文献进行收集、标引及著录，并加以有序化编排，编制文献信息检索的工具的过程；后者是从大量的文献信息中查找出用户所需要的特定信息的过程。两者是相互依存的关系，必须遵循同一种规则和方法，必须有统一的检索语言和名称规范。因此，文献检索的过程就是通过对大量的、分散无序的文献信息进行搜集、加工、组织、存储，建成各种各样的检索系统，在统一使用检索语言和名称规范的基础上，将用户表达检索文献的标识与检索系统中表达文献的标识进行比较，从而将具有一致标识的文献信息按要求从检索系统中输出。文献检索贯穿于教育科学研究的全过程，关系到研究的速度、质量和研究成果的水平，具有举足轻重的作用。

二、文献检索的基本过程

文献检索就是根据课题要求，使用检索工具，按照一定的步骤查找文献的过程。文献检索一般经过以下几个步骤[1]。

（一）分析研究课题

研究者在检索之前，必须要明确文献检索的目标，确定文献检索的领域、对象、类型和时间范围。这就必须分析自己的研究课题，对研究课题的背景、性质、已知条件、要解决的问题及要求等进行较为详细的分析，弄清楚所研究课题应解决的主要问题，明确有哪些主题概念，各主题概念之间的关系，进而明确研究课题涉及的学科范围、研究课题所需文献信息的语种、时间范围等具体要求。如果对研究课题不是很了解，可借助图书、百科全书等进行泛阅读了解相关背景知识，也可以和指导教师沟通进一步明确课题所涉及的主题概念。

（二）选择检索工具

在分析研究课题的基础上，确定检索的数据库、检索的用词，并明确检索词之

---

[1] 汤林芬，苏丽. 文献检索 [M]. 吉林大学出版社，2008；文献检索的方法、途径和步骤 [EB/OL]. http://www.doc88.com/p-5438277396388.html，2021-1-19；科技文献检索（九）——检索步骤和策略 [EB/OL]. https://www.cnblogs.com/tomas-chen/p/12408992.html，2021-1-19.

间的逻辑关系和查找步骤的科学安排，然后进一步选择有效的检索工具或检索系统。检索工具或检索系统的选择是否恰当，直接影响到检索文献的质量。可以从以下几个方面衡量和选择：①专业范围要对口。在检索时应尽量选择综合性或专业对口的专业性检索工具。②根据研究课题分析中所确定的文献类型范围，选择相应的检索工具。③在文献量较大的前提下，应优先考虑文摘型检索工具。另外，还要考虑时差小的检索工具，以便提供最新的文献信息。总之，要选择与学科专业相关的权威性工具，特别注意跨学科领域内容，了解检索工具收录的范围，包括时间跨度、地理范围、文献语种、类型、揭示深度等。中文检索系统可优先考虑 CNKI、万方、维普数据库，外文数据库可考虑使用 WOS、EI、ScienceDirect、Springer、IEEE 等。具体如下：

1. 常见的中文数据库

- 中国期刊全文数据库（中国知网）；
- 万方资源（含期刊、学位论文、会议、成果等）；
- 读秀学术搜索；
- 超星数字图书馆；
- 万方学术期刊；
- 万方学位论文；
- 人大报刊复印资料；
- 中文社会科学引文索引（CSSCI）。

2. 常见外文数据库

- ScienceDirect；
- Web of Knowledge 平台（含 SCIE、SSCI、AHCI、INSPEC、BCI 等）；
- EBSCO 总平台（含 ASP、BSP、PsycInfo、PsycArticle、ERIC、Ebooks 等）；
- Springer Link Journals；
- JSTOR；
- SpringerLink Books；
- ERIC；
- ProQuest 学位论文全文库。

上述每一个数据库都有专属的特色，这些特色既有可能体现在学科或主题上，也有可能体现在文献年代上。科研工作者可以在图书馆的数据库介绍中了解和知晓不同数据库的文献特色，并在此基础上选择能够有效服务你当前研究领域或主题的特定数据库❶。

---

❶ 韩映雄，马扶风．文献综述及其撰写［J］．出版与印刷，2017（1）：64-69.

（三）确定检索途径

不同的检索系统有不同的检索途径和方法。依据文献外表特征分为题名途径、著者途径、文献序号途径、引文途径；依据文献内容特征分为分类途径、主题途径。

1. 题名途径

这是根据文献的名称，利用题录引文语言进行检索的途径，如书名目录、刊名目录和篇名索引等。它们一般是文献名称按照字顺序排列而形成的一个检索体系。只要事先知道文献名称，便可迅速准确地查到所需文献信息。但是它不能将内容、主题相同的文献集中，而且文献量大，题名往往不易记准，此外还有不少文献题目相同或相近但内容相异，因此题名途径一般不能作为主要的检索途径。

2. 著者途径

这是根据已知的文献著作者姓名查找文献的途径。常用的检索工具有著者目录、著者索引、机构索引、专利权人等。许多检索系统备有著者索引、机构（机构著者或著者所在机构）索引，专利文献检索系统有专利权人索引，利用这些索引按照著者、编者、译者、专利权人的姓名或机关团体名称字顺进行检索的途径统称为著者途径。想要了解某一著者或机构最近的研究动态，可以以著者作为检索入口，查全率较高。

3. 文献序号途径

有些文献有特定的序号，如专利号、报告号、合同号、标准号、国际标准书号和刊号等。文献序号对于识别一定的文献，具有明确、简短、唯一等特点。依此编成的各种序号索引可以提供按序号自身顺序检索文献信息的途径。

4. 引文途径

利用引文而编制的索引系统，称为引文索引系统，它提供从被引论文去检索引用论文的一种途径，称为引文途径。引文索引可以用于多种类型的检索，一般有两种操作方法：一是利用成套的检索工具，如美国的《科学引文索引》（SCI）、《社会科学引文索引》（SSCI）、《艺术与人文科学引文索引》（AHCI）等，从被引用文献入手，查找引用文献；二是从引用文献入手，直接利用文献结尾所附的参考引用文献，查找被引用文献。

5. 分类途径

按学科分类体系来检索文献。这一途径是以知识体系为中心分类排检的，因此，比较能体现学科系统性，反映学科与事物的隶属、派生与平行的关系，便于我们从学科所属范围来查找文献资料，并且可以起到"触类旁通"的作用。从分类途径检索文献资料，主要是利用分类目录和分类索引。

6. 主题途径

通过反映文献资料内容的主题词来检索文献。由于主题法能集中反映一个主题的各方面文献资料，因而便于读者对某一问题、某一事物和对象作全面系统的专题性研究。我们通过主题目录或索引，即可查到同一主题的各方面文献资料。

以上多种途径，要根据具体情况来确定，一般要多种途径配合使用。检索途径确定之后，就要根据研究课题要求拟订相应的检索标识，以便提高查准率。

（四）确定检索的方法

由于检索的手段不同和文献的载体各异，检索的方法也各有特点。在检索过程中应根据检索系统的功能和检索者的实际需求，灵活运用各种检索方法，以达到满意的检索效果。选择检索方法时要考虑研究课题的学科发展特点。一般来说，新兴学科，起始年代不长，可采用顺查法，也可采用倒查法；较老学科，起始年代较早或无法查考，只能选用倒查法。有的学科在一段时期内发展突飞猛进，就可以选用抽查法，重点抽查这一段时间内发表的文献。同时还要考虑检索要求，如果对文献的系统性、全面性要求较高，可以采用顺查法；如果时间紧迫，要求既快又准，宜采用倒查法。检索文献时还要考虑具备的检索条件。如果有成套检索工具，宜采用常用法为最佳；但在没有检索工具的情况下，采用追溯法较为实际；在检索工具不全的情况下，一般可采用分段检索法。

（五）查找文献线索

利用检索工具检索文献，在一般情况下，确定了主题词和分类号之后应分别从主题目录、主题索引和分类目录、分类索引等检索途径中去查找。在具体查找过程中，检索词应该是能揭示课题主题内容的语词，不要将虚词和一些意义广泛的词作为检索词，因此将检索需求转化为若干具体的概念词，尽量避免用一句话来作检索词。此时，要善于利用数据库（词表、索引、推荐词）、专业词典和百科全书等辅助选词工具。总之要立足规范词，兼顾自由词、同义词、近义词、隐含词、全称、简称、缩写、变化词形，忌自造词。

检索是一个不断试错的过程。由于预先定好的主题词或分类号的含义和各种检索工具中标识的含义可能会在理解上有差异，甚至不一致，这时要及时修正检索策略。一般来说，当检索结果不理想时，可以从以下几点考虑检索式的调整：①检索词是否准确？是否有同义词、近义词或其他隐含的词未被抽取。②检索式是否准确？是否有全角字符？组配算符是否正确合理？③检索字段是否合理？可考虑从不同的检索字段（比如题名、关键词、主题字段）进行试检索，必要时用全文检索。④检索工具是否选择正确？必要时换个检索工具等。总之，在实际的检索过程中要根据出现的各种问题做出及时调整，灵活应用，扩大已得线索。另外，除了利用检索工具开展检索外，还要利用各种现行期刊补充查找，以便遗漏重要的最新文献。

（六）获取原始文献

这是整个检索过程的最后一个步骤。通过各种检索途径，查到的只是文献的线索，还需索取原文。一般是由近及远，首先利用本单位、本系统、本地区的图书馆去获取原始文献，如果不能满足，可再利用各省市甚至全国、全球的文献共享系统去获取。常见的获取原始文献的方法包括图书馆购买的网络全文数据库下载或在线阅读、复印馆藏印刷文献、网络搜索获得部分免费的文献、利用文献传递和馆际互借以及文献互助社区获取、向作者索取全文等。

在整个文献检索过程中要注意两个问题。一是确保检索文献的质量。如果说选题是文献检索的前提，文献的质量就是文献检索的决定性因素。那么，我们怎么去辨别文献质量的高低呢？高质量的文献搜索总是要经过两道筛选程序。第一道筛选的程序主要是从实用的角度，即寻找那些与主题相关的，发表在专业领域的权威性杂志上的研究文献。第二道筛选程序是方法学质量的角度，即用来查找那些最符合研究者赖以收集良好证据的方法的研究文献。具体来说有如下标准：包括论述是否可信有条理、研究的思路是否富有影响力并且经过他人认可并追随、研究成果在多大程度上被引用、研究的意义或者重要性如何、研究所使用的方法论是否是当前公认的研究此项成果最恰当的方法论等。二是提高查全率与查准率。查全率与查准率是衡量文献检索效果的主要技术指标。查全率是指被检出的相关文献占总文献内所有相关文献总数的百分比，查准率则是指被检出的相关文献占被检出文献总数的百分比。在文献检索过程中，选择主题词与配置合适的逻辑关系直接影响检索的查全与查准❶。

三、文献检索的方法

教育科学研究文献检索的方法多种多样，这里介绍几种常见方法。

（一）直接检索法

直接检索法是直接利用检索系统（工具）检索文献信息的方法。它又分为顺查法、倒查法和抽查法。

1. 顺查法

顺查法是指按照时间顺序，由远及近地利用检索系统进行文献信息检索的方

---

❶ 李育嫦．文献检索中提高查全率与查准率的方法探讨 [J]．图书馆学研究，2002 (11)：92-93，95.

法。这种方法能收集到某一课题的系统文献，它适用于较大课题的文献检索。当检索目的在于收集某一课题的系统性文献，用以进行综合分析研究，供决策某一问题参考时，对文献的系统性、全面性要求较高，不能有重大遗漏，采用此方式比较适宜。倘若研究课题的起始年代线索不明，可先查一两年，再查五年或十年，这样虽有盲目性，但可能逐步理出线索，以利进一步查找。顺查法能全面掌握有关课题发展的背景材料，查检率高，不易漏检，但较费时、费力，工作量大。

2. 倒查法

倒查法是由近及远，从新到旧，逆着时间的顺序利用检索工具进行文献检索的方法。使用这种方法可以最快地获得最新资料。如果检索目的是解决某一新课题的关键性问题，要求既快又准地提供文献，而且时间紧迫，最宜采用此种方式。利用倒查法，可以较快地找到近期发表的最新文献，这些文献在反映新科学水平的同时，还可能对早期科研资料有所引用、论证和评述。因此，检索到的文献只要能基本掌握所需要的文献信息，即可停止，如果仍不满意，可再查一年，这样一般是能解决问题的。其不足之处是不如顺查法全面、系统，有可能漏检。

3. 抽查法

抽查法是指针对项目的特点，选择有关该项目的文献信息最可能出现或最多出现的时间段，利用检索工具进行重点检索的方法。这种方式可以用较少时间查得较多文献，提高检索效率。当然，采用这种方式必须对课题的发展情况心中有数，否则漏检严重。

（二）追溯检索法

这是一种在获取一篇适用的文献后，利用文献著作者在文献末尾所附的参考文献目录，追踪查找有关文献资料的方法。采用追溯法，往往能找到重要参考材料。这种方法适于没有检索工具，或检索工具不能满足需要的情况下采用。因原文著者所用的参考文献有限，而且也不可能全部列出，有时引用文献与原著者主题关系不大，导致引用文献价值并不是很大，所以不应完全依靠追溯法来检索文献。

（三）综合法

综合法实际上是直接检索法和追溯检索法相互交替使用或综合利用的过程，又可分为复合交替法和分段检索法两种方式。

1. 复合交替法

在具体检索时，使用这种检索方法有两种形式：一种是先使用直接检索法，后使用追溯法，不断交替使用，即可以先使用检索工具查出一批有关文献，然后利用这些文献内所附的参考文献为线索追溯查找、扩大线索，从而获得更多的相关文献；另一种是先使用追溯法，后使用直接检索法，不断交替使用，即可以根据已掌握的某篇文献后面所附的参考文献，从中发现这些文献所具备的各种检索途径，然后利用相应的检索工具查找，扩大线索，跟踪追寻，获取所需文献信息。

2. 分段检索法

这种检索方法先利用检索工具查出一批有用文献，然后利用文献所附的参考文献追溯，扩大线索。引用文献有个规律，即5年内的重要文献一般都会被引用。如此循环，间隔交替使用，直到满足研究课题检索要求为止。这种方法适于检索历史悠久的课题，可以节省时间，提高效率。

第三节 文献综述

一、文献综述的含义及其作用

（一）文献综述的含义

作为科学研究工作中的基础性、关键性环节，文献综述是一种对已取得的研究成果或研究文献进行的"再研究"，属于"元研究"即"研究之研究"的范畴[1]。因此，中外学者无不高度重视文献综述的工作。在实际研究中，学者们也在使用与文献综述意思相近的术语，如文献回顾、文献述评、研究述评、研究综述、综述性研究、综合性研究述评等，尽管这些术语有的内涵宽泛一些，有的内涵狭窄一些，但往往是交互使用的。从目前研究看，学者们对文献综述的界定尽管有不同表述，但基本含义却是一致的。如张丽华等人，认为文献综述是指在全面搜集、阅读大量的有关研究文献的基础上，经过归纳整理、分析鉴别，对所研究的问题（学科、专题）在一定时期内已经取得的研究成果、存在问题以及新的发展趋势等进行系统、全面的叙述和评论[2]。劳伦斯·马奇（Lawrence A. Machi）等人的界定："文献综述是一种书面论证。它根据对研究课题已有知识的全面理解，建立一个合理的逻辑论证；通过论证，得出一个令人信服的论点，回答研究问题。"[3] 迈克尔认为文献综述是"列出与你的研究计划相关的历史研究，并解释你的论文是如何建构并超越过往研究的"[4]。综合有关研究成果，我们认为，文献综述是在对相关研究文献进

[1] 李泉鹰. 文献综述：学术创新的基石 [J]. 学位与研究生教育，2011（9）：38-41.

[2] 张丽华，王娟，苏源德. 撰写文献综述的技巧与方法 [J]. 学位与研究生教育，2004（1）：45-47.

[3] 劳伦斯·马奇，布伦达·麦克伊沃. 怎样做文献综述——六步走向成功 [M]. 上海：上海教育出版社，2014.

[4] 迈克尔·查普曼. 人文与社会科学学术论文写作指南 [M]. 北京：北京大学出版社，2012.

行收集、阅读、整理和分析的基础上，对前人的相关研究成果进行归纳、总结和评估，并据此确定新的研究问题和研究路径的过程。同时，文献综述也是对以往研究结果、方法、理论等做出独立研究、点评，并以此构建相关主题的严格的研究活动❶。

（二）文献综述的特征

文献综述除了具备一般性学术论文的逻辑性、学术性和简洁性外，还具有客观性、综合性、评述性、前瞻性和继承性等特点。

1. 客观性

客观性就是忠实于原始文献的观点、数据、结论等信息，简言之，客观性就是实事求是。只有遵循客观性，才能使研究具有科学性和原创性。因此，在做文献综述时应实事求是，以事实为依据，尽量避免个人的主观情感或偏见。那些有意或无意地使用选择性文献，回避或弱化与自己研究相同或相近的研究成果的行为都是违反了客观性原则。

2. 综合性

文献综述要"纵横交错"，既要以某一专题的发展为纵线，反映当前课题的进展；又要从本单位、省内、国内到国外，进行横向比较。因此，做文献综述时要保证获取文献的全面性，同时要避免简单罗列、堆砌文献。要经过综合分析、归纳整理、消化鉴别，使文献更精练、更明确、更有层次和更有逻辑，进而把握本专题发展规律和发展趋势。

3. 评述性

评述性是指对所综述的内容进行综合、分析、评价，提出作者的观点和见解，并与综述的内容构成整体。一般来说，综述应有作者的观点，否则就不成为综述。可以说，评述性是文献综述的基本属性。评述主要是针对前人研究的成果作出客观分析，分析其研究成果、存在问题和发展趋势。通过叙述与评论，旨在理清某一领域或学科专业发展的脉络或发展特点，为后续研究做好铺垫。

4. 前瞻性

综述不是写学科发展的历史，而是要搜集最新资料，获取最新内容，将最新的信息和科研动向及时传递给读者。一方面，文献综述是对前人的研究成果进行总结和概括；另一方面，通过分析，寻找研究的盲区和缺失，为进一步开展研究提供理论依据和事实基础，同时预测研究未来的发展趋势。因此，文献综述很好地为后续研究提供参考的重要材料，从中可以找寻到未来发展的规律。

---

❶ 支运波. 人文社会科学研究中的文献综述撰写 [J]. 理论月刊，2015（3）：79-83.

5. 继承性

做文献综述就是在继承中发展，在继承中批判，在继承中创新。如前所述，文献综述是对以往研究文献的概括和总结，因此，继承性自然成为文献综述的一大特点。当然，继承性中暗含着研究的创新性，否则，就沦落为低水平的重复研究了。

(三) 文献综述的作用

作为一种具体而特殊的元研究，文献综述是学术研究乃至学术创新的基石，正所谓"站在巨人的肩膀上才能比巨人看得更远"。具体而言，文献综述的作用主要表现在以下三个方面。

1. 全面了解学科领域研究状况，有助于研究者选定课题

科学研究本质上是一种创新活动，是对现有研究不足的弥补或突破。文献综述能够为研究勾勒出一幅本研究领域的全景图，通过描述该领域发展脉络、趋势、争议等，可以帮助研究者熟悉和了解本学科领域中已有的研究成果，所达到的研究水平有待进一步修正和补充的问题。研究者只有了解了在本学科领域内别人已经做了哪些工作，才能真正找到该领域存在的研究空白和尚待修正的错误，进而真正找到需要继续深入探究的领域、新的突破点和切入点，使自己的研究真正地"站在巨人的肩膀上"，最终使自己的研究能够为该领域研究发展作出一定的贡献。

2. 借鉴有益的研究理论、思路和方法，提高研究质量和水平

文献综述的过程不仅是一个文献查找的过程，也是一个分析、研究过程。通过它可以了解国内外最新的理论、手段和研究方法，弄清楚前人的研究理论是否有矛盾之处、前人的研究方法与研究设计是否正确得当、前人的论证是否存在缺陷或者局限，这样研究者就能从过去和现在的有关研究中受到启发，可以参考前人的方法手段，借他山之石以攻己之玉，才会少走弯路。这样不仅可以帮助研究者找到深入研究的新方法、新线索，而且可以为科学地论证自己的观点提供丰富的、有说服力的事实和数据资料，使研究结论建立在可靠的材料基础上，进而有所创新和超越。

3. 避免重复劳动，提高教育科学研究的效益

"科学工作者应把人类历史上尚未提出的或尚未解决了的问题作为科研的选题。从事这种研究才是真正有意义的科学研究。"[1] 重复研究不仅浪费了大量的时间和精力，还将导致科研本身长期处于低水平的状态。如果无视或忽视前人的研究成果，重复他人的研究，那么原地踏步或绕圈子势所难免。文献综述可以使研究者弄

---

[1] 李泉鹰．文献综述：学术创新的基石 [J]．学位与研究生教育，2011 (9)：38-41.

明白本领域的哪一些方面做得已经很充分，哪些方面还未被充分检验，哪些方面还没有引起足够的重视，哪些方面还有待改进，哪些方面还需要进一步的摸索，这样就可以有效避免重提前人已经解决的问题，重做前人已有的研究，重犯前人已经犯过的错误。

总之，文献综述是在学术问题与学术传统中发现新的研究可能，并通过严密的逻辑论证去证实如何从可能变为现实以及由此带来的贡献❶。一篇优秀的文献综述其实就是一幅学术谱系图。写文献综述不仅是为了陈述以往的相关研究，也不仅仅是为了表示对前辈、同行或知识产权的尊重，更是为了"认祖归宗"，对自己的研究进行定位。有时候一篇文献的重要性，并不仅仅在于文本本身，而只有把它放到一个学术史的脉络中去，放到一个学术传统中去，我们才能真正理解这个文本：作者为什么要做这项研究？他/她的问题意识是什么？他/她试图与谁对话？我们在开始一项研究时也同样需要问自己这些问题，除了要有问题意识，也要有对话意识，不能自说自话。对话的前提自然是倾听，如果连别人说了什么都不知道，如何进行对话？正是在倾听（阅读）的过程中，我们发现了"问题"，才需要与对方进行讨论，否则便无话可说。通过综述的写作，我们就会知道：别人贡献了什么？我打算/能够贡献什么？我是否在重复劳动？从这个意义上讲，撰写文献综述首先是为了尊重并真正进入一个学术传统，其次才是利他主义功能——为他人提供文献检索的路线图❷。

二、文献综述的类型与结构

（一）文献综述的类型

可以从不同的角度对文献综述进行划分。

① 按照文献综述用途的不同，可将文献综述分为叙述性综述、评论性综述和专题研究报告三类❸。

叙述性综述是围绕某一问题或专题，广泛搜集相关的文献资料，对其内容进行分析、整理和综合，并以精练、概括的语言对有关的理论、观点、数据、方法、发展概况等作综合、客观的描述。叙述性综述最主要的特点是客观，即必须客观地介绍和描述原始文献中的各种观点和方法。叙述性综述可以让读者在短时间内了解到本学科、专业或课题中的各种观点、方法、理论、数据。

---

❶ 支运波. 人文社会科学研究中的文献综述撰写 [J]. 理论月刊，2015（3）：79-83.

❷ 熊易寒. 文献综述与学术谱系 [J]. 读书，2007（4）：82-84.

❸ 文献综述的类型、特点及作用 [EB/OL]. http://blog.sina.com.cn/s/blog _ 7db7bcc20100qehh.html

评论性综述是在对某一问题或专题进行综合描述的基础上，从纵向或横向上作对比、分析和评论，提出作者自己的观点和见解，明确取舍。评论性综述的主要特点是分析和评价，因此有人也将其称为分析性综述。评论性综述在综述各种观点、理论或方法的同时，还要对每种意见、每类数据、每种技术做出分析和评价，引导读者寻找新的研究方向。

专题研究报告是就某一专题，一般是涉及国家经济、科研发展方向的重大课题，进行反映与评价，并提出发展对策、趋势预测，是一种现实性、政策性和针对性很强的情报分析研究成果。其最显著的特点是预测性，它在对各类事实或数据、理论分别介绍描述后，进行论证、预测的推演，最后提出对今后发展目标和方向的预测及规划。

② 按照文献综述内容的不同，可以分为背景式综述、历史性综述、理论式综述、方法式综述和整合式综述❶。

背景式综述是最常见的一种，通常在文章的开头部分出现，主要是介绍某一研究问题的意义、背景情况，将该研究问题置于一个大的相关的研究背景下，让读者了解到该研究在整个相关研究领域中所占的比重和位置。读者可以从背景式综述中看到该研究问题与前期研究的相关性，并了解到前期研究中存在的问题和不足。

历史性综述是一种介绍性的综述，主要用于追溯某一思想或理论形成和发展的来龙去脉。研究者们往往对某一领域中最重要的问题作历史性综述，历史性综述对介绍某一学科领域具有重要的作用。读者通过阅读历史性综述，会对某一学科的全貌有一个基本的了解和认识。

理论式综述是对解释同一现象的不同理论进行综述，分别介绍不同理论，比较各种理论的优势和劣势，并评价它们对该现象的解释力。当研究者需要整合两种理论或拓展某一理论时，往往会作理论式综述。

方法式综述是研究者对研究成果的方法部分进行综述，评价相关研究中研究方法使用是否正确、得当，指出不同的研究设计、不同的样本、不同的测量方法可能会导致的不同研究结果等。

整合式综述是研究者整合某一研究问题相关的论文和研究报告，为读者展现出该研究问题的现状。

③ 根据文献综述目的的不同，可分为简介式综述、动态式综述、成就式综述和争鸣式综述。

---

❶ 王薇. 文献综述的概念、功能、类型及特点 [A]. "课改背景下中小学科研人员专业发展的培训与研讨" 项目组. 北京市区县教育科研人员第五届（2012）学术年会文集 [C]. 北京：北京出版社，2013：295.

简介式综述主要是简要介绍原始文献论述的事实、数据、论点等。它一般适用于对某些学术研究或者技术问题进行概要介绍，特别是一些学术问题可能尚无定论的情况。

动态式综述主要是根据研究领域的发展阶段，由远及近地介绍研究发展情况，包括目前的发展情况。它一般主要适用于介绍学科领域的进展状况。

成就式综述主要是根据不同专题需要来筛选原始文献，不管时间序列先后，分类归纳整理某一领域或某一项目的有关成就，进行综述。它一般适用于介绍新方法、新技术、新论点、新成就。

争鸣式综述主要是针对学术观点分歧，通过整理归纳某一领域或某一学术观点上的不同意见及分歧，进行整理、分析、综述，在叙述过程中，可以适当说明作者的倾向性意见。

此外，按照文献综述时空范围的不同，可以分为纵向综述和横向综述。纵向综述是就某一研究课题的发展状况按时间发展的顺序展开叙述，可揭示综述主题的历史、现状和面临的任务。横向综述是就某一研究课题的横向面，不分时序而形成的文献综述，其内容一般以国内外某课题在特定阶段的研究情况为主，有利于在同一水平上对比。

按照文献综述对象的不同，可分为学科综述、文献综述和会议综述、专题综述等。学科综述，综述某一学科的发展态势；文献综述，综述一批文献的研究成果，分析这批文献的内在规律；会议综述，综合报道会议上提出的各种观点、理论，一般作者不加评价；专题综述，综述某一专题领域的历史、现状和发展趋势。

按文献综述报道内容的时间范围划分，可分为动态性综述、回顾性综述和预测性综述。动态性综述主要以描述近期各类现实动态为主，这类综述的时效性强，反映最新发展态势。回顾性综述描述过去一定时期内的成果和发展历程，总结性较强，以作为当前的借鉴参考。预测性综述是在综述的基础上，对未来一定时期内的发展方向和目标提出预测。

（二）文献综述的结构

文献综述的结构相对多样，但总的来说，一般都包含以下几个部分：前言（引言）、主体、总结和参考文献。

1. 前言部分

前言部分，有时也称引言，这部分一般包括介绍性陈述、研究课题陈述、情境陈述、研究意义陈述、研究问题陈述和论文框架陈述几方面的内容。介绍性陈述旨在将读者的注意力吸引到研究上来，这类陈述可以是一个尖锐的事例，可以是有关某问题的一场争论，也可以是本研究提出的问题本身；研究课题陈述主要是对研究的主题进行明确的界定，它必须对研究的核心思想做出简练说明，指出研究的焦点与视角，对主题陈述中的每一个核心概念做出清晰的界定；情境陈述所展示的是研究的框架，它要详细阐述研究问题所处的背景，这种背景可以是学术争论，可以是学界关注的话题，还可以是导致研究问题出现的现实议题或实践困境；研究意义陈述旨在论证研究的必要性，其所阐述的是作者对研究课题的个人兴趣，并证明此项研究的学术价值和实践意义；研究问题陈述，也叫主题陈述，主要是阐述研究将要解答的问题；论文框架陈述是向读者简要地介绍文献综述的主体和总结部分的结构框架❶。简而言之，前言部分主要是说明写作的目的，介绍为什么要选择这个题目，有什么实践或理论意义，介绍有关的概念、定义以及综述的范围，扼要说明有关主题的研究现状或争论焦点，使阅读者对全文要叙述的问题有一个初步的轮廓。这一部分应力求做到突出重点、简明扼要。前言一般200～300字为宜，不宜超过500字。

2. 主体部分

主体部分主要是阐述有关研究课题的背景，并据此展开主题论证。首先要简述有关研究课题的已有知识，展现研究的来龙去脉，并构建研究背景，进而为文献综述主体部分的大纲编排提供基础和框架。其次，要以背景陈述为起点，简述有关研究问题的已有知识所体现的含义，即文献批评。主体部分是论文主旨的论证发展。同时，主体部分也要阐述文献检索和文献批评的研究成果，应特别注意代表性强、具有科学性和创造性的文献引用和评述。

主体内容根据综述的类型可以灵活选择结构安排，具体写法多样，没有固定的格式。可按文献发表的年代顺序综述，也可按不同的问题进行综述，还可按不同的观点进行比较综述，不管用哪一种格式的综述，都要将所搜集到的文献资料进行归纳、整理及分析比较，阐明引言部分所确立综述主题的历史背景、现状和发展方向，以及对这些问题的评述。

3. 总结部分

总结部分要对主题的论证做出总结，一般包括论点陈述、论点分析和研究意义。总结部分首先要对研究论点进行重申，接下来要对论点进行详尽的阐述，可以对论点的核心概念进行解释和进一步的界定，并从多种视角对论点进行探究。最后，要指出研究论点对日常实际问题或学术问题的影响和意义，进而展示论点是如何解答研究问题的。总之，总结部分要将全文主题进行扼要总结，与前言部分呼

---

❶ 劳伦斯·马奇，布伦达·麦克伊沃. 怎样做文献综述——六步走向成功［M］. 上海：上海教育出版社，2014：87-88.

应，指出现有研究中主要研究方法上的优缺点或知识差距，并能提出自己的见解。

4. 参考文献

参考文献是文献综述的重要组成部分，它不仅表示对被引用文献作者的尊重及引用文献的依据，而且为文献阅读者深入探讨有关问题提供了文献查找线索。参考文献的编排应条目清楚，查找方便，内容准确无误。参考文献应限于作者直接阅读过的、最主要的、发表在正式出版物上的文献。参考文献一律放在文后，其书写格式要符合国家标准 GB 7714—2015 规定。参考文献统一用阿拉伯数字顺序编号，一般序号宜用方括号括起。

三、文献综述的基本过程

一般来说，文献综述的过程可以概括为问题形成、文献检索、文献阅读、文献论证与评论、文献综述撰写等五个阶段。

1. 问题形成阶段

形成问题是任何研究工作的开端。研究的问题必须包括变量的定义和将变量联系在一起的理论依据。需要注意的是，原始研究的问题与研究综述的问题既有密切的联系，也有着较大的差别。研究综述的问题必须是文献中已经出现的主题。研究问题是研究者围绕研究兴趣开展学术讨论的切入点，决定着文献综述的对象，并限定了文献论证的必要界限，即通过对文献的整理和综合来了解对某一对象的研究当前已经达到的水平以及有待进一步研究的地方。从现实问题的兴趣出发，将之与相关学术领域或具体问题域相勾连，然后细化该兴趣点，将日常生活图式借助特定的学科话语模式转化为学术科研形态，这是建立研究课题的一般途径。当然，问题的形成过程比较复杂，但也存在一些偶然因素和外在目的考量的现象。

研究综述的问题形成阶段必须回答好"我要研究的概念是什么""表达这些概念的操作是什么"这两个问题，以形成区分相关研究和不相关研究的定义，避免出现因狭义概念可能致使综述结论不明确、不稳固的情形，或出现因肤浅的操作细节可能致使掩盖交互变量的情形。

2. 文献检索阶段

文献综述撰写之前，需要获取与研究论题相关且对研究起到参考作用的目标文献，即那些有价值的文献，所以对研究对象做严格限定和目标文献的仔细确定，是在海量信息中高效率工作的前提条件。这就涉及文献检索的渠道范围和方法。获取文献资料的渠道分正式渠道和非正式渠道。正式渠道包括图书馆、博物馆、数据库与期刊网、专业会议论文库等，非正式渠道包括个人联系（田野作业和民族志考察）、恳请邮件（外国很多期刊论文提供了写作者邮箱）、互联网搜索（谷歌图书与学术搜索）等。特别是一些著名数据库，像 Web of Science、EBSCO、JSTOR、Arts & Humanities Citation Index、Proquest Digital Dissertation、Periodicals Archive Online，为论题提供了可靠的文献来源。教科书、以往学者的相关综述能为初次进行文献综述工作的人提供捷径。可更为重要的，还是要给自己树立一手资料的文献搜索目标。像原典著作、经典论文与书籍都属于一手资料。穷尽所有研究成果是综述者的追求，但遗漏是在所难免的，这个时候借助高水平论文后面的参考文献则可以化解部分难点。这里，应该告诫研究者须"非常注意那些不可获取的研究所涉及的内容，同时还要注意这些研究与已经检索到的研究的区别"[1]。

文献综述者必须熟悉如何选定数据库，熟悉如何使用正确的语言和语法确定关键词、主题、标题，进而成功找出相关研究。"如果你埋首于毫无计划的数据搜索，可能会让自己陷于一堆书籍及论文中而失去方向。各式各样的原始资料可以把你带向任何地方"[2]，因此在文献综述时设定筛选资料的方法和合理的检索方法是十分必要的。互联网时代，我们也必须了解如何在个人工作电脑上进行信息分类和存储。缺乏管理的文献资料，会让人不知所措。因此，对检索的文献进行条目存档是很有必要的。条目包括作者、题名、时间、刊号以及参考页码等[3]。

3. 文献阅读

阅读是全面掌握文献观点、内容、研究设计、研究方法的过程，也是写好综述的基础。"教育科学研究文献的各种报告在其质量及综合性方面有很大的差别。因此，研究者在阅读报告时，就应带有某种程度的批判性。"[4] 对于选定的有代表性的文献要"批判地精读"。很多观点的分歧，特别是在人文社会科学研究中，是对概念理解的不同造成的。因此，首先要按照作者的研究思路及对相关概念的界定，全面分析文献的观点，理解作者是在什么层面和意义上使用概念的，避免不必要的争论。阅读时要做好笔记，如做摘要、批注、札记、卡片等，详细、系统地记录各个文献中研究的问题、目标、方法、结果和结论。阅读的同时，要批判地分析研究中存在的问题、观点的不足，以便发现尚未研究的问题。其次，按照一定的标准进行分类，以便后续研究中使用。可以参考的标准有：按学科领域分类；按学术观点、学术流派分类；按问题研究的历史发展阶段分类；按研究程序或研究方法的运用分类等[5]。

---

[1] 哈里斯·库珀. 如何做综述性研究 [M]. 重庆：重庆大学出版社，2013：77.

[2] 韦恩·C·布斯，格雷戈里·G·卡罗姆，约瑟夫·M·威廉姆斯. 研究是一门艺术 [M]. 北京：新华出版社，2009：69.

[3] 支运波. 人文社会科学研究中的文献综述撰写 [J]. 理论月刊，2015（3）：79-83.

[4] 威廉·维尔斯曼. 教育科学研究方法导论 [M]. 袁振国，译. 北京：教育科学出版社，1997：99.

[5] 王琪. 撰写文献综述的意义、步骤与常见问题 [J]. 学位与研究生教育，2010（11）：49-52.

总之,阅读文献,尽量对每一篇文献进行编码、做读书笔记,记录其中的重要结论、研究方法和启示,还包括批判性或建设性的评价,为后来进行综合和文献撰写奠定基础。具体说来,"在阅读每一篇文献时,需要考虑哪些是该文献所没有回答的问题,研究可能存在哪些方法上的问题,所提出的对未来研究的建议是什么"❶。思考不同文献之间如何构成一个有机整体,特别是它们与个人正在进行的研究主题之间的联系,用连贯性思维和逻辑顺序表述文献综述。阅读文献就是要在阅读中找出难题、提出论证和寻找出论点的证据❷。

4. 文献论证与评论

文献综述的作用是寻求研究成立的合法性依据,从以往研究中发现学术传统与有用的方法论,通过批判以往权威研究,进而凸显出本研究的意义。因此,研究者必须扎实地开展文献评估和论证过程。通过设定一定的标准衡量文献的价值和关联性、研究的合理性、阅读收获和方法的恰切性,并力求把综述者主观因素的干扰成分降到最低。因此,撰写文献综述的关键在于对文献观点的加工整理和评论。首先,对文献的观点按照一定的原则,如上文所提到的分类方法,进行整理、陈述,使之系列化、条理化。提炼观点时,要力求做到准确无误,不片面理解。其次,对不同的观点进行合理的分析、比较和评论。分析、比较和评论时要保持思维的自主性和独立性,做到客观公正,既要肯定优点,又要指出不足,不可吹毛求疵。对于不同或矛盾观点的分析和评论,要注意选择合适的视角,注意其不同的原因,不可根据自己的喜好而滥加褒贬❸。因此必须制定合理的文献论证方案。论证方案本质上是要解决一堆乱七八糟的材料如何组成一个有机整体这个棘手的问题。

在文献综述中,有两种常用的文献论证方案。第一类是发现式论证,第二类是支持式论证❹。论证方案的实施完全以扎实的文献作为事实根据,通过令人信服的推理得出结论或前瞻性意见。不管论证的过程提供了多少文献或多么高质量的文献,也不管使用了什么高明的论证方法,其论证过程必须在逻辑上能证实研究的结论。文献综述的价值不只在于文献本身的价值,更在于综述者对文献的加工处理、自我阐释论证、告知以及发现问题与规律上。论证解决的是以什么线索来安排文献的这个关键问题。这也是避免蜻蜓点水式的姿态性综述和堆砌材料的惯常毛病的有用方式❺。

❶ 张黎. 怎样写好文献综述——案例及评述 [M]. 北京:科学出版社,2014:10.
❷ 支运波. 人文社会科学研究中的文献综述撰写 [J]. 理论月刊,2015(3):79-83.
❸ 王琪. 撰写文献综述的意义、步骤与常见问题 [J]. 学位与研究生教育,2010(11):49-52.
❹ 劳伦斯·马奇,布伦达·麦克伊沃. 怎样做文献综述——六步走向成功 [M]. 上海:上海教育出版社,2014:35.
❺ 支运波. 人文社会科学研究中的文献综述撰写 [J]. 理论月刊,2015(3):79-83.

文献评估是对搜集的文献加以阐释、解读，并探求这些文献中的结论是如何成功解答问题的。文献评估包括作者论点与阐释是什么，该研究的重要性何在，作者要得出什么，解决的方法是什么，问题详细度是否与重要性匹配，有没有对论点和论据做核实，是否客观对待观点的不一致性，参考文献是否密切相关，你从中获取了什么，你如何评价该研究，它与你的研究有何关联，是否揭示了论题的最新进展、最新态势，以及可能的研究方向等方面。"综"是对文献资料进行综合分析、归纳分类、加工整理，使材料围绕某个论题的逻辑化、精确化；"述"就是要求对综合整理后的文献进行学术的、深入的、系统性理论阐述。文献评估就是"述"，它是上升到发现新研究和只有通过新研究才能解答的问题的高度的必然要求。文献评估要遵循从前提到命题的合理性原则，不能断裂逻辑规则的链条以保障结论的有效性。有效的批判性评估可以窥视文献与正在进行的研究见解的黏合点，准确定位文献价值，厘定概念范畴，揭示研究的问题所在，层次清晰地论证出研究目标和研究价值。

5. 文献综述撰写

在完成文献搜集、分类管理、阅读分析以及论证性思考之后，便进入到撰写环节。综述撰写从设想最终模式起步，通过不断地写作和修改才能完成。在撰写中，综述者要意识到该过程是"先通过写作弄清自己想要说什么，然后再通过写作弄清应该如何说"，才能"促进他人理解自己"和自己的研究结论。要实现这个目的，就要求综述者对研究文献有深入的理解，并对其进行批判性思考。"只有当你能够脱离笔记而对这一主题侃侃而谈的时候，你才能够动笔写作。"在写作的开始阶段，首先建构一个纲要，然后写一份初步的草稿，随后对草稿进行不断的审核和修改，直至能够为他人所理解。

因此，文献综述的写作首先是一个通过写作增进自身理解的过程，需要综述者持续地学习与掌握有关研究课题的材料。综述者先要收集与组织那些构成研究内容的观点，并吸收这些观点，并对其进行整理与重构，将其转化为关联紧密的思路结构。所以，文献综述的写作开始于总结研究材料，并将其转化为逻辑连贯的全新表述，必须将研究材料中的每一个观点编织在一起。综述者首先要理解研究课题，将研究的对象转化为个人理解。接下来，随着对材料的把握加深，新颖的想法与模式就会产生。最终，将这些编织好的"图像"串联在一起，创造新的意义。文献综述的写作也是一个通过写作促进他人理解的过程。因此，文献综述初稿完成之后，要找别人与自己一起对其进行修改。就初稿的形式和内容与他人进行有效的讨论将为修改指引方向，研究者可以根据他人审阅发现的问题，对文章的清晰性、连贯性与内容整体性做出进一步的优化。

在写作过程中，综述者一是切忌"把研究中的每篇文献或每个概念、数据都视为同等重要"，否则，那样写出来的论文"甚至变成四不像，那绝对不是一篇好的论文"❶；二是切忌"使用作者原话"，除非不这样就无法表述，必须"使用自己的语言，在充分理解原文的基础上用自己的话将原文的思想表述出来"❷，舍此无他。

四、撰写文献综述基本要求

文献综述的写作既不同于"读书笔记"和"读书报告"，也不同于一般的科研论文。在撰写文献综述时应特别注意以下三个问题。

（一）文献综述要尽可能占有不同类型的文献资料，以免"挂一漏万"

如前所述，文献资料是多类型的，研究者要尽可能地搜集和占有文献资料，并将它们当成一个有机的整体来处理，这是做好文献综述的基础。也就是说，真正的文献综述要对相关的文献进行系统而全面的分析和研究，借鉴、继承和扬弃前人的研究成果，在批判和反省中提升自己研究成果的品位。由于资料搜集范围或方法不当，未能将有代表性的资料完全纳入研究的范围，或仅仅根据自己的喜好选择材料。其结果便是不能系统全面地把握研究现状，或片面理解他人研究结果，从而盲目地认为某问题或领域尚未被研究，使得自己的研究变成一种重复性的劳动。因此，在撰写综述前一定要全面搜集资料❸。另外，较为常见的问题是：许多学生做毕业论文，查阅的文献主要集中在期刊论文和学位论文，而对学术著作、研究报告、研讨会论文、政府部门的资料与数据汇编、国家政策文件等关注不够。就学术研究而言，后者与前者同等重要，对于某些特殊的专题研究后者可能更有价值。比如说，国家出台的教育政策、教育发展规划等，不仅包含着过去相关的教育科学研究成果，而且也蕴含着各种教育科学研究的热点、焦点、前沿问题，是未来研究不可忽视的文献❹。

同时，我们还要注意文献的质量问题。第一，文献的相关性。文献综述应紧紧围绕研究问题，所占有文献应与研究课题直接相关❺。仔细分析一些学位论文参考文献所开列的文献就可以看出不少文献是为"凑数"用的，与研究的主题是无关的，或者关联度很小，或者不是相关问题研究中最为基本的文献。第二，文献的权威性。文献综述所引述文献应有所选择，尽量来自政府、专业的学术研究机构、有

---

❶ 蔡今中. 如何撰写与发表社会科学论文——国际刊物指南［M］. 北京：北京大学出版社，2009：6.
❷ 张黎. 怎样写好文献综述——案例及评述［M］. 北京：科学出版社，2014：13.
❸ 王琪. 撰写文献综述的意义、步骤与常见问题［J］. 学位与研究生教育，2010（11）：49-52.
❹ 李桑鹰. 文献综述：学术创新的基石［J］. 学位与研究生教育，2011（9）：38-41.
❺ 时俊卿. 撰写文献综述应注意的问题［J］. 教育科学研究，2004（7）：56-58.

影响的正式出版物及有影响的专业人士等。应当审慎地考察文献（也包括事实、数据等）的来源是否可靠、具有权威性。在实践中，常能看到的现象是，不少学生会不加选择地使用一些缺乏权威性或公信度的网站、报刊所提供的信息，其中可能包含了许多未经证实的信息和未经科学方法获得的数据。如果使用这些信息作为论据，不仅不能提高论文的质量，还会导致读者对论文科学性产生怀疑。第三，文献的类型。从实际出发，需要强调的是应当主要运用一手文献，最大限度地减少使用二手文献，杜绝间接引用文献。调查表明，在一些学位论文中，存在着较为普遍的运用二手文献或者间接引用的现象，尤其是一些对研究问题关系密切和重要的文献（数据、事实等）也时有间接引用的现象，例如从某位学者的著作或论文间接引用杜威的观点或言论，而不是直接从杜威著作（哪怕是中文译文）加以引用。这种现象不仅说明研究者学风不够严谨，而且容易造成以讹传讹的后果❶。因此有学者提出文献综述选用文献的"三最"原则，即最权威、最经典和最新原则，"最权威"是指当下某个研究领域内最有影响力和最知名的国内外学者、专家和教授的著作、论文、会议论文等各类文献资料；"最经典"是指在中外历史文化发展过程中，那些经历了历史和社会检验的世界名著等；"最新"是指近几年来（一般默认为 5 年）发表的各种文章❷。

（二）文献综述要有综有述，尽量避免堆砌、罗列

文献综述不是资料库，应突出综述的特征，因此撰写文献综述不应是对已有文献的重复、罗列和一般性介绍。原始材料常常是零乱的、无序的，甚至还存在这样或那样的错漏，不同层次、类型和阶段的研究错乱地交织在一起，表面上往往是没有关联的，研究者很难看出其中的"奥妙"。当做文献综述时，首先要对原始材料进行整理，即订正那些错误的材料，补充那些缺漏的材料，区分哪些材料是有用的，哪些是没用的，哪些是过时的。其次，要对原始材料进行强有力的关联论证，即找出这些原始材料之间的内在关联❸。这就要求综述者必须充分理解已有的研究观点，并用合理的逻辑（或时间顺序，或观点的内在逻辑、相似程度等）将它们准确地表述出来。如果综述仅仅是将前人的观点罗列出来而未进行系统分类、归纳和提炼，那么内容就会十分杂乱，缺乏内在逻辑。这样不利于厘清已有研究结果之间的关系，难以认清某问题研究的发展脉络、深入程度、存在的问题等，更不必说走到问题研究的前沿了❹。

---

❶ 张斌贤，李曙光. 文献综述与教育学博士学位论文撰写 [J]. 学位与研究生教育，2015 (1)：59-63.

❷ 王琳博. 文献综述的特点与撰写要求 [J]. 临沧师范高等专科学校学报，2013 (3)：116-119.

❸ 李枭鹰. 文献综述：学术创新的基石 [J]. 学位与研究生教育，2011 (9)：38-41.

❹ 王琪. 撰写文献综述的意义、步骤与常见问题 [J]. 学位与研究生教育，2010 (11)：49-52.

我们还要极力避免那种只综不述的做法。文献综述应包括综合提炼和分析评论双重含义。如果是"综"而不"述"，那么，即便是内容有一定的系统性，充其量也只是陈述了他人的观点，达不到通过分析、评说而发现和确立论文选题的目的。而文献综述要着力于学术增值，就必须对以往研究的优点、不足和贡献进行批判性分析与评论。为此，要明确原始文献在文献综述中只是作为论据和评述的对象出现，而综述者的研究论题、理论思路和论证逻辑完全是属于自己的思考、发现。因此，综述者应该明白文献综述"重点是利用文献的一些观点和研究成果为所讨论的问题服务，而不是强调到底是哪些人干了什么事情，得出什么结论"❶。止步于文献而没有建设性观点，不对文献的未来可能研究做探讨，是只有"综"而没有"述"的文献汇编，不属于文献综述范畴❷。

（三）文献综述要客观评价已有的研究成果，力避对其局限性大做文章

综述提炼的观点必须以原始文献为依据，不能把观点强加给原作者；如果有不同的观点，可对原作者的观点进行评议，但论据必须充分，并能使读者分清哪些是原作者的观点，哪些是综述者本人的观点，不能混杂在一起，更不能避重就轻，为突出自己研究的重要性而对他人文献进行随意化、主观化的处理。文献综述是对人耐心、细心、判断力、思维以及写作的全面考验，也是衡量学术能力很好的试金石。有些投机取巧、自以为聪明之徒很容易犯随意挪用他人文献内容而不做标注，任意下断言而不给出论据支撑或不进行论证阐释的毛病。更有甚者，不负责任地主观化处理文献资料。众所周知，文献综述是基于事实之上的科研学术活动，对其他研究者成果的评判必须是基于学术的公正、客观认识。要尽量避免个人利益考量，不要因为与研究者有师承、学统关系或学术争论就奉承或棒杀，也不能因为地域、时间、个人品格或主观情绪而选择性批评研究者，更不能为了综述结论的需要而人为性地取舍文献，甚至过分夸大自己研究的意义❸。凡此种种，无疑都不利于学术创新和研究领域的拓展。

写综述的目的是寻找研究的切入点和突破点，是为了学术增值和学术创新。过度地热衷或迷恋于批判他人，或过分地夸大自己研究的原创性或填补空白性，最终将会让自己举步维艰，甚至无路可走。因为任何个人的视野都是有限的。令人疑惑不解的是，多如繁星的学位论文，似乎总是习惯性地标榜自己的研究是前沿的、填补空白的和原创的，对别人的研究不能给予客观的评价。概言之，文献综述要坚持

❶ 张黎. 怎样写好文献综述——案例及评述［M］. 北京：科学出版社，2014：52.
❷ 支运波. 人文社会科学研究中的文献综述撰写［J］. 理论月刊，2015（3）：79-83.
❸ 支运波. 人文社会科学研究中的文献综述撰写［J］. 理论月刊，2015（3）：79-83.

批判与欣赏同行，纯粹的批判或欣赏都是非理性的❶。

几种常用的文献检索数据库

为了方便教师和学生的研究，学校图书馆一般都会引进一些数据库。目前有几种常用的中外文电子期刊数据库：

中国知网（CNKI）

官网为：http：//www.cnki.net/。目前 CNKI 已建成了中国期刊全文数据库、优秀博硕士学位论文数据库、中国重要报纸全文数据库、重要会议论文全文数据库等大型数据库产品。

中文科技期刊数据库/维普数据库（VIP）

官网为：http：//www.cqvip.com/。维普数据库主要包括自然科学、工程技术、农业科学、医药卫生、经济管理、教育科学和图书情报等七大专辑 27 个专题。

万方数据知识服务平台（wanfang data）

官网为：http：//www.wanfangdata.com.cn/。万方数据库集纳了涉及各个学科的期刊、学位、会议、外义期刊、外义会议等类型的学术论义，法律法规，科技成果，专利、标准和地方志。

中国科学引文数据库（CSCD）

官网为：http：//sdb.csdl.ac.cn/index.jsp，收录了国内数学、物理、化学、天文学、地学、生物学、家林科学、医药卫生、工程技术、环境科学和管理科学等领域的中英文科技核心期刊和优秀期刊。

美国 EBSCO（英文文献期刊）

官网为：http：//ejournals.ebsco.com，共收集了 4000 多种索引和文摘型期刊以及 2000 多种全文电子期刊。其中 EBSCO 内含有教育资源信息中心（Educational Resource Information Center，ERIC），是美国教育部的教育资源信息中心数据库，收录 980 多种教育及和教育相关的期刊文献的题录和文摘，包括 250 多种 EBSCO 收录的全文杂志教育文献数据库。

ProQuest 数据库

官网为：http：//proquest.umi.com/login，是世界著名的学位论文数据库，收录有欧美 1000 余所大学文、理、工、农、医等领域的博士、硕士学位论文，是学术研究中十分重要的信息资源。

Springer 数据库

官网为：http：//www.springer.com/。Springer 公司和 EBSCO/Metapress

---

❶ 李枭鹰. 文献综述：学术创新的基石 [J]. 学位与研究生教育，2011（9）：38-41.

公司现已开通 Springer LINK 电子期刊服务，能提供的全文电子期刊包含 439 种学术期刊（其中近 400 种为英文期刊）。

Wiley InterScience 数据库

官网为：http：//www.interscience.wiley.com/，收录了 360 多种科学、工程技术、医疗领域及相关专业期刊，30 多种大型专业参考书，13 种实验室手册的全文和 500 多个题目的 Wiley 学术图书的全文。

ISI Web of Science 数据库

官网为：http：//webofscience.com/，是 ISI（Institute for Scientific Information）建设的三大引文数据库的网页版，是国际公认的反映科学研究水准的数据库。三个数据库分别是 Science Citation Index Expanded（SCI）、Social Sciences Citation Index（SSCI）和 Arts & Humanities Citation Index（A&HCI）。

美国 IEEE 数据库

官网为：http：//ieeexplore.ieee.org/，包括了 1988 年以来 IEEE 和 IEE 的所有期刊杂志和会议录以及 IEEE 的标准，可以通过题目、关键词和摘要进行查阅。

SAGE 期刊数据库

目前 SAGE 连续出版 560 多种商业、人文、社会科学、自然科学、科技和医学类的期刊。SAGE 现刊全库（SAGE Premier）包含 SAGE 出版的 514 种学术期刊全文。SAGE 过刊全库（SAGE Deep Backfile）包含 SAGE 出版的 381 种学术期刊回溯全文。

Sciencedirect 期刊数据库

官网为：http：//www.sciencedirect.com/，提供了 1995 年以来 Elsevier 公司及其并购的出版公司、下属出版公司等出版的 2400 余种电子全文期刊。

Blackwell 数据库

官网为：http：//www.blackwell-synergy.com/。目前，Blackwell 出版期刊总数已超过 700 种，其中理科类期刊占 54％左右，其余为人文社会科学类。

JSTOR 数据库

官网为：http：//www.jstor.org/，以收录过期西方期刊为任务和目标，是以政治学、经济学、哲学、历史等人文社会学科主题为中心，兼有一般科学性主题共十几个领域的代表性学术期刊的全文库。

此外，还有下列索引数据库

Google 学术搜索：https：//scholar.google.com.hk/? hl＝zh-CN

百度学术：http：//xueshu.baidu.com/

搜狗学术：https：//scholar.sogou.com/

Sci-Hub 文献检索：https：//www. sci-hub. ren/

中国科学院文献情报中心：http：//www. las. ac. cn/

国家哲学社会科学文献中心：http：//www. ncpssd. org

CALIS 中国高等教育文献保障系统：http：//www. calis. edu. cn/

全国图书馆参考咨询联盟：http：//www. ucdrs. superlib. net/

读秀：http：//www. duxiu. com/

超星发现：http：//www. chaoxing. com/

开放存取资源图书馆（OALib）：www. oalib. com

思考与练习

1. 简述研究文献的含义与类型。

2. 简述文献检索的基本过程与方法。

3. 围绕文献综述在教育科学研究中的作用，访谈 3～5 位教师，并将访谈结果在小组内进行交流。

实践与训练

根据当前基础教育改革中的热点问题，选取其中一项进行深入研究探索，根据文献检索的步骤，尝试检索不同来源的文献资料。并在进行文献资料的检索、阅读、分析和加工、批评的基础上，写一篇不少于 3000 字的文献综述。

第四章
教育调查法

【知识目标】

1. 了解教育调查的含义、特点、具体类型。
2. 理解教育调查法的一般过程。
3. 掌握问卷调查研究的结构、步骤和基本要求。
4. 掌握访谈调查法的步骤和基本要求。

【任务目标】

根据调查主题，编制一份调查问卷和访谈提纲。

⇥ 问题导入

调查是走进社会之门的钥匙，也是我们认识世界最基本、最传统的方法之一。我们在工作、学习和日常生活中也遇到过各种各样的调查活动，如国家进行的人口普查、企业进行的产品体验调查等等。在教育领域中，各种形式的调查活动更是屡见不鲜。然而，什么是一个好的调查研究呢？如何设计一份好的调查问卷？对诸如此类问题，很多人却语焉不详。事实上，调查研究是一项技术含量极高的专业活动。

第一节 教育调查法概述

历史上最早的专门的教育调查是美国赖斯（J. M. Reiss）在 1897 年开展的对学校"拼写练习"的调查。当时，在美国的小学中，读、写、算的教育几乎占据了全部课时，有些人主张改变这种形态，增加实科性的课程，但坚持传统课程的人则认为减少课时会影响教学质量。在这样的背景下，赖斯选择了每天用于拼写法练习时间相差极大的学校作为调查的样本。在这些学校中，有的每天用于拼写练习的时间只有 15 分钟，有的则多达 40 多分钟。赖斯通过调查得到结果，学生拼写测验的成绩与拼写练习时间多少无必然联系。这一结论不仅为学校课程改革提供了事实依据，而且引起了教育界开展教育调查的极大兴趣。此后，在美国逐渐形成了教育调查热，不仅有个人主持的调查，而且有由各州、县、局团体主持的较大型调查。不仅用于对学校教育有关情况的调查，而且用于教育经费情况调查，特别是对调查材料计算分布情况，计算众数、平均数、中数，看集中的趋势，用统计法加以整理。1925 年斯坦福大学编辑出版了《学校调查》一书，至 1933 年，美国学校调查报告总数达四百多份，这些为调查研究法的形成和不断发展提供了重要的实践基础[1]。

一、教育调查法的含义与特点

教育调查研究法是在教育理论指导下，有目的、有计划地运用观察、列表、问卷、访谈、个案研究以及测验等方式，搜集教育问题的资料，了解、掌握教育教学的真实情况，进而对教育现状作出科学的分析，揭示教育规律的一种研究方法。与其他研究方法相比，调查法因下列特点而被广泛采用。

(一) 广泛性

教育调查研究是以现实存在形态的教育问题、教育现状为研究内容的，它们适用于教育的各个领域多种不同类型的课题，另外调查研究的广泛性，还体现在教育调查研究的对象上，可以是某一个人、某一个班级或某一所学校，也可以是某一市、某一省或某一国家的教育情况，甚至可以是国际性的教育发展情况。因此从理论上说，一切教育现象都可以作为教育调查研究的对象。如小学生的心理健康水平现状可以运用调查研究，教师教学风格可以运用调查研究，父母教养方式与儿童自我效能感的关系研究也可以运用调查研究。教育调查法可以不受时间、空间的限制，可以跨越地域的限制，如中国教育追踪调查（CEPS）是由中国人民大学中国调查与数据中心（NSRC）设计与实施的大型追踪调查项目，在全国范围内抽取112 所学校、438 个班级，约 2 万名学生作为调查样本，调查对象包括学生、家长、教师及校领导[2]。与观察法和实验法等方法相比，教育调查法可以不受调查对象数量的限制，结合不同的选题选择恰当的抽样方法来控制调查对象的数量。

---

[1] 苏忱. 如何开展教育调查 [J]. 上海教育，2017（28）：76-77.
[2] http://ceps.ruc.edu.cn/xmjs/xmgk.htm

（二）多样性

教育调查法由于不受时间与空间的限制，可以采用多种多样的调查手段和方法。调查方法种类丰富，常见的调查法包含问卷法、访谈法和测验法等，其中每一种方法，在不同的情况下可以表现出不同的方式。调研途径也是多种多样的，既可以通过细致的访问、座谈等方式深入研究某些事物与现象，又可以采用问卷、测验等手段进行区域性的大范围的调查研究。在具体研究过程中，研究者可以根据课题的大小和性质以及研究者自身的情况选择适当的方法，还可以将多种调查方法结合起来。

（三）间接性

教育调查法是一种间接的研究方法，即研究人员不必在教育现场对研究对象进行直接观察获得研究资料，而主要通过问卷、访谈等手段获取信息，不受现场条件和时间的限制，避免了因研究人员的直接介入而使调查对象产生某种情绪或认知障碍，影响调查结果的客观性和可信度。例如，在进行"某市小学免费托管的现状"调查时，调查者就可以通过访谈、问卷等方法对该地区托管小学的教师、学生家长、教育行政管理人员等相关人员搜集资料，进而对该地区的免费托管情况现状进行分析与研究。同时，实际中有很多现象很难或无法在短时间内被全部直接观察到，需要间接的方法去搜集资料。

（四）自然性与自主性

教育调查法是一种在自然状态下进行的研究方法，在自然进程中收集资料，不同于实验法，要对研究对象进行主动干预和操纵。与其他研究方法相比，调查法较少受时间、空间因素的限制，研究者可根据研究需要自主选择时间、空间，广泛收集资料进行系统周密的调查。有些大型调查可以打破省市限制甚至可以跨国界进行调查研究。

二、教育调查法的类型

教育调查法在教育科学研究中应用极为广泛。从不同的角度，根据不同的标准，教育调查法有多种不同的类型。

（一）按调查性质和目的划分的类型

1. 现状调查

现状调查旨在调查某一类教育现象的某些特征或某些方面发展的现状，目的是对教育现象的真实情况进行具体描述，发现现存的问题或寻找一般数据。例如，"小学生阅读兴趣的调查研究""小学生消费心理的调查研究""××市高二学生课外阅读现状调查研究""中学生心理健康状况调查""农村中小学教师继续教育需求的调查""中小学生网络使用情况调查"。通过现状调查，可以有效地掌握调查对象的实然状态，发现实际中存在的问题，促进今后有针对性地实施教育影响，探索达成教育教学应然状态的改进策略和措施。

例如：为考察"小学教师 TPACK 现状"[1]，了解小学教师基于技术的学科知识现状，探索提高小学教师教育技术及学科教学能力以及技术与学科教学整合能力的对策与方法，以天津市滨海新区 479 名小学教师为研究对象，对教师 TPACK 现状进行问卷调查，得出结论如下：不同教龄、学历的小学教师 TPACK 均存在显著差异；随着教龄的增长，小学教师 TPACK 总体（得分）的变化趋势是由高到低；学历越高的小学教师，TPACK 越高；小学女教师 TPACK 总体（得分）高于小学男教师。

2. 关系调查

关系调查是通过对两种或两种以上教育现象的性质与程度进行分析，探讨其是否存在相关关系，目的是寻找某一种教育现象的相关因素，以探索教育规律或解决问题的办法，例如"师生关系与小学生自我概念的相关研究""小学生自我效能感、自我概念与数学成绩的关系研究""学生的认知风格与教师的教学策略的相关研究""幼儿教师的组织承诺与工作倦怠的关系研究"等选题。通过相关调查，获取两个变量间的数据资料，计算其相关系数，进而根据相关系数的数值（正值、负值或零），来分析、判断研究中两个变量间存在的关系。

例如：为探讨"西部农村地区小学生家庭资本、社会情感能力与学业成绩的关系"[2]，利用调查问卷对当地小学四、五、六年级 1113 名学生家庭资本、社会情感能力与学业成绩进行了调查，结果发现：社会情感能力在家庭资本对学业成绩的影响中起完全中介作用。基于此，该研究提出：将发展儿童社会情感能力作为改善西部教育公平及提升教育质量的重要举措；重视教师在学生社会情感能力发展中的作用，改善教师认知并发展以"促进儿童社会情感能力提升"为目标的教育和教学策略。

3. 发展变化调查

发展变化调查又称跟踪调查，调查某一类教育现象随着时间变化而表现出的特征和规律，推断出未来某一时期的教育发展趋势与动向，例如"小学生自我调节学

---

[1] 郝琦蕾，刘阳阳，华文青. 小学教师 TPACK 现状的调查研究——以天津滨海新区小学为例 [J]. 基础教育，2016，13（5）：91-100.

[2] 陈瑛华，毛亚庆. 西部农村地区小学生家庭资本与学业成绩的关系：社会情感能力的中介作用 [J]. 中国特殊教育，2016（4）：90-96.

习的发展特点的调查研究""幼儿物体掌控动机的发展特点研究"等。开展发展变化调查研究，可采用纵向追踪研究和横向研究。其中，纵向追踪研究即是对不同年龄阶段的同一组被试的同一特征用同一标准进行反复测量，分析其发展的平均水平或发展趋势，研究周期性较长；横向研究则是指同时对不同年龄阶段的多组被试的同一特征用同一标准进行测量，分析其发展差异或发展曲线。纵向研究与横向研究均有利弊，研究者需根据目的和条件来选择。若综合使用两种方式，且结果一致，则可有效增强结论的说服力和推广性。

例如：对"小学生内疚情绪理解能力的发展特点"的调查研究[1]，运用问卷法对 99 名教师和 278 名家长进行调查，了解这两类人对小学生内疚情绪产生情景的评价，并在此基础上采用临床访谈的方法探究小学生内疚情绪理解能力的发展。通过纵向和横向研究发现，相对于人际交往情景而言，小学生在学业情景中表现出更高的内疚理解能力；在学业情景中，一年级到三年级是小学生内疚理解能力快速增长的时期。

4. 比较调查

比较调查主要是调查两个或两个以上群体、地区、时期的教育情况，旨在比较不同类型的教育对象、不同性质的教育现象之间的相似性和差异性。例如，"学生学习状况的性别差异研究""不同类型中学教师心理健康状况的对比调查""城乡小学生学业水平比较调查"等。通过比较不同教育对象、不同教育现象之间的相似性、差异性及其内在联系，为今后有针对性地实施教育影响奠定了基础。

例如："教师与非教师群体心理健康状况调查分析及比较研究"[2]，采用 SCL-90 临床症状自评量表对广东省的 294 名教师与 719 名正常成人群体进行心理健康调查，发现教师心理健康水平明显要好于正常成人群体。还探讨了教师群体与全国常模、外来工、精神科护士、大陆三省正常成人、中学教师、小学教师群体的心理健康比较状况，结果显示教师心理健康水平要好于本省的正常成人、外来务工群体、精神科护士、粤西中学教师，要差于全国常模、三省正常成人、东莞小学教师群体，并从教师个体角度对教师保持心理健康提出建议。

（二）按调查范围划分的类型

1. 普遍调查

普遍调查又称全面调查，简称普查法，是根据研究课题需要对某一时间、地

---

[1] 张晓贤，桑标. 小学生内疚情绪理解能力的发展特点 [J]. 心理发展与教育，2012 (1)：9-15.
[2] 吕英. 教师与非教师群体心理健康状况调查分析及比较研究 [J]. 教育与教学研究，2010 (4)：49-52.

点、范围内的所有研究对象进行调查，从而获得当前调查对象的全部情况，旨在获得课题所涉及的所有研究对象的有关信息。普遍调查的范围既可以是单位性的，又可以是地区性的，还可以是全国性的，强调研究对象的全体性，为重大方针、政策的制定提供必要的支撑。调查结果具有普遍性，可作为重大决策或教育规划制定的依据。普遍调查准确性高，不会受到取样误差的影响，能够收集到较为全面的资料，能全面、准确地反映出研究的现象、问题和发展变化的情况等内容，但由于调查范围广、对象多，所耗财力、物力较大，调查的成本也较高。

同时，由于调查范围过大，往往只能采用调查问卷等书面方式来开展，难以获取生动的材料，易出现调查所得到的材料较为浅显或简单的情况，致使问题无法获得深入了解或仅得到片面了解。

2. 抽样调查

抽样调查是指从被调查对象的总体范围中，用科学的方法抽取部分样本进行调查，用所得的结果说明总体情况的一种调查方法，包括随机抽样调查和非随机抽样调查。这是调查研究过程中广泛应用的一种调查方法。抽样调查的信度和效度很大程度上依赖于抽取的样本的典型性、客观性和代表性。重点调查法和典型调查法均是有目的、有意识地来抽取调查总体中的一个或若干个具有代表性的对象，属于非随机抽样调查。如，调查某地区小学生语文教育情况时，选用小学生人数比率较高的区县进行调查，采用的就是重点调查法；当以表现突出的教师或特色小学为典型开展有目的、有计划的调查时，将其经验总结后进行推广，指导其他同业的工作，采用的就是典型调查法。

随机抽样是按照随机原则抽取样本，排除主观因素的影响，使每一个单位都有同等的可能性被抽到。遵守随机原则，一方面可使抽取的部分单位的分布情况（如不同年龄、文化程度人员的比例等）有较大的可能性接近总体情况，从而使根据样本所做出的结论对总体研究具有充分的代表性；另一方面，遵循随机原则，可有助于调查人员准确地计算抽样误差，并有效地加以控制，从而提高调查的精度。抽样调查适用于总体样本过大、时间或经费不允许进行普查等情况。由于抽样调查相对于典型调查又具有较好的代表性，因此，在教育调查中抽样调查是最常用的一种调查方式，具有经济适用、速度快、范围广、准确性高等特点。

例如，为进行"辽宁省小学生课业负担调查研究"[1]，探究不同年级小学生课业负担的现实状况，利用整群分层随机抽样方法对沈阳、大连、阜新、辽阳、铁岭的 3500 名 3～6 年级学生进行测查。按照分层抽样方法，每个市抽取 15 所小学的

---

[1] 卢伟. 辽宁省小学生课业负担调查研究 [J]. 上海教育科研，2016（3）：14-17.

3～6年级学生，其中城市、城镇、农村各抽取5所。该研究对小学生课业任务（在校时间、睡眠时间、作业数量、考试频次）、承受的课业压力（课业实施压力、学习任务压力、学校家长期待）等引起的身心疲劳反应（书包重量、负担感受、学习兴趣）进行了调查，进而统计其结果，推测出辽宁省小学生课业负担的总体状况。

3. 个案调查

个案调查是在对被调查的教育现象或教育对象进行具体分析的基础上，有意识地从中选择某个教育现象或对象进行深入、细致研究的一种方法。研究对象可以是单一个体，也可以是单一集体，即将一个集体作为一个整体对象来看待。

个案调查的重要意义在于能够有效地对某一教育现象进行具体、细致的调查研究，深入实际、解剖麻雀，促使研究者能够详细观察事物的发展过程，充分了解现象产生的原因，掌握因素与因素之间存在的多种关联。但是，由于个案调查取样单一，个案调查对象的选取往往受主观因素的干扰，弱化了调查结果的代表性，很难推断出总体特征，而且在综合个案研究资料进行一般意义的推论时也要力求避免主观性和片面性。推广经验类的相关研究时要慎重。

例如：在"基础教育新课程实施的影响因素分析"[1] 的研究中，通过对重庆北碚实验区的两所学校进行个案调查，从新课程本身的特征、宏观社会以及学校内部三个层面出发，分析了影响新课程改革的若干主要因素。就新课程的特征而言，尽管教师认为这次改革十分必要，但改革规模宏大，而且新课程实用性欠佳。从学校所处的宏观脉络来看，新课程改革的决策参与机制、教师发展与资源支持仍需改进。为促进新课程的实施状况，学校还应该进一步发挥校长的课程领导职能，改善学校组织结构，同时发展合作的教师文化。

（三）按调查手段划分的类型

1. 问卷调查

问卷调查是研究者把调查的课题设计成若干个项目（变量），拟成具体易答的一系列问题，编成标准化的书面问卷，然后发给调查对象，进而对收集的数据进行统计分析，得出结论的方法。问卷调查包括采用测验方法进行定量化的测定，还包括使用调查表对调查对象进行调查登记。问卷调查法适用于样本较大的调查。问卷调查法简便易行，易获得真实信息，省时省力，所收集的材料也较易整理统计。同时，问卷调查法的问卷设计较为复杂，回收率、有效率和问卷信效度难以保证，而

---

[1] 尹弘飚，李子建. 基础教育新课程实施的影响因素分析——重庆北碚实验区的个案调查 [J]. 南京师大学报（社会科学版），2004（02）：62-70.

且难以深入了解问题，被调查者的回答或真或伪也不易区分或核定。另外，由于问卷调查法使用的是书面问卷，问卷的回答有赖于调查对象的阅读理解水平，它要求被调查者首先要能看懂调查问卷，能理解问题的含义，懂得填答问卷的方法。

2. 访谈调查

访问又称访谈调查和谈话法。这是一种调查者通过与研究对象面对面谈话直接收集所需材料的方法。访谈调查是研究性的谈话，即一种有目的、有计划、有准备的谈话，针对性很强，谈话的内容紧紧围绕着研究的主题展开，通过询问来引导被访者回答，以此来了解调查对象的行为与态度，从而达到调查目的。访谈调查一般用于调查对象较少的情况，也可与问卷、测验调查配合使用。这种方法的优点是可以直接观察到调查对象的非语言行为，获得感性材料，对较深层次的探索性研究及文化程度低的调查对象有很重要的意义。另外，访谈调查适用面广，尤其适用于个案研究。访谈调查局限性也很明显。访谈调查费用高、耗时长，故难以大规模进行，所以一般访谈调查样本较小。由于访谈调查要求被访者当面作答，故被访者缺乏隐秘性，尤其对一些敏感的问题，往往被访者会回避或不作真实的回答，得到信息的真伪确定难度较大。

3. 测验调查

测验是通过测量一定范围的样本，收集关于某一问题资料的方法。测验的对象和标志根据调查目的任务而确定。测验应力求标准、客观，操作程序规范、严格，同时应设法消除测验对象的疑虑心理，以提高测验信度。如对学生学习习惯、语言、心理健康水平等方面做调查，了解学生的基本情况等。该方法可在短时间内了解许多人的一个或多个特点，且能从数量上比较个人之间的差异等，同时，由于目前所使用的测验量表还不够完善，信度和效度数低等。

4. 座谈会调查

座谈会调查是由熟知情况和富有实践经验的研究者主持会议，依据事先准备好的调查提纲向参会者提出问题，展开讨论，从而取得资料的一种方法。座谈会调查中调查者和研究对象可以直接对话、互相启发、相互核实，所搜集到的资料相对真实。调查者必须具有较高的调查能力，善于发现、提出问题，参加调查会的人是与调查课题相关的人员，且有一定的代表性，这样才能保证与会者既能畅所欲言又能提供可靠、有效的资料。但参加人数要适当，一般以 3～8 人为宜。此外，召开座谈会还须注意引导启发。

三、教育调查法的具体步骤

研究的开端是提出问题，解决问题是研究的终结，也就是不断提出问题和解答问题的过程。在研究的过程中，研究者的主要任务就是收集实证性资料，不断循环推动，用以说明和解释问题，如图 4-1。

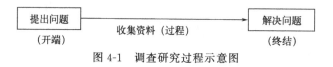

图 4-1　调查研究过程示意图

教育调查的全过程，一般分为三个阶段，即准备阶段、调查阶段、分析总结阶段。在此过程中，每个阶段都有各自特定的具体活动和要求，研究者应根据实际情况进行适当的调整，以保证研究的顺利进行。这三个阶段所涉及的任务为：确定调查选题、选择调查对象、编制调查工具、制定调查计划、实施调查研究、整理分析资料和撰写调查报告七个部分。它们构成一个相互联系的循环，与科学研究的一般过程相一致，见图 4-2。

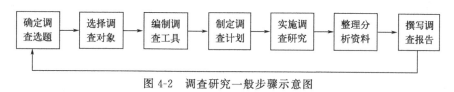

图 4-2　调查研究一般步骤示意图

（一）准备阶段

1. 确定调查选题

在调查前，首先必须明确调查方向，确定调查课题。只有明确所要解决的问题，才能减少调查的盲目性，增强调查的自觉性。在确定调查选题时，研究者应依据必要性、科学性、创造性、经济性、发展性与可行性的原则来选择课题。选题有多种渠道与来源，常见的方式有在社会生产实践中提出问题，对于教师来说，在教育教学实践中遇到的难题、困惑是其调查课题的主要来源。除了在日常实践实验过程中发现问题外，可结合文献综述等研究进展选择问题，从学科交叉、跨学科和学科发展的前沿问题去发现问题。

一般情况下，课题的选择不应太大，设计的范围不应太广，同时，同一个问题由于研究的角度不同，形成的课题就不同。另外，所选课题，从人员、时间、经费和环境等方面考虑，有没有调查研究的可能。通过收集、查阅相关文献资料，确定课题的地位，并获得进行研究的思路和方法。根据对研究目的和研究问题的初步探索，提出研究假设。

2. 选择调查对象

调查对象的确定要重点考虑研究目的、课题特点。调查对象的选择既可以是个人又可以是一个群体，调查对象选择的恰当与否会直接影响到调查结果。例如，"中西部地区特岗教师职业发展及其留任的影响因素分析"，调查对象就既可以是中西部地区全部特岗教师，也可以将部分具有代表性省市的特岗教师作为样本。不同的调查选题，需采用不同的方法来抽取调查对象，应考虑抽样方法、样本大小是否具有代表性等问题。

3. 编制调查工具

根据具体的研究课题和项目来设计调查工具，包括制定调查表格、编制问卷和访谈提纲、设计测验题目等。如果是以测量为主的研究，需要编制教育测验或心理测验；如果是以调查为主的研究，则需要编制调查问卷。在编制中一定要遵循具体的技术要求以保证工具的科学性和实用性。在编制调查工具时应力求选择有代表性又容易操作的指标，如要了解"小学高年级学生语文听话能力"可考虑听话的速度、正确率等具体指标。然后再根据具体指标设计好调查内容，如用记录速度听写10 个字以内的短句，听写 160 字的短文，用广播速度听完 1000 字左右的短文并概括主要内容等。

研究工具一般随研究方法而定，工具并非都要自行编制，若有合适的现成量表或测验量表，则可选择应用。例如："乡村教师专业自主发展现状调查"[1] 研究，采用自编问卷，对重庆市 7555 名乡村教师进行调查，发现乡村教师的职业认同度不高、专业自主学习不够、教学反思意识不强等问题。在"安徽幼儿教师心理健康现状调查"[2] 研究中，采用已成熟的测验量表 SCL-90 对安徽 3 市区 8 所幼儿园的101 名幼儿教师心理健康状况进行调查，发现安徽幼儿教师心理健康水平与全国成人常模相比无显著差异（$t = -0.290$，$P > 0.05$）；不同年级（$F = 6.615$，$P < 0.001$）幼儿教师心理健康状况存在极其显著差异；不同城市幼儿教师在强迫症（$F = 3.464$，$P < 0.05$）、人际关系敏感（$F = 3.141$，$P < 0.05$）、抑郁（$F = 4.112$，$P < 0.05$）和敌对（$F = 3.794$，$P < 0.05$）4 个因子上存在显著差异；不同性质幼儿园的幼儿教师在抑郁（$F = 3.782$，$P < 0.05$）和偏执（$F = 3.255$，$P < 0.05$）两个症状因子存在显著差异。

4. 制定调查计划

调查计划是调查研究工作能否顺利进行的重要保证，一个好的教育调查计划往往是成功的开端。调查计划是指对调查的工作阶段和程序进行安排，明确每一阶段的工作任务和要求，估算每阶段需要的工作时间，确定研究的组织形式，列出研究

❶ 曹科，李志辉. 乡村教师专业自主发展现状调查研究 [J]. 教育理论与实践. 2023 (08): 30-33.
❷ 徐生梅，等. 安徽幼儿教师心理健康现状调查 [J]. 中国健康心理学杂志. 2019 (01): 137-141.

人员之间的分工职责和合作项目，研究经费的预算等，也包括研究经费的筹措、设备资料的准备、工作人员的培训和研究进度的安排。调查计划中通常应包括如下内容：调查的目的，调查的对象及范围，调查的时间及地点，调查的方式方法，调查的步骤及日程安排，调查的人员分工及经费安排，调查报告完成的日期等。特别重要的是，在调查的方式方法中应根据具体的内容明确究竟采用哪些调查手段，以保证调查工作能顺利进行。初步制定的调查计划只有在调查活动的实践中加以检验才能明确计划是否合适。在制定计划的过程中，为了使计划制定得更加切合实际，可以先进行探索性调查，以便获得对研究对象的初步了解；或是征询有关专家的意见，得到一定的指导。

（二）调查阶段

调查实施是整个调查研究过程中最关键的阶段，研究者按照调查计划，运用设计好的调查工具对已确定的调查对象进行调查，系统、客观、准确地收集有关资料。在实施过程中，调查人员不能违反设计时的意图，不能任意变动调查内容和操作程序。为获取真实可靠的信息，调查人员需做好前期相应的准备，如熟悉调查对象的基本信息、特点及他们的生活环境。有效地对调查的过程进行监控，注意调查对象回答的真实性、准确性与完整性，收集的资料要力求全面、客观、典型、真实。

在调查过程中对采用观察、访谈、问卷、开调查会等多种手段获得的材料加以全面汇集。调查资料分为两大类：一类是书面资料，如工作日志、教师教案、学生作业、学校工作计划、工作总结及各种教育行政档案等原始资料；另一类是调查对象口述或测验的资料，以及由调查者观察所得的教育现象的事实材料等。通过调查收集得来的资料，必须加以整理，使之系统化。

（三）分析总结阶段

1. 整理分析资料

研究者需对收集到的资料的真实性、准确性和完整性进行审查，并对收集来的资料按研究需要和资料性质进行分类整理，将调查获得的原始资料简化、系统化、条理化。一般而言，在整理调查资料时，首先要对调查资料的可靠性、一致性、完善性进行核查，一旦发现缺漏和错误可及时进行重访和补充；再把收集到的数据、零乱的原始资料加以归类、综合、分组、保存，并进行数据处理和文字归纳，使原始材料成为分类明确、条理清楚、易于分析比较的加工材料；最后，根据资料的类型，通过定性定量相结合的方法进行分析研究，从中发现某些具有倾向性的问题，揭示事物发展的规律和水平，探寻问题产生的原因，归纳出理性的认识结论，为得出结论提供数据资料的依据。

2. 撰写调查报告

撰写调查报告是教育调查研究过程中最后也是最重要的环节。调查报告的形式有多种，但大体都应包含调查目的与意义、调查方法、调查内容、调查过程及步骤、调查结果及其解释说明以及调查结论和建议等[1]。

第二节 问卷调查研究的设计与实施

英国著名社会学家莫泽指出："社会调查十有八九是采用问卷方法进行的。"问卷是中小学教育科学研究中收集资料的重要工具。问卷是设计一组与研究目标有关的问题，通过对问题答案的回收、整理与分析，获得相关的信息。问卷调查的质量主要取决于问卷题目的质量，若问卷题目设计不当，则难以收到有效的信息资料。下面就来介绍一下问卷调查研究的设计以及具体的实施步骤。

问卷调查的关键在于问卷的设计。问卷设计的质量直接关系到调查的过程与调查的结果。因此，编制问卷是问卷调查中十分重要的一个环节。优秀的设计既要体现调查研究者的意图，也要将需要了解的问题明确无误地让被调查者理解。

衡量优秀调查问卷依托于四个标准，即紧扣研究主题、适合调查对象、问题数量恰当、结构完整。

一、问卷的结构

问卷结构一般指问卷形式、调查内容、题目顺序和空间安排等。一般来说，问卷主要由标题、卷首语、问题与选择答案、结束语等几部分构成。问题及其选择答案是构成问卷的主体，但是问卷的其他组成部分亦不可缺少，它们对问卷整体功能的发挥起着重要的作用。

1. 标题

标题是调查内容的高度概括。每份问卷都应有简明扼要的标题来反映主题。标题不宜太长，要能反映出调查对象和内容，并以陈述句的形式表达。通常应包含时间、区域、范围、内容等要素。

2. 卷首语

卷首语包含四个重要的组成部分，即问卷前言、被调查者情况、指导语和感谢语。其篇幅不宜过长，以两三百字为宜，应该尽量使用概括的语言，明确地说明实

---

[1] 苏忧. 如何开展教育调查 [J]. 上海教育. 2017 (28): 76-77.

际内容。

（1）问卷前言也称问卷说明，包括调查目的、意义、主要内容、调查组织者、选样的原则、调查结果的使用者、保密措施等，若是邮寄或电子问卷，还需注明最迟填写、寄回问卷的截止期限。指导语主要是指导被调查者填写问卷的一组说明或注意事项，需简明易懂，有时还附有样例，该部分有时与说明部分合在一起。感谢语则是用简短而有情感的语言来表达对被调查者的尊重和真挚的感谢。调查问卷卷首语见图 4-3。

小学生外语学习现状调查问卷

亲爱的同学：

您好！本调查旨在了解当前学生外语学习情况和想法。希望大家认真填写。这份问卷不对你个人做任何鉴定和评分，问卷采用不记名方式进行填写，答案无所谓对错与好坏，所收集的资料仅供研究之用，我们将对调查内容严格保密。请您认真阅读填题说明，并根据您对每一问题的实际想法，逐题填写或选择。问卷中问题有两种形式：填空和选择。请在适当的位置上填写有关资料或在相应项目的□里打√。填写这份问卷约需 20 分钟。感谢您的合作！

调查人员或组织机构名称

年　　月　　日

图 4-3　调查问卷卷首语示意图

（2）被调查者基本情况：包括调查对象的年龄、性别、学校、住所、父母文化程度等情况，除以上这些内容外，还应依据研究课题需要增加一些项目，如调查城乡中学生消费观时，就需加上所在地区、年级、家庭收入等选项。下面是一份调查问卷的被调查者基本情况部分，调查对象是家长。

性别：　　①男　　②女　　　年龄：

孩子性别：①男　　②女　　　孩子年龄：

学历：①小学及以下　②初、高中　③大学　④研究生　⑤博士及以上

职业：①个体　②企事业单位　③公务员　④教师　⑤其他

家庭月经济收入：①1000 元及以下　②2000～4000 元　③4000～6000 元
　　　　　　　　④6000～8000 元　⑤其他

3. 问题与答案的设置

问题和选择答案是问卷的主体部分。问题是问卷的核心内容，编制的问题要简洁明了，要适应被调查者的文化程度和理解能力，符合研究的目的要求。问题

的设计要具体、清楚、客观、可操作、通俗易懂。调查的问题应是被调查对象熟悉的，不宜使用专业术语、英文词语、缩略词等调查对象难以理解的用语。从回答形式上看，问题可以分为封闭式和开放式两种。封闭式问题由问卷提供答案选项，调查对象只能从中选择一个或几个作为答案。开放式问题不提供答案选项，调查对象可以自由回答问题而没有任何限制。开放式问题常能提供更为丰富的研究材料，但对其答案进行归类和统计是比较麻烦的，其对调查对象的要求也较高。

4. 结束语

对被调查者的配合再次表示感谢，提醒被调查者不要出现漏填、错填的情况。如，"问卷到此结束，请您再核对一遍是有漏答的问题，最后，衷心地感谢您的配合！"

二、问卷设计的基本原则

问卷题目的设计关系到问卷的科学水平，是问卷编制中的关键一环。因此在设计问卷时必须考虑以下几点：

1. 问题明确

题目应与研究的目的、假设直接相关，与调查主题无关的题目、可有可无的题目都需删去。避免使用具有诱导性的问题，避免出现含义模糊、模棱两可的问题，避免可能会给被调查者带来社会压力、心理压力的问题，避免涉及被调查者个人隐私的问题。因此，必须考虑选择适当的词语用来准确表述问题，要让所有受访者都能理解问题的含义，特别是确保所有受访者对其含义都有相同的理解。如果必须使用某些专业性的词语或术语，应该为所有受访者提供准确的定义。如"在过去的一周里，你有几次与老师讨论你的发展情况？"这里的"发展情况"就需要界定，应该包括知识、能力、情感、身体素质等多方面的发展。如果没有相应的定义，受访者之间就很难有相同的理解，那么受访者就是在回答不同的问题。此外，一个问题所涉及的时间期限不能含糊，特别是有关感情或行为的问题必须要有时间期限。如"你一天花费在数学课程上的时间是多少？""你参加学校社团活动的频率如何？"，调查者往往假定受访者对这些问题的回答是稳定的，但事实上人们很容易想到的昨天、上周等短时间的情况，而不是上个月或过去一年的平均情况，这会导致不同受访者对问题的回答是不一样的[1]。

---

[1] 弗洛德·J. 福勒. 调查问卷的设计与评估 [M]. 蒋逸民，等译. 重庆：重庆大学出版社，2010：79-104.

2. 简洁易懂

调查问卷中每个问题都应力求简洁而不繁杂，题目表述要清楚，避免使用模糊的词句或专业性很强的术语，以免被调查者不理解或误解。所提问题应尽可能采用中性词语，避免采用明显具有否定性的、贬义的语句。尽量使用简短的句子，每个题目只涉及一个问题，不能兼问。要避免一次问两个问题，如"你父母的职业是什么？""你每天在数学和语文学习中投入多少时间？"同时询问两个问题，得到的答案可能是五花八门的。受访者的父亲可能是工程师但母亲是售货员；学生可能喜爱数学但厌恶语文。这可能会导致受访者不知道如何回答。如果问题的内容过于复杂，最好拆分成几个问题。

3. 题目设置合理

单一题目只能包含一个问题，题目应简短。问卷中题目的排列顺序应符合被调查者的思维习惯。一般先易后难，先简后繁，先具体后抽象，相同主题的问题和相同形式的问题应排列在一起。最重要的是要询问人们能够确切回答的问题。调查研究的长处在于询问人们的第一手经验：他们做过什么，他们的现状，他们的感觉和看法。例如，家长可能熟悉自己孩子就读的学校，但是他们不可能熟悉其他学校或者全国所有学校的情况。教师对自己的工作生活质量可能很有把握，但是对其他老师的工作生活状况可能会不太知情。因此，在调查工具设计中，一般应询问受访者能够确切回答的问题，对询问间接经验或二手获得的信息要谨慎。另外，对假设性问题要谨慎，因为人们对未曾经历过的情境，并不善于预测他们自己会做些什么或如何感觉。再有，要注意对含有隐藏情境条件的问题要谨慎，不能让问题只适用于某一特殊人群。如"你上个月多久参加一次宗教仪式有关的活动？""上个月，你的健康状况妨碍你从事跑步、游泳或骑自行车等剧烈运动吗？"，这些问题所提供的信息都是受限的❶。

4. 控制问卷长度

为了使被调查者愿意积极、真实地配合问卷调查的过程，保证问卷调查的有效性，回答问卷时间一般不超过 30 分钟，问题数量一般不超过 70 个。

三、问卷设计的步骤

调查问卷的设计一般包含明确调查目的、确定问卷内容、编制调查问卷、征求意见修改问卷、试用修改确定问卷和发放回收问卷六个步骤。其中，由于时间、人

---

❶ 弗洛德·J. 福勒. 调查问卷的设计与评估 [M]. 蒋逸民，等译. 重庆：重庆大学出版社，2010：79-104.

力等方面的制约，征求意见修改问卷和试用修改确定问卷两个步骤，有时可能会有所省略。

1. 明确调查目的

在进行问卷调查的过程中，调查目的是首先要考虑的问题，因为调查目的是问卷设计的灵魂，是问卷调查的出发点和中心，它决定着调查的各个方面，如调查对象的选择、调查范围的确定、调查内容的设计、调查结果的分析等。因此，在进行问卷调查开始阶段，首先应该明确调查目的。

2. 确定问卷内容

为了解不同群体对问题的态度和选择，在制作问卷时，问卷所涉及的内容一般包括三类：被调查者的基本情况、行为方式、态度倾向等方面的问题。除此之外，问卷调查还可以测试被调查者的心理特质、某领域内的常识与能力等相关内容。

（1）个人基本资料 个人基本资料涉及被调查者的个人基本问题，是基本的因素，也是开展研究的基础。根据选择的调查对象不同，其问题也会相应地变化。如果被调查者是学生，那么往往需要填写年龄、性别、所在班级、居住区域、父母职业、父母受教育程度等；如果被调查者是家长，则需要填写年龄、职业、与学生的关系、受教育程度、家庭情况等；如果被调查者是教师、园长或相关管理人员，往往需要填写年龄、教龄、受教育程度、职称等内容。另外，个人基本资料中要求填写的项目，一般都是在研究中需要考虑的因素。例如要比较男女生的生活习惯差异，性别就是一个因素；要了解父母亲文化水平对子女教养方式是否有影响，父母亲的文化程度就是一个因素。研究中不涉及的项目，就不一定在个人基本情况中出现，以保持问卷的简洁。

（2）行为问题 行为问题旨在了解被调查者的实际行为，包括过去的行为和现在的行为。例如，"今年你参加了几个课外辅导班？""你是否有每天看书的习惯？""你每天花多长时间进行体育锻炼？""你每周花多长时间陪孩子一起学习？"等。此类问题，可能会随着年龄、性别、文化程度的不同而存在差异。

（3）态度问题 态度问题主要包含意见与看法、价值观念与人格观念两个方面。一方面，基于意见与看法的问题，它可以随着时间、个人情况及外在环境的变化而变化。如，"您觉得互联网对学生的学习有帮助吗？"这类问题仅是对行为或事件的一般表态，并不涉及其他深层次问题。另一方面，基于价值观念与人格观念的问题，则属于了解相对较为深层而持久的认识。由于深层次的态度问题是较为复杂的变量，单独分析会存在较大误差，从研究准确性的角度来说，测试一个较深层次的态度时，应采用至少 4～5 个问题才能确定。例如，"您是否赞成对小学生实行减负?",即使被试回答"赞成",该问题也不能充分反映被试真实的想法,难以确定赞成的原因以及他的赞成同调查者所设想的结论是否一致。所以,要通过追问一组题目,来将被调查者的真实态度反映出来,减少误差。

3. 编制调查问卷

确定问题是问卷设计的关键。根据研究课题拟定研究的具体问题,确定问卷涉及的内容范围,以及问卷的维度和结构,结合调查提纲设计调查问卷的初稿。问卷题目数量应控制在 70 题内,如问题较难回答,需相应地减少题目的数量。同时,被调查者完成问卷的时间大约在 30 分钟,若时间过短,调查的内容往往过于浅显;反之,则会使被调查者易产生厌烦心理影响问卷调查的效果。

4. 试测与修订

围绕所要研究的问题收集有关资料,向各类对象征询意见,了解他们对在问卷中出现的问题和可能的答案有何反应,以避免在正式的问卷中出现含糊的问题和不符合客观实际的答案。问卷初稿设计好以后必须经过试用和修改这两个环节,才能用于正式调查。尤其是重要项目的调查研究都需在正式问卷形成、发放前进行测试,以检验问卷维度是否科学、问卷内容是否合理、问卷题目措辞是否清晰易懂、题目数量是否恰当、题目顺序安排是否合理以及信效度是否符合要求等。一般选取 30~60 人为预测样本,求出信度和效度,以便了解问题是否清晰、全面,问卷内容和形式是否正确,填答是否完整,调查要求是否能够得到满足,问卷的编码、录入、汇总过程是否准确等,然后根据情况,分析原因,在修改过程中可征求该领域的专家和研究人员的意见,结合他们的意见进行必要的修改。

5. 发放、回收问卷

(1) 问卷的发放 随着现代科学技术的发展,问卷发放的形式越来越多样化,除了由调查者本人亲自到现场发放问卷,还可以通过邮寄、电子网络等形式发放问卷。而现场发放可以达到较理想的调查效果。进行现场发放,被调查者若有不明白的问题可以当面提问,这对于提高问卷的填写质量和回收率是有利的。

(2) 问卷的回收 问卷回收时要当场粗略地检查填写的质量,检查是否有漏填和明显的错误,以便能及时纠正,保证问卷有较高的效率。因为问卷收回后,无效问卷多,就会影响调查质量。一般来说,如果回收率仅 30% 左右,资料只能作参考;50% 以上,可以采纳建议;当回收率达到 70%~75% 以上时,方可作为研究结论的依据。因此,回收率一般不应少于 70%。

第三节 问卷的编制技术

编制一套较科学适用的问卷，不仅要掌握编制问卷的基本技术要求，更重要的是要抓住问题和答案两个关键要素，以确保问卷的质量。要设计理想的问卷，总体原则是：立足于调查目的，便于问卷的回答。问卷的类型大致可以分为结构型问卷、非结构型问卷和综合型问卷三种类型，不同类型的问卷其编制的结构、问题与答案的类型也会随之改变。

一、问卷类型及问题形式

（一）结构型问卷

结构型问卷，也称封闭式问卷，是把问题的答案事先加以限制，只允许在问卷所限制的范围内进行挑选。通常，研究者根据调查问题列出若干种可供答卷人进行选择的答案，供调查对象自由选择，这种问题类型也称为封闭式问题。封闭式问题通常结构明确，容易获得被调查者的配合，且便于资料的整理和分析，但是封闭式问题缺乏灵活性，限制了调查者回答问题的数量及方向，可能会遗漏一些与问题相关的重要信息。

封闭式问题的编制是通过分析课题，提出假设，概念具体化、寻找变项，确定指标，以及围绕指标编制问题五个步骤生成的。例如，探寻"初中学生为什么厌学"这种现象，提出"初中生在学校中人际关系问题、教师的授课方式和教学评价、学习负担"等合理假设，进而提取如下具体化概念，即"人际关系、授课方式、教学评价、学习负担"，基于上述变项，确定出"与教师的关系、与同学的关系、教师授课方式的多样性、教学评价的多元性、面对学习压力的心理调适性"等多种指标。最后，根据指标编制出"你喜欢所任教的教师吗？""你喜欢与同学相处吗？""你在学校都学习什么内容了？"等问题。

结构型问卷有以下几种问题类型：

1. 是否式

是否式，把问题可能答案列出两种极端情况，从中择一，"是"与"否"，或"同意"与"不同意"。例如：

我自己决定的事别人很难让我改变主意（　　　）。

A. 是　　　　　　　　　B. 否

2. 选择式

选择式，回答者从一组答案中选择最合适的一个或几个答案。如，下面几个问题是从多个答案中选择一个的问题。

（1）你喜欢回答老师提问的原因是（　　　）。

A. 为了得到表扬　　　　B. 为了学习知识　　　　　　　　C. 为了表现自己

（2）在学习中，遇到问题时，你会怎么做？（　　　）

A. 自己动手、动脑　　　B. 能解决就解决，不能就放弃　　C. 直接不理睬

3. 排序式

排序式，指由调查者列出若干反应项目，由被调查者用数字按一定依据为这些反应项目编排顺序，可分为全排序和选择排序两种。例如：为调查中小学艺术教育现状，出如下题目：

以下是目前中小学艺术教育存在的主要问题，请按您认为的顺序选择三项（　　　）

①领导不重视　　　　②教师水平不高　　　③没有系统科学的教材

④教学方法不适合　　⑤没有教室

4. 等级评判式

等级式，即将每一个问题分为若干个不同程度的答案，答案可按照强度或程度分成若干等级依次排列，也可列出对某种事物的倾向或态度的两个对立概念，在其中分几个级别，由被调查者选择符合自己实际倾向的选项。等级评判式问题可以采用正面方式叙述赋分，如 5、4、3、2、1；也可以采用反面方式叙述赋分，如 1、2、3、4、5。这样的设计易于统计和分析。例如：

教学工作以外，还有许多事务感到疲于应付（　　　）。

1. 很不符合　　　2. 不太符合　　　3. 一般　　　4. 比较符合　　　5. 很符合

（二）非结构型问卷

非结构型也称开放式问卷，问卷由自由作答的问题组成，是非固定应答题。这类问卷，提出问题不列可能答案，由被试自由陈述。开放式问题常用于较深层次的问题研究，比如描述性的研究或较为复杂问题的研究，被调查者能按自己的理解来回答问题，可以比较真实地反映他们的态度、观点。这些问题对深入研究、发现新的问题具有重要意义。例如：调查课堂教学评价指标体系、评价方式方法的改革，可以分别对教师和学生进行开放式问卷调查，下面以学生问卷为例，在问卷中可提出如下问题：

1. 您认为该如何对课堂教学进行评价？

2. 对教师进行课堂评价时，您是什么心理？

3. 您如何看待学生对教师进行课堂评价这一做法？

4. 您在教学评价时，是否持很客观很端正的态度？

另外，当研究者作一种试探性的、预测性的研究时，可能会出现无法把握问题答案的情况，也常采用开放式答案，以作为编制封闭式答案的基础。例如，研究者不清楚现在家长最关心孩子的什么问题，他无法罗列可供选择的所有答案，因此他先用开放式答案收集家长的各种想法，然后对各种想法分类整理，最后再形成封闭式答案。

开放式问题的答案比较个性化、多样化，往往能收集到研究者认识范围以外的信息。缺点是作答较费时，不像封闭式答案那样简易明了，并且对答案的解释比较困难，而且由于答案是多样化的，统计起来也比较困难。

(三) 综合型问卷

综合型问卷，形式一般以封闭式问题为主，根据需要加上若干开放式问题，也称为混合型问卷和半封闭半开放型问卷。主要包含两种形式：其一，有时调查者不能将答案全部列出时，为全面、真实了解被调查者真实想法，而在选择答案中列出"其他"的选择项，让被调查者补充填写；其二，为了解被调查者选择答案的动机、理由，而在列出答案时追加开放式问题，以弥补封闭式问卷的不足。这类问卷得到了广泛应用，它兼具了封闭式问题和开放式问题的优点，但被调查者补充的内容不能过多，以免造成统计困难。例如：

1. 如果你考试考了 100 分，你最希望（　　）。

A. 爸爸妈妈夸奖我　　　B. 老师夸奖我　　　C. 同学们羡慕我

D. 爸爸妈妈、老师夸奖我，同学也羡慕我

E. 其他_____

2. 好的老师在教学时，你认为应该（　　）。

A. 注意照顾全体学生，以学生为中心，教法灵活，课堂活动丰富多彩

B. 课堂上比较安静，教态自如，能把所有学生教懂

C. 不要捆住学生的手脚，让学生自由发挥，能引导学生主动探索知识，能让所有的学生都有所收获

D. 其他_____，理由是_____

二、问题呈现的技巧及注意事项

(一) 通俗易懂，避免专业术语

题目的语言，应通俗易懂，被调查者填写时感到简单，容易回答，题意不可模棱两可，产生歧义，致使收集到错误信息。例如，"您经常参加相关的教育培训活动吗?"，其中，题目中"经常"就是一个笼统的概念，每个人对时间的感知能力均

不同，易造成歧义。应将题目表述转化为具体的时间"您一年参加教育培训活动的次数是多少？"。题目用语应明确具体，避免冷僻或专业性太强的术语。对于理解可能有出入的词语，使用时应加以注释说明。例如，"你赞成期末考试采用标准分数吗？"对有的学生和教师来说无法理解"标准分数"的意义。在问卷设计中实在无法避免使用专业词汇，应对专业术语做出明确的解释，置于指导语中。

（二）简明扼要，避免一题多问

调查问卷中每个问题都应力求简洁而不繁杂、具体而不含糊，尽量使用简短的句子，题目表述应只有单一中心主题，只涉及一个问题，避免一题多问。如果一个题目包含了两个或两个以上问题，被调查者可能不知道回答哪一个，而无法进行作答，形成无效问卷。例如，"您班中学习困难学生是否往往缺乏自信，而且易伴随问题行为？"，其中，学习困难学生缺乏自信和产生问题行为两者之间并不存在必然联系。因此，应将该题目分解成为两个独立的问题。

（三）语言中性，避免诱导性

调查者在题目设计时，语言要保持中性，避免使用暗示性或引导性的语言。问题设计者应尽量做到客观公正，避免将个人的主观意愿带到问题中，使被调查者做出调查者所预期、所期望的反应，导致答案的真实性、客观性受到严重的影响。如，"教育心理学课程对教师的发展至关重要，你是否认为应该增加教育心理学基础课程的授课时数？"，此提问方式具有较强的引导性，影响了被调查者的回答倾向。此外，要避免强加不合理假设的问题，如"就目前的教育状况而言，你认为中小学生参加校外培训是一个好的选择吗？"，虽然问了一个单一的问题，但要求受访者接受对教育状况分析的看法，尽管没有明确说明教育的现状，但含义却是否定的。另外，避免与社会规范有关或有情绪压力的问题，也不要设计涉及个人隐私程度较深而填答者不愿直接回答的一些问题。例如，"你是否有过考试作弊的行为？"，这类问题就易造成被调查者不愿真实表达个人的看法，应转化为"你对考试作弊的态度是（　　　）

A. 深恶痛绝　　　B. 一旦发现，坚决处理　　　C. 反对这类行为

D. 无所谓　　　　E. 根据实际情况来判断"。

（四）数量适中，时间合理

问卷题目数量要保持适度，所谓适度是指通过控制时间和题目数量以保持被调查者对应答问卷的兴趣和认真态度。问题太多，作答者容易产生厌倦情绪，导致敷衍塞责或不予回答，时间越长，问卷的回收率、真实性及信效度越低。因此，一份问卷作答时间一般以30～40分钟为宜，而一些较复杂的超出被试知识和能力所及

范围，需要查阅资料才能回答的问题要尽量避免。

（五）排序层次分明，合乎逻辑

问卷题目的先后顺序对于问卷填写和回收有很大影响。题目呈现时应做到分类清楚、层次分明和合乎逻辑，既便于被试回答，又便于统计处理。

1. 简单的、感兴趣问题在前

能引起被调查者兴趣的问题、简单的问题应放在前面，而相对较难回答的问题、容易引起紧张的问题可放后。这样可以有效地吸引被调查者的注意力，引发他们继续作答的动力，有助于问卷调查保质保量地顺利开展。反之，则易导致调查难以进行或质量相对较低。

2. 行为问题在前，态度问题和开放式问题在后

态度问题由于涉及被调查者的主观情感，可能会引起被调查者在潜意识中敏感、防卫等心理，而行为问题主要是关于客观的、已发生的、具体的事实，易于回答。另外，由于开放式问题需要被调查者花费较多时间思考与回答，为了避免给被调查者留下填写问卷需要花费很多时间与精力的错觉，通常将开放式问题放在问卷的结尾部分。

3. 问题排序逻辑化

整个问卷需注意按照自然的、具有逻辑性的方式来排序。按照内容或性质，把同类方式回答的问题编排在一起，使同一内容或同类问题相对集中且有内在逻辑联系，以防破坏回答者的思路和注意力，避免被调查者产生不安的情绪，便于顺利获得调查资料。

第四节　访谈调查法

调查法是教育教学研究中最基本的常用的一种研究方法，在实际调查中，不能靠其中的一个方法，而应综合运用，它们之间也可相互印证调查信息和结果。

访谈调查不同于问卷调查，它是调查者与被调查者面对面直接交谈，可以直接观察到调查对象的非语言行为，获得感性材料，一般用于调查对象较少的情况，也可与问卷、测验调查配合使用，对较深层次的探索性研究及文化程度低的调查对象有很重要的意义。

一、访谈法的基本程序

访谈与日常交谈并不相同，访谈是有计划、有目的地获得访谈对象一定的情况

和信息的谈话。访谈过程是调查者与被调查者相互影响的过程，为了使被访问者积极提供资料，调查者需与调查对象建立起基本的信任与一定的感情，并根据对方的具体情况进行访谈。一般来说，访谈大体分为访谈准备、访谈过程的控制、结束访谈等几个阶段。

（一）访谈准备

1. 确定和了解访谈对象

根据访谈题目及研究的目的确定访谈对象，然后尽可能多地收集被访谈者的材料，了解被访者，如访谈对象的身份、职业、兴趣爱好、性格特点、个人忌讳、经历等。了解越清楚，访谈时就会越有针对性，这是访谈能够顺利进行的保证。

2. 制定访谈计划

制定访谈计划是对即将进行的访谈工作的具体安排与准备，是保证访谈能够顺利进行的前提。访谈计划的内容包括访谈的时间、访谈的地点、访谈的方式（电话访谈或面谈等）、访谈记录方式、访谈问卷或提纲编制等等。访谈前，可根据研究的目的和理论假设，准备详细的访谈提纲，并将其具体化为一个个访谈问题。访谈前要对访谈内容所涉及领域的相关知识有充分的了解，对有关材料作充分的准备，如各种证明材料、录音机、录音笔等。

（二）访谈过程的控制

1. 提问

访谈中，访谈者所做的重要工作就是提问。提问要尽可能清楚明确，用口语表达，语气婉转。访谈者若要使访谈的问题获得有效的回答，必须处理三类访谈问题之间的关系，即研究问题、访谈提纲中的问题、实际访谈时提的问题，做到三类问题的合理转化，访谈员事先要熟悉访谈问卷的内容，熟悉每一个问题。例如：探讨"早教机构教师的儿童学习观"，研究的问题为早期教育机构教师对儿童学习的本质、目的、内容、方式和方法等的看法，以及影响他们看法的因素。访谈者根据研究问题列出提纲，如您认为对于0～3岁儿童来说学习是什么？请您举例描述几个儿童学习的情境。在实际的访谈过程中，访谈者需根据实际情况对问题进行合理转化。访谈提纲举例见图4-4。

2. 倾听

"听"是开放型访谈的灵魂，是访谈者的心之所至。如果提问是重要的具体有形的工作，那么倾听则是访谈者应做的无形的工作，这一工作却具有重要的价值。倾听直接影响访谈中下一步问的内容和方向。在实际操作中，访谈者的有效倾听方式主要有积极关注地听、建设性地听、有感情地听、有礼貌地听。

访谈提纲举例

1. 你刚才上了什么课？喜欢吗？你最喜欢上哪门课？最不喜欢上哪门课？为什么？

2. 你目前在班里的学习成绩怎么样呢（好、中、差）？你是怎样评定你的学习成绩的？周围的人（父母、教师、同学）怎么看待你现在的成绩？

3. 你对那些学习成绩好的同学怎么看？

4. 你觉得学习成绩对你来说重要吗？为什么？你感觉自己的成绩受到哪些因素的影响？能否举一个你印象最深刻的例子？

图 4-4　访谈提纲举例

3. 回应

回应指的是访谈者根据被访者在访谈过程中的言行所作出的反应，引导谈话接下来的内容、风格和结构，包括言语反应和非言语反应。回应的目的是在访谈中与受访者建立互动关系，及时地将自己的态度、意向和感觉传递给对方。回应会影响到被访者的谈话内容和积极性。

（三）结束访谈

结束访谈是访谈十分重要的一个阶段和步骤。一次访谈究竟花多少时间为宜，可依据访谈的实际情况灵活控制，一般不超过一个小时。在正式交谈之前，访谈者常常向访谈对象说明大致所需时间。该结束谈话的时候，访谈者可有意地给对方一些语言和行为上的暗示，表示访谈可以结束了。如，"您还有什么想要说的吗？""对今天的访谈您有什么看法？"，或断开话题问对方："您今天还有什么安排？"，或做出准备结束访谈的姿态，如开始收拾录音机、合上记录本等。

二、访谈中注意事项

（一）合理设计访谈提纲

访谈调查法不是谈话者和调查对象之间毫无目的、漫无边际的交谈。在进行访谈前关键是要准备好谈话提纲。访谈提纲需简洁明了，能起到一定的提示作用，包括关键问题的准确措辞等。访谈问题不同于研究问题，访谈过程中应根据实际情况做好提纲问题与实际问题的合理转化。为检验所设计的问题及其提问方式是否恰当，各问题之间的排列次序是否合适，所确定的每一个问题可能的回答是否全面，在正式访谈前，可进行试谈，试谈对象要与正式访谈对象相似，以便发现原来访谈计划中存在的不足之处，为进一步修改计划提供依据。必要时可以在原来问题的基础上追问一些补充问题，以便切实了解被试的真正想法。

（二）提问语言要恰当

问题的表述要围绕研究目标，访谈所提问题要简单明白，易于回答，通俗易懂。提问的方式、用词的选择、问题的范围要适合被访者的知识水平和习惯，提问措辞不能带有倾向性。访谈者需准备不同层次的问题，合理安排问题呈现的次序。

（三）记录要详细、精确

访谈过程中，记录非常重要。访谈记录是指用文字记录访谈过程中互动的对话。一般采用现场速记或事后语音转录两种方式。在书写的时候，一般采用一问一答的形式。记录时尽可能详细记录访谈对象对问题主动作出的额外说明，这对之后的资料分析很有价值。在记录时，应记录受访者的原话，少做润色的、概括性的记录，不要试图去总结、分段或改正语法，以免偏离事实。另外，记录过程中不仅要记录语言信息，而且要记录非语言信息。访谈结束后，应尽快整理访谈记录。记录可以用类似图 4-5 所示的形式整理谈话材料。

被访者进来，坐下来，访谈正式开始。

访谈者："你转到特殊教育专业后，感觉怎么样？"

（准备进一步追问其不适应的具体情况。）

被访者：（爽快地）"挺好的，没有什么不适应的。"

访谈者：（无言以对）啊……

图 4-5 访谈记录举例

（四）构建融洽的谈话氛围

访谈过程中，为了给访谈对象留下良好的印象，访谈者要注意自己的行为举止，应以诚相待，热情、谦虚、有礼貌。同时要善于沟通，形成互相信任、融洽的合作关系。反之，谈话无法进行下去，真实材料收集会受到影响。

（五）及时撰写访谈备忘录

写备忘录是从事质的研究的一个非常重要的组成部分。写备忘录就是把自己的想法、预感和反思写下来，以备参考。写备忘录时，能长则长，能短则短，不拘一格。在一个研究中，根据需要随时随地都可以写备忘录，但一个星期至少要写一次。备忘录中的许多内容可直接写入研究报告。一般来讲，一份完整的备忘录应包括以下内容。

（1）关于研究的问题

① 你研究的问题是什么？为什么选择这个问题进行研究？

② 你个人的生活经验、专业背景、兴趣与研究问题有什么关系？

③ 你对这一问题是否有预设？此预设是否存在偏见？如何减少预设对研究的不良影响？

④ 你对研究结果有何预期？是否担心结果与预期有矛盾？

（2）关于研究的对象

① 你是如何选择研究对象的？选择的理由是什么？

② 你是如何选择实地以及进入实地的？

③ 你是如何把研究目的告诉实地的人或研究对象的？他们的反应是什么？

④ 你是如何与研究对象协商研究关系的？你们之间是否达成了什么协议？你们之间是否建立了融洽的合作关系？

（3）关于研究的方法

① 你使用了什么样的研究方法？你是如何搜集资料的？你做了多少次访谈与观察？在什么地方和什么时间做的？

② 你使用了什么方法对资料进行分析？为什么选择这些方法？你是如何使用这些方法的？这样的分析方法对结果有什么影响？

③ 你对观察或访谈有什么感受？

④ 你的预设是否影响了你的观察或访谈？

（4）关于研究的结论

① 获得了哪些研究结论？结论之间有什么关系？

② 得到这些结论有什么证据？这些证据是否充分？

③ 你研究过程的反思是什么？

④ 如果让你对同一问题重新研究，你会不会用同样的方式进行？为什么？

（六）做好访谈后的反思

访谈之后的反思是质的研究的重要一环，也是质的研究的主要特色，其作用主要体现在以下两个方面。

（1）可以对问题进行正确的聚焦

质的研究对问题的界定是随着研究的进程而逐渐明晰的，而访谈后对问题进行反思，可以有效地对问题进行聚焦，不断缩小问题范围，找准问题。在研究中需要不断反思的内容包括：我是否达到了预设的访谈目的，还有哪些资料需要进一步搜集，访谈中有哪些不足之处，下一次如何改进等。

（2）摆正访谈双方的关系

在访谈过程中，若访谈者事先准备不够充分，会造成双方角色的改变，从而使访谈无法达到预期的效果。例如，一位高年级同学对一位新生进行"为什么会选择特殊教育专业"的访谈。访谈对象是一位很健谈的学生。在整个访谈过程中，访谈者问一个问题，访谈对象可以讲好几分钟。出于礼貌，访谈者一直在倾听，没有打断访谈对象的叙述。事后，访谈者反思："在访谈时，有许多重要的信息没有时间追问，而一些不重要的信息却得到了很多。感觉整个过程都是被访谈对象牵着鼻子走，自己倒成了访谈对象。"通过反思，该同学调整了访谈策略，在对下一位访谈对象进行访谈时，把握住了访谈中的主动权，引导着访谈对象谈出了有价值的信息，收到了良好的效果。

思考与练习

1. 什么是教育调查法？它有哪些特点？
2. 教育调查法有哪些类型？
3. 简要说明调查问卷的结构。
4. 问卷设计应注意哪些问题？
5. 调查问卷的发放与回收应注意哪些环节？
6. 简述访谈法的实施程序。

实践与训练

1. 以"农村小学教师专业发展水平"为主题进行调查研究，设计具体调查计划。
2. 以"小学教师职业幸福感"为调查主题，设计一份访谈提纲。

第五章

教育观察法

【知识目标】

1. 了解观察法的内涵。

2. 掌握观察法的基本实施步骤。

3. 明确观察法在使用时的注意事项。

4. 掌握观察法的记录方法。

【任务目标】

1. 能根据本章所学，就某一份观察研究报告进行评述。

2. 自主设计一份观察提纲和观察表，选择某一个合适的教育场景进行实地观察活动，并撰写观察报告。

▶ 问题导入

在日常生活中，我们会发现一些小孩特别安静或怕生。他们不愿或者不知如何参与到同伴活动中。他们通常选择一个人玩耍或者看着其他小朋友但很少主动要求参与其中，即使参加团体活动，也显得有些拘谨。其原因有许多，有些是气质造成的，有些是家庭环境或教育造成的。比如，家长本身较少和人交往，因此孩子与外界的联系相对减少，缺乏交往经验。或是家长对孩子要求过高，一旦做错事就要严厉训斥，造成孩子怕失败而形成退缩心理。或是家长溺爱孩子，一味顺从，当孩子进入新环境，发现不再任由自己意愿时，就不能适应环境了。一般而言，小孩都喜欢和热情、主动的同伴相处。因此，退缩、被动的儿童常在集体中被人忽视，不易交到朋友。长期没有同伴，会使其产生消极情绪，缺乏自信心，产生失落感，将严重阻碍儿童的心理发展。所以幼儿园及中小学教师对儿童的同伴交往情况进行全面了解、分析，具有十分重要的实际意义。如果儿童确实存在同伴交往困难问题，教师就有必要和儿童的父母沟通商量，分析原因，找出对策，从家庭教育和学校教育两方面入手，帮助儿童早日融入集体，并能主动积极地与人交往。那么，怎样才能客观全面了解儿童的同伴交往情况呢？我们只有收集到儿童在自然状态下与同伴交往的情况才能对此进行分析和判断，尽量避免干扰和主观推测，在这种情况下，就可以采用观察法作为研究的方法。那么如何观察？观察哪些内容？本章就来学习教育科学研究中的观察法。

第一节 观察法概述

通过观察搜集外部世界的信息，是一个正常人的基本能力。但是，本章介绍的教育科学研究中的观察，是指运用于教育科学研究之中的一种特定的研究方法。教育科学研究中的观察法是搜集非言语行为资料的初步方法，它是指人们依据一定的研究目的，通过感官或借助一定的仪器，利用某种量表有计划地观察学校教育情境中的教育现象，从而搜集信息资料并依据这些资料进行研究的一种方法。

一、观察与观察法

（一）观察

观察分为两种，一种是广义的观察，也就是日常观察，另一种是科学观察。

1. 日常观察

日常观察是观察者通过亲自感知和体验，获得有关观察对象的感性材料，具有一定的偶然性和自发性，得到的材料往往是杂乱片面的，难以反映事物的真相。日常观察往往是偶然发生的，缺少目的性和计划性，也不做严格的记录。

2. 科学观察

科学观察是研究者按照预定的目的和计划，确定观察的范围、条件和方法，观察处于自然状态下的事物的言语和行为的外部表现，收集资料并加以分析，从而获得对事物本质和规律的认识。在科学观察中，被观察对象处于自然状态，研究者有目的、有计划地对观察对象进行系统的直接观察和记录，并对收集到的资料加以分析和解释，以获得对研究问题的认识。教育科学研究中的观察法属于科学观察。

（二）观察法

观察法，是指研究者在自然条件下，根据一定的目的和计划，通过感官或借助一定的辅助仪器，对客观事物进行观察记录，然后进行分析，从而获得经验事实的一种科学研究方法。

观察法是人类认识世界使用的最早的、最基本的方法。观察不仅仅是用眼睛"看"（用电子设备"录"发生的一切，使研究者能更从容地"看"），更重要的是，"看"应具有明确的意向性特征，你能看见多少（广度与深度），主要取决于研究者"看"的意向性品质，而这在很大程度上取决于研究者的理论水平与理论自觉。正如爱因斯坦所言：你能不能观察到眼前的现象取决于你运用什么样的理论，理论决定着你到底能观察到什么。

二、观察法的类型

（一）自然观察法和实验观察法

按照观察者是否对观察情景进行控制，观察法可以分为自然观察法和实验观察法。自然观察法是在自然环境下进行的，对观察对象和活动的情景无须进行人为控制和干预，较方便易行，结果较真实，但也存在一定的局限性，即观察者经常处于消极等待的被动地位，只能考察被试心理活动的某些外部表现，具有偶然性、片断性和不确定性。实验观察法是在人工环境中的实验室进行的，观察者会对周围的条件、观察环境、观察对象和观察变量作出控制，有利于探讨事物各因素之间的内在关系。

（二）直接观察法和间接观察法

按照观察手段的不同，观察法可以分为直接观察法和间接观察法。直接观察法是观察者凭借自己的眼睛、耳朵等感觉器官收集观察资料的方法。间接观察法是观察者以录音机、摄像机等仪器设备为中介获得观察资料的方法。间接观察法，突破了直接观察法中观察者的感官局限，扩大了观察的深度和广度，可供日后重复观测和反复分析。

（三）参与观察法和非参与观察法

按照观察者是否直接参与观察对象所从事的活动，观察法可以分为参与观察法和非参与观察法。参与观察法是指研究者参与到被研究对象的群体或组织活动中去，从内部观察并记录观察对象的行为、表现与活动过程。参与观察法能够获得较深层次的材料，但是易受观察者影响而缺乏客观性。非参与观察法是指研究者以秘密或者公开的方式，作为一个旁观者，不介入观察对象的活动，以获得资料的方法。非参与观察法所收集的材料比较客观，但是易流于表面化。

（四）结构观察法、非结构观察法和准结构观察法

按照观察方式的结构化程度，观察法可以分为结构观察法和非结构观察法。结构观察法，是依据明确的观察目标、观察问题和范围，按照详细的观察计划和严格

的程序实施的观察法。结构观察中获得的材料比较翔实，而且易于进行定量分析和比较研究。此类观察法适用于对观察对象充分了解的情况。非结构观察法是指对观察内容、项目和观察步骤不进行预先设定，对于观察记录也无要求的非控制观察法，这种观察方法比较灵活，但是获得的资料不够系统、具体，多用于对观察对象不甚了解的探索性研究。准结构观察法介于结构观察法与非结构观察法之间，既关注课堂观察的规范性，又兼顾课堂观察的灵活度，一般来说，准结构观察会依据事先计划，运用观察工具进行观察。但是工具的结构化程度不高，仅列出观察范围或者观察的大类，或者对记录方法不做硬性规定，观察者可以在观察现场，根据需要选用合适的记录方法。

（五）定量观察法和定性观察法

按照收集资料的方式或所搜集资料本身的属性，观察法可以分为定量观察法和定性观察法。定量观察法是指用结构化的方式收集资料，但是一定要以数字化的方式呈现资料的观察结果的观察方法。定量观察的优点在于运用结构化的工具，通过量化的分析，较为客观地呈现课堂的本来面貌，但是量化的方法，往往在追求客观科学的同时，远离了具体的情景。定性观察法，主要以质化的方式收集资料，并且以非数字化的形式，如文字，来呈现观察结果。定性观察常常依赖研究者自己的感官来记录、感悟、体验课堂情境，生成对课堂现象较为主观的印象与诠释，所以作为一种研究，它的主观性常常为人诟病。但是研究者深入课堂情境，并且在丰富的课堂情境中生成了对课堂的理解。因此，在某种程度上，它对于课堂现象的认识可能更接近于真实。

（六）开放式观察法和聚焦式观察法

按照观察情境的范围，观察法分为开放式观察法和聚焦式观察法。开放式观察法是观察者对观察对象进行全方位的观察记录，不聚焦到一些具体的问题，尽可能开放地记录真实情况，不做判断。开放式观察法一般适用于课堂观察，或者当我们不太了解观察对象的时候。聚焦式观察法需要观察者确定观察的焦点，有明确的观察目的和具体的问题，只对焦点问题进行观察。

上述各种观察类型都是相对而言的，各种类型，既相互区别又相互补充。关于观察法的分类，有两点需要注意：一是上述各种分类是有交叉的，并非各自独立的；二是上述一些观察法的类型，有的实际上也是一种观察的策略。

三、观察法的特征

（一）自然性

自然观察下的观察是不采取任何特殊措施改变教师的正常活动和生活，在教师、学生课上、课外活动等各个方面的实际活动中进行观察。与其他研究方法相比，观察法几乎不需要研究者和被研究者、研究环境之间发生反应。

（二）目的性

教育观察是有目的的感知活动，如果没有明确目的，只能是一般感知，不能称为观察研究，一个明确的观察目的是研究者的行动指向，制约着研究者观察的前前后后。观察过程是在明确目的的指引下进行的，这样研究者才不会手足无措，思路凌乱，收集的资料也不会杂乱无章。目的性是课堂观察的基本特性，也是有效实施课堂观察的基点。

（三）能动性

在观察活动中，研究者必须根据观察需要去选择典型的观察对象，只有做到对观察对象有所甄别，才能获得观察需要的有针对性的观察材料，研究者只有从复杂多变的现象中选择典型对象，获得有代表性的材料，并用科学理论去分析、判断和观察结果，才能解决特定问题。

（四）客观性

在自然环境下的观察者，根据预设的目标，按照规定的统一方法，明确、详细、系统地记录观察对象的行为，这样收集的第一手资料不会受到观察者干预，具有客观性。

（五）多样性

观察法的实施必须借助一定的工具，通常是人的感觉器官，其中最主要的是眼。随着现代科技的发展，观察手段越来越丰富，如望远镜、显微镜、摄像机、照相机、录音机等，归根结底，这些观察仪器也是人的感觉器官的延伸。

（六）简便性

在观察法的研究过程中，研究对象始终处于自然状态，不需要人为控制或改变研究环境，也不需要研究对象的合作，这样的研究方法相较于其他方法，所受阻力较小，便于实施，但是比较费时费力，对研究者的要求较高。

（七）计划性

观察研究之前，研究者应根据需要有意识地制定研究计划，对观察对象有确定的范围，明确的指标，以求全面把握观察对象的各种属性。观察的时间、对象范围、记录方法、过程、注意事项、变通方法等，都有事先的安排计划，保证观察有计划地进行，周密的观察计划可以使观察的效率大大提高，增强所获得资料的准确性和可靠性。

四、观察法的适用情形❶

① 当教育实践中出现一些新的现象或问题时，或有些问题长久存在但以往很少被人意识或关注时，通过观察研究，可以获得非常有用的研究资料。例如工读学校的教育现状及效果；再如，"新课程改革背景下师生关系的状况"，由于"新课程改革"是最近一些年才开展的，属于新问题，因此可以使用观察法去获取研究资料。

② 当研究者或公众（"局外人"）看到的"事实"或形成的印象与当事人（"局内人"）所提供的资料之间存在明显的差异甚至相悖时，可以采用观察法深入了解当事人的真实情况。换句话说，当研究的主要目的是了解"局内人"的意义建构及他们的行为互动方式，并作出解释时，可以运用观察法。例如在一项关于"社会团伙对于学生道德发展的影响"的研究中，调查发现，公众一般认为学生参加社会团伙是道德品质堕落的表现；而一些参加了团伙的学生则认为：在团伙中他们找到了真正的朋友与友谊，因为哥们儿讲义气，可以为了他们做任何事情，甚至不惜流血受伤，而这正是道德的一种表现。而且在团体中，他们有一种被认同或被接受的感觉。研究资料的这种差异要求更深入地观察：一方面既要观察这些学生在团伙生活中的状况及其意义建构情况，另一方面也要了解他们在学校生活中的真实状况及意义建构情况。

③ 当研究者需要对教育现象进行深入的个案研究，而且这些个案在时空上允许研究者进行一定时间的观察时，如对某位特级教师的教育生活进行研究，就需要观察其教育教学行为的各个方面。再如对某位学习成绩比较差的学生的真实学习状况进行研究也需要进行参与型观察。

④ 对非言语行为的研究，包括对不能够或不需要进行语言交流的问题开展研究，以及对于比较敏感的话题，被研究者不太愿意直接表态时，常采用观察研究。如在一项关于"教师或学生肢体语言"的研究中，就只能用观察法进行。再如在"母亲与婴儿交流对婴儿性格的影响"的研究中，由于无法与婴儿用语言进行交流，因此主要的研究方法就是观察。

⑤ 通过语言，但针对语言所指以外的非内容性项目进行研究时，常采用观察法。语言所指以外的非内容性项目指语言、文字以外的非内容性的行为，例如说话的频率、音调、发音或被打断的程度等。如在一项关于"教师语速与其教学内容含量之间的关系"的研究中，一个具体的研究内容是通过教师讲课被打断的次数来研

---

❶ 陈向明．质的研究方法与社会科学研究[M]．北京：教育科学出版社，2000：232-233．

究教师与该班学生之间的交往关系，这就需要观察法。

⑥ 当研究者认为某一既有的研究结论不完善甚至有错误，希望找到新理论的生长点，并期望以扎根理论的方式建构新理论时，可以采用观察法。因为观察研究允许研究者灵活地调整和重新定义研究问题，在构建理论时可以使用自己命名的术语、范畴与逻辑。

⑦ 当研究者需要了解有关事件的连续性、关联性以及背景脉络时，可以采用观察法。例如在一项关于"大学与中小学合作对教师专业发展的有效性"的研究中，一系列的具体研究内容，如某一学校在大学与中小学合作之前教师专业发展的状况是怎样的；常用专业发展方式有哪些，效果如何；与大学建立合作关系之后，给中小学教师专业发展带来了什么样的新变化，效果如何，教师们的表现及感受如何，等等，这些都必须通过较长周期的观察才能获得连续、完整的研究资料。

⑧ 当研究空间行为时，常采用观察法。被研究者试图将其周遭环境予以结构化时，如向前移动、向后退却、维持紧密或保持距离等行为都具有某些重要的象征意义。例如，在一项关于"师生互动状况与学生座位排列的关系"的研究中，关于教师功能分区对学生自主性、创造性发展的研究等都属于涉及空间行为的研究，都适宜进行观察研究。

⑨ 对其他研究方法起辅助作用时采用。例如在进行问卷调查之前，可以先进行观察，这样既可以增加问卷备选项的有效性，又可以获得问卷调查得不到的资料。也可以在访谈之前进行观察，从而使访谈更具有针对性，避免出现套话、空话或研究者与被研究者根本没有任何共同语言的情况。

第二节　教育观察研究的过程

一、教育观察研究的基本步骤

（一）确定观察问题

所有的研究都离不开问题的指引，在实施观察之前，研究者应先确定观察问题。所以提出观察问题是完成研究问题的手段和工具。观察问题是研究者在确定了研究问题之后，决定选择使用观察法，根据观察的需要而设计的，需要通过观察法收集资料来回答的问题。

（二）制定观察计划

观察计划是观察方式的蓝图，是确保观察有目的、有计划、有步骤地进行的指导性文件。

1. 制定观察目的

观察目的是根据课题研究的任务和研究对象的特点确定的，对于观察中要了解什么情况，收集哪方面的材料，要做出明确的规定。观察目的的不同，观察的内容、运用的工具也会有所不同，因此在进入课堂观察之前，首先要思考观察的目的，并将其作为观察的起点与归宿。

2. 选择观察对象和内容

选择观察对象的方式一般有两种，一是将活动中出现观察项目行为的人作为观察对象，另一种是以具有某种特定属性的人作为观察对象。观察内容除了要能准确地反映、体现或说明观察目的、确定观察对象外，还要能够被操作。即观察者能观察到应该观察到的行为或事件。因此，要明确界定观察内容在具体场景中的实际表现，包括行为表现、事件发生发展的标志等。

3. 确定观察地点

在什么地方进行观察，观察的地理范围有多大，观察地点有什么特点，观察者与观察对象之间有多大的距离都要提前确定。

4. 选定观察方法和途径

观察者应根据观察目的、观察对象和内容、观察地点的实际情况以及观察者观察条件等来选择最适合的观察方法。观察是在自然状态下进行的，以不影响正常的教学为原则，一般情况下可以利用以下几种途径进行观察：一是课堂观察，通常包括上课和听课；二是参加或组织学校的某些活动，包括各种内容、范围、形式的集体活动；三是参观学习或检查。

5. 规定观察记录的方法及要求

观察记录的方法是多种多样的，我们应当根据观察的目的和条件选择使用。但无论采取哪种观察记录方法，都应尽量使观察保持客观性和准确性。观察工具是观察者实施观察、实现观察目的的手段，通常使用录音摄像设备，或者用于记录观察信息的观察表。观察工具的准备一般有两种方式：一是选用他人开发的，也得到广泛应用的，稍微成熟的工具；另一种是根据自己的观察需要设计或制定观察表格。

6. 做好观察人员的组织分配

观察过程也是观察者相互合作的过程，尤其是对于观察对象多，行为复杂多变的观察，需要观察人员同研究者协调配合，研究才能顺利进行。只有做好观察人员的组织分配工作，实现任务到人，才能既保证资源的最优化利用，又保证观察全面进行。

未经严格训练的观察人员有可能在观察、记录的过程中产生较多错误，所以要使观察、研究的结果可靠、系统，有必要在搜集观察资料之前对观察人员进行挑选、训练。对观察人员的培训主要包括：准确理解观察研究目的，熟悉所用的观察方法的特点、观察过程和观察技巧，学会对观察时发生的意外事件进行处理，学会快速、准确地记录观察结果等等。在必要的情况下，应在知识培训的基础上进行实践培训，以确保观察人员形成基本的观察技能，从而有效地进行观察和记录，为下一步研究打下坚实的基础。

7. 进行理论准备

查阅相关资料，以获得对观察问题的更多了解。在设计以上内容的同时，还要逐步考虑各项内容在整项观察研究中的地位、与其他部分的关系。然后，在上述设计的基础上，形成一个系统的观察研究计划。进而据此计划实施观察，精确地记录观察结果。最后，对观察结果进行统计分析，形成研究结论。

（三）拟订观察提纲

观察提纲是观察对象及内容的具体化，是由观察目的和有关理论假设来确定的，在拟订观察提纲时，最好事先查阅与研究课题有关的文献资料，弄清相关变量的内涵，掌握一定的理论框架，并结合实际进行分析，然后拟订观察提纲。观察提纲应遵循可观察原则和相关性原则，针对那些可以观察到的，对回答问题有实质意义的事情进行观察。观察提纲要对观察内容进行明确分类，对所观察的事物确定最主要的方向，同时还要有一定的灵活性和变通性，防止遗漏有效资料。

通常观察提纲一般应回答以下六个方面的问题❶：

（1）"谁" 有谁在场？他们是什么人？他们的角色、地位和身份是什么？有多少人在场？这是一个什么样的群体？在场的这些人在群体中各自扮演什么角色？谁是群体的负责人？

（2）"什么" 发生了什么事情？在场的人有什么行为表现？他们说话/做事时使用了什么样的语调和动作？他们互相之间的互动是怎么开始的？哪些行为是平时的常规？哪些是特殊表现？不同的人在行为上有什么差异？在观察期间他们的行为是否有所变化？

（3）"何时" 有关的行为或事件是什么时候发生的？这些行为或事件持续了多久？事件或行为出现的频率是多少？

（4）"何地" 这个行为或事件是在哪里发生的？这个地点有什么特色？其他场合是否也发生过类似的行为或事件？它与别的场合发生的行为或事件有何不同？

（5）"如何" 这件事是如何发生的？事情的各个方面相互之间存在什么样的关系？有什么明显的规范或规则？这个事件是否与其他事件有所不同？

---

❶ 陈向明. 质的研究方法与社会科学研究 ［M］. 北京：教育科学出版社，2000：238.

（6）"为什么"　为什么这些事情会发生？对于这些事情，人们有什么不同的看法？人们行为的目的、动机和态度是什么？

（四）进行预备性观察

为保证观察能较好地开展，研究者一般通过预备性观察的方式来完善观察设计。一是挑选和培训观察者。通过讨论的方式使所有观察者对观察内容和方法，形成透彻理解，并通过实地观察或观看录像带的方式进行观察练习，在此基础上可进一步完善记录工具，并决定最佳记录方法。二是确保观察信度。如有两个或两个以上观察者，则他们对同一行为或现象的观察，也应具有一定的一致性。三是避免或减少一些可能干扰因素造成的误差现象，比如观察者期望效应，观察者放任现象，观察反应现象，观察仪器设备的干扰等。

（五）进入观察场景

无论是参与观察还是非参与观察，都有一个得到观察对象群体接纳的问题。如果观察对象群体对研究人员抱着拒绝敌视的态度，那么观察活动就无法正常进行。对于中小学教育科学研究来说，许多研究是教师本人独立进行的，他们本来就在现场工作，进入现场的问题可能不存在，或者能较好解决。但如果研究者是由教研员或其他人员参与的，就需要在进入观察场景之前解决一些问题。进入现场要注意两点：一是选好观察位置，有较好的角度和光线，以保证观察有效、全面、精确，观察者的位置，应根据观察目的和观察中心来选择，要保证所要观察的对象全部清晰地落在视线之内，要保证不影响被观察者的常态；二是不扰乱观察对象，或与观察对象打成一片，如果是非参与观察，最好不要让观察对象知道，如果是参与式观察，要与观察对象建立和谐良好的关系，以防观察对象产生戒备心理。一般而言，观察者需要提前几分钟进入课堂，并根据观察任务确定观察位置。

（六）实施观察与记录

实施观察是观察法的核心，在此阶段应做到以下几点：一是尽量按计划进行，必要时随机应变，观察的目的必须明确，不超出原定范围，如果原定计划不妥当或观察对象有所变更，应随机应变，妥善完成原定任务，尽可能取得最好的效果；二是善于抓住引起各种现象的原因，这需要观察者在观察过程中保持思想和注意力的高度集中，及时找到现象的原因，可以使获得的观察资料具有科研价值；三是密切观察范围内的各种活动引起的反应，教育现象往往是由一系列活动及其所引起的反应构成的，如教师的活动引起学生的反应，一个儿童的活动引起其他儿童的反应等，把观察的焦点放在对象的活动及其反应的同时，还要抓住观察对象偶然或特殊的反应，这对于研究问题的动向更有启示意义；四是善于辨别重要的和无关紧要的因素，因素的重要与无关紧要，主要是根据其与研究任务关系的密切程度以及是否能提供有力的材料而定，应当注重一些习惯性的东西，以便抓住事物的实质。

在记录过程中应该注意以下几点：一是记录要准确，要尊重客观事实，不能凭主观想象，不能凭空捏造；二是记录要全面，要将观察内容全部情况记录下来，不能丢掉一些现象；三是记录要有序，按照事情发展的顺序，不能随意颠倒，有序地记录，不仅能为研究打下基础，而且很可能从中揭示内部的一些联系和规律。观察过后应尽可能快速地记笔记，因为信息在短时间内被遗忘的数量很少，而随着时间的推移信息会越来越多地被忘掉。观察者还要及时记录相关信息，并在可能的情况下记录自己的感悟和体验。要善于抓住观察现象的起因，要密切注意在观察范围内的各种活动引起的反应，应当着重注意一贯性的东西，但也不要忽略偶然的或另外的东西，认真做好观察记录。

（七）整理分析资料

观察结束后，要对观察记录进行初步整理，对笔录资料要分门别类地存放，对录像、录音、摄像资料要登记并做卡片，以免事后因记忆模糊造成资料混乱。在整理资料过程中要注意以下几点：一是整理资料，检查所需的资料是否都收集到了，如果还没有收集到，就要延长观察时间，继续观察，一直到所有材料基本齐全为止；二是审查资料，审查收集到的观察资料是否有效，改掉明显错误的地方，补充遗漏的地方，使观察记录完整、准确、清楚；三是编码分类归档，编码就是用分析的概念或者数字符号对记录的文字进行标注，分类就是在编码的基础上，把同一类编码的资料归集在一起，装在文件袋里。

在分析资料时，对观察信息的分析可以从定性、定量两方面进行，结构观察方式获得的资料一般要做定量分析，非结构方式获得的资料一般采用定性分析的方式。运用定量的方法可以获得准确的数据，加深我们对课堂事实的了解，运用定性的方法则可以结合情景思考，分析观察信息，并提高分析的深度。

（八）撰写观察报告

仅借助自然观察法，不能完成对一个课题的系统研究，研究者常常要将通过观察所收集的资料与通过其他研究方法所获得的信息融为一体，才能提出观点并加以阐述，撰写成报告。观察报告是观察研究成果的表现形式，通常包括研究背景、研究步骤、研究结果三个主要部分，在此基础上可以根据需要加入简介和参考文献，将获得的重要数据以附录的形式列出。

研究背景包括研究缘起、研究目的和意义以及研究问题。研究缘起通常是阐述研究问题所提出的背景与现状，表明自己的兴趣和认为重要的方面。研究目的和意义主要阐述所研究的这个选题想要得到什么样的研究结果及有何种研究价值。研究问题需要研究者明确研究的中心和方向。研究步骤，也可以叫作研究程序或研究方法，通常阐述整个研究过程。观察研究需要借助一定的观察工具，在观察报告中可以根据需要介绍观察工具的设计与开发过程。阐述研究程序是为了让其他研究者发现问题，或者重新研究，以证实或反驳本研究的结论，通常包括观察在什么地方，什么时候，具体做什么，以及如何做。研究结果，即研究者需要呈现观察收集到的资料，以及分析最终的研究结论。

二、观察应注意的问题

（一）做好充分的准备

在进入观察现场之前，除了明确观察任务，准备好观察工具之外，还必须较好地把握进入现场的时间，选择最佳的位置。一般而言，观察者需要提前几分钟进入课堂，并根据观察任务确定观察位置。

（二）重视合作的力量

观察信息的收集与记录十分耗时。因为观察者在一次课堂观察，只收集某一方面的信息，不能同时收集几个方面的信息，因此观察中的合作尤为重要。为了提高合作效益，必须寻找志同道合的人，组成合作团队，合作团队之间要通过多次沟通，以达到对观察目的、观察任务的共识，同时要进行明确的任务分配，以保证信息收集的完备性与准确性。

（三）运用联系的原则

尤其是定量信息的分析一定要慎重，不能只做表面的推论与下一个简单的结论，运用联系的原则，将这些信息放回信息生成的情境中去，结合情境对信息背后的原因作较为合理的解释。

（四）避免不必要的推论

课堂观察的主要目的在于理解教学现象，解决教学问题，提高教学效率，并促进教师的专业发展，不要将课堂观察信息的解读，等同于教师教学能力高低的评价。课堂观察信息的记录与分析，在一定程度上能够让我们发现教师的优势与智慧、教师教学中的历史与短板，但是课堂观察的使命不在于评判教师能力的高低，而在于探讨这种现象背后，教师对于理解教学、提升教学水平的意义。

第三节　教育观察的记录方法

对于观察法来说，观察记录是确保观察到的事实材料准确、客观最关键的一环，观察记录是录音或录像所不能代替的。后者只是观察者研究查询的杂乱的最原始的资料，观察记录应该符合准确性、完整性和有序性的要求。观察记录的方法与观察法密切相连，使用什么观察法就采用与之相应的观察记录方法，观察记录的方法一般有以下几种。

一、描述记录法

描述记录法也称为描述性观察法，是随着行为或事件的发生，自然地将它再现出来，观察者详细地做观察记录，然后对观察资料加以分类，进行分析研究。这种观察既无事先制作的观察项目清单，也无既定不变的观察提纲。研究者只是大致勾勒出一个粗线条的观察思路，在观察过程中对教学或其他活动做尽量详细且原本（不是转述）的记录，并在观察后根据回忆对记录加以必要补充与完善。

文字描述记录的内容包括：谁（行为者和行为对象）；什么地方（行为或事件发生的场景、地点）；什么时间（日期和具体时间）；什么事（哪种行为或事件）；怎样（行为或事件的具体表现及过程）；为什么（行为或事件的原因）。记录观察对象的表现时，应该包括行为活动、语言、表情神态以及动作姿态等，同时还要注意当时的情景和与观察目标有关的全部信息。在记录时与前面的客观事实相区别，一般用括号括出来。

描述记录法包括三种方式，分别是实况记录法、日记描述法和轶事记录法。

（一）实况记录法

实况记录法是指对自然发生的顺序、事件或行为，在一定时间内实施不断的记录，然后对所收集的原始资料进行分类，并加以分析的方法。它可以对被试的行为进行连续、定期的观察，也可以进行定点的持续观察，目的是无选择地记录被研究行为或现象系列中的全部细节，获得对这些行为或现象的详细、客观的描述，尤其要注意描述的客观性，如对同一情景的两种不同的描述记录：

"明明看见妈妈来了很高兴。"

"明明看见妈妈来了，跳起来，笑着。"

第二种记录明显更符合客观性的要求。

实况记录法的记录时间以一小时为宜，有特殊要求的，可延长至两个小时或半天。记录时最好多人分工合作，也可安排两组观察者轮流进行。可借助摄像机、录音机等收集保存资料，供研究者回放，仔细研究。

实况记录法的优点在于可以长久保存，且可用于多种目的下的各种分析，经济而有效；能够提供详尽丰富的背景性资料，研究者可以根据研究的需要分析观察全过程中各个角度的问题，研究这些具体行为和问题有关的背景。它的缺点在于如果没有设备的辅助，单纯依靠人工比较困难，资料庞杂，分析起来需要较多的人力和物力。

（二）日记描述法

日记描述法，也称儿童传记法，是一种记录连续变化、新的发展和新的行为的方法，是一种纵向记录的方法。国内外很多教育家、心理学家都曾使用过，我国教育家陈鹤琴先生同样采用此种方法，对儿子陈一鸣进行观察，从儿子出生之日起，对其身心发展变化及各种刺激的反应进行了 808 天的观察。德国心理学家普莱尔对自己儿子进行长期的科学观察，并以日记方式加以详细记录，在此基础上，于 1882 年完成了世界上第一本儿童心理学教科书《儿童心理的发展》。

日记描述法的优点在于可以全面、详尽、生动地了解儿童发展的各个方面，可以反映儿童发展的动态过程；观察描述可长期保留和反复研究利用。局限性在于研究对象有限，因而缺乏代表性，不容易概括出儿童行为的一般特点；且要求观察者必须在较长时间内天天有机会观察，且持之以恒地进行，不能间断，因此适用于父母对子女的观察；同时对子女的观察容易带有主观偏见。

（三）轶事记录法

轶事记录法是指观察者对独特、感兴趣、有价值、有意义的行为或事件进行完整详细的记录，供日后分析使用的一种方法。它与日记描述法都是描述性的，但它不像日记描述法那样连续记载新的发展和新的行为，而是着重记录某种有价值的行为或研究者感兴趣的行为。轶事记录要求准确、如实地反映情况，不加入主观判断和解释，把主观判断和解释与客观事实区分开，可以随时随地进行记录，也可以事后通过回忆追记，简单易行，是一种研究儿童常用的方法。轶事记录法没有特殊的基础要求，只需要在发现值得记录的行为和轶事时及时地记录下来。

采用轶事记录法进行观察记录，既可以帮助研究者考察观察对象的个性特征和行为特点，深入了解观察对象的成长与发展，以便针对性地采取教育措施，也可以帮助教师站在观察对象的角度，深入了解他们如何认识世界，如何与周围世界进行互动。通过收集相关的轶事，对记录资料进行归纳分析，可以探索和揭示儿童发展及教育的规律特点。

轶事记录法的优点在于它不受时间限制，不需要特殊的情景或特殊的步骤，事先也不需要做编码分类，简单易行；收集到的资料具体、详细、真实，可靠；没有特别技术上的要求。缺点在于可能会带有主观偏见。

二、取样记录法

取样记录法是一种以行为为样本的记录方法。与描述记录相比，具有更好的客观性、可控性和有效性。取样记录是首先对观察的行为或事件进行分类，通过分类转化为可以数量化的材料，运用具体的可感知的方式，对每种材料进行鉴定，再次设计出记录表，从而便于记录。取样记录可以获得可靠的观察资料，又节省人力物力，减少记录所需要的时间。

取样记录法主要有两种记录方式，分别为时间取样法和事件取样法。

（一）时间取样法

时间取样法是以时间为取样标准，专门观察和记录在特定时间内所发生的特定行为事件和特定样本，主要记录行为呈现与否、呈现频率及持续时间。这种方法注重的是行为事件的存在，研究者可事先将行为类型进行编码，可用行为名称的缩写、字母和字头来表示。观察者要预先理解操作定义，熟悉编码系统，才能准确地进行观察记录。观察的行为必须是经常出现的，每15分钟不低于一次，例如，我们要了解师生课堂言语交流的情况，将观察时间选在新授课、复习课就比选在练习课更有代表性。这是因为，在新授课、复习课上，教师与学生之间进行言语交流的机会很多，而在练习课上，这种机会就比较少了。且观察的行为必须是外显的，即可被观察到的，因此在观察前必须对目标进行分类，分别给出操作定义。可以在事先准备的表格上记录，也可以书面描述的方式记录。

在设计表格时一要定时间单位，如时长、间隔、次数等，二要权衡对象、行为、时间三者间的关系，三要对研究对象的行为进行编码，必要时可预留空白栏。采用表格记录方式进行记录时，可根据行为出现与否标记"√"，或用"正"表示行为频率。

时间取样法的优点是对观察行为或事件有较强的控制；省时省力，能在较短时间内收集到具有代表性的资料；准确客观，一定程度上可以摆脱观察者的主观选择和判断，可进行量化分析。缺点是它仅适用于研究经常发生的外显行为，如学生上课表现、师生交往、教师言行与指令等，不适用于观察学生的内隐行为，如心理活动、上课表现。采用这种方法所获得的资料往往是说明行为的种种特征的资料，并非有关环境背景的资料；这种观察记录方法不能说明在具体情境下的行为及其性质，不确定行为之间的联系；要在预先观察制定表格的基础上进行，容易忽略其他重要信息。

（二）事件取样法

事件取样是针对观察对象特定行为的观察记录方法。事件取样是以事件为单位进行记录，只要预定的行为或事件一出现，就必须马上记录，并随时间的发展持续记录其全过程，不仅要记录行为或事件本身，而且要把行为发生或事件出现的前因后果及环境背景情况也记录下来。

事件取样法需要观察者在预备性观察的基础上，对所要研究的行为事件给出操作定义，研究者应事先熟悉观察行为或事件的一般状况，以便在适当和最有利的场合进行观察。

事件取样法的优点是，可以在有准备的情况下获得预先确定的有代表性的可行性研究样本，因此具有针对性；又可以保留行为的连续性和完整性，得到关于事件的环境与背景资料，这样的记录比较完善，便于分析前因后果；同时事件取样法不受时间限制，可以研究多种行为和事件。局限性在于收集到的定性资料不太容易进行定量分析处理，所观察到的现象在不同情景下可能具有不同性质，故缺乏测量的稳定性。

时间取样观察可以选择固定的事件，也可以不选择固定的事件。在选择了固定的事件时，时间取样观察与事件取样观察存在着交叉之处；此时要注意区分两者的不同重点。事件取样观察以事件的发生、发展的线索为重点，旨在了解事件发生及变化的规律；而时间取样观察的重点是观察了解事件的有无和多少（如有的听课者专门负责观察了解师生课堂活动的时间比例），而不关心事件的原因和进程等情况。事件取样观察少不了涉及时间，但这种时间在一次观察中是不受什么限制的，一般以事件的过程长短为标准，事先也无法控制；而时间取样观察中的时间是事先安排好了的，不能随便变更。

三、观察评定法

（一）核对表法（也称查核清单法）

核对表是一些简单行为项目表，亦称查核清单。所谓清单，就是指一系列项目的排列，并标明关于这些项目是否出现的两种选择，供记录者判断后选择其中之一并作出记号，当出现此行为时就在该项目上划"√"，只判断行为出现与否，不提供有关行为性质的材料。清单中可以是关于观察或研究对象本身的各方面情况或环境情况的项目，如年龄等；也可是关于某些方面动作行为的项目，如友好行为等。使用清单法应先列出所需要观察的项目，列出各项具体内容，这些项目需要有具体要求，并按难易程度排列顺序编制观察表，再进行观察。核对表法案例见表 5-1。

核对表法的优点在于经济实用，可操作性强；观察过程紧密围绕观察目标而开展；结果便于分析和讨论，有多种运用的可能；可作为深入研究的前提。不足在于只观察和记录特定的行为或事件，容易忽略之外的其他资料；不能详细描述行为发生的情境及前因后果；观察的信度受到质疑；观察记录可能受限于观察时间，不适用于同一时间的观察行为。

表 5-1　核对表法案例：幼儿形状与数概念理解能力清单记录表

儿童姓名			
任务	名称	能	不能
1. 当提到形状名称时，能把形状挑出来	圆形		
	正方形		
	三角形		
	长方形		
2. 可以数一到十			
…	…	…	…

（二）等级评定法

等级评定法是对行为事件如何呈现，及其在程度上的差别作出判断，确定等级，将观察所得的信息量化。观察者对观察对象的某些行为表现加以评定，评定可用等级优良中差或字母和数字来描述，还可以用词语来描述。等级可以当场评定，也可以在观察之后根据综合印象评定。比较客观的评定方法应该是事先规定各种等级的具体标准，由各个观察者当场评定。等级评定法案例见表 5-2。

表 5-2　等级评定法案例：小学教师教学情况评定量表

姓名_____　性别_____　年龄_____　任教年级_____

评定内容	评定等级				
	1	2	3	4	5
能较好地组织与控制学生					
和学生关系亲近					
注意学生的需求与问题					
对工作表现出喜爱与热情					
认真备课、上课、批改作业					
安排班级活动具有灵活性					

使用等级评定量表时应注意在实际观察基础上做出评定，进行必要的重复评定，或由多个评定者作出判断，进而求平均值。同时要具体说明各个评定等级的含义，降低术语的模糊性。

这种方法在幼儿园十分适用，教师可以在自然状态下对幼儿的游戏活动、日常生活中的行为进行观察，进而评价其发展特点和水平，同时也可以运用这种方法对教师的工作进行观察和评定。这种方法很容易使用，可以在短时间内迅速做出判断。

等级评定法的优点是比较容易编制和使用，所花时间较短，易于进行定量分析解释，可采用的测量行为较广。局限是主观性较强，容易带有个人偏见，术语简单模糊，评定者可能对数字理解不一致，造成误差，这种方法也不能说明行为的情境和原因。

不管采用何种记录方法，都要根据研究问题的性质、研究目的、内容、地点、时间以及使用的工具等加以灵活选择。始终要记住的是，要根据研究类型选择研究方法，观察方法是为研究服务的。

思考与练习

1. 观察法的类型包括哪些？

2. 观察法具备哪些特征？

3. 观察法有什么优缺点？

4. 实施观察时，应该遵循哪些步骤？

5. 观察法在记录时常使用的方法有什么？

实践与训练

1. 设计一份观察提纲或观察表，选择一个合适的教育或生活场景展开实地观察活动，并写出一份简要的观察报告。

2. 评述一份教育观察研究报告（或某综合性研究报告中的观察部分）。

第六章

教育实验法

【知识目标】

　　1. 理解实验法的含义与特点。

　　2. 了解实验研究的基本过程。

　　3. 掌握实验研究的变量及其实验效度。

　　4. 掌握实验设计的种类及其步骤。

【任务目标】

　　1. 结合具体实验，分析实验研究的变量。

　　2. 根据教育科学研究的主题，进行实验设计。

➡️ 问题导入

　　某小学数学教师王老师很重视学生数学运算能力的培养，平时也很关注数学运算能力的相关训练。最近，王老师在网上看到对学生进行非数字符号估算能力的训练可提高学生数字运算的精确性，由于非数字符号估算能力的训练多采用游戏进行，因此也可提高学生学习数学的兴趣。王老师对于这一报道的实用性很是好奇。他很想知道如果想要提高学生数学运算的精确性，能否通过一种方法验证对学生进行非数字符号估算能力的训练效果是否好于直接进行数字运算能力的训练效果呢？

　　王老师如果想得到一个非经验的准确答案，可以采用实验法进行该问题的研究。为了进行科学的实验研究，王老师就要对本章内容进行系统的学习与掌握。

第一节　教育实验法概述

　　随着近代科学的发展，尤其在心理学研究中实验法被强调运用而逐渐发展起来，为研究的科学化、精确化、数量化提供了有效途径，因而其被公认为科学化水平最高的一种研究方法。该方法是研究者必须了解掌握并能运用的一门研究技术。

一、实验法的含义与特征

（一）实验法的含义

实验法就是按照研究目的，合理地控制或创设一定条件，促使一定现象产生、发展，并对该现象进行有目的、有计划的观察、记录、测定与分析，从而验证研究假设，探讨教育现象因果关系，揭示教育规律的一种研究方法。例如"贾德、亨德里克森的水下打靶实验研究"，该假设是对原理了解概括得越好，对新情境中学习的迁移越好。研究者把被试分成三组练习水中打靶：第一组不加任何原理指导；第二组被试学习物理学的折射原理，知道水、陆之间物体的位置有折光差异，目标不在眼睛所见的位置；第三组则进一步加以指导，给他们解释水越深目标所在位置离眼睛所见的位置越远。第一次实验时靶在水深 6 英寸处，第二次靶在水深 2 英寸处。实验结果表明在学习打靶时，由于二、三组被试了解原理，成绩优于第一组的机械练习；而第三组的成绩优于第二组，更说明问题解决的学习与应用在新情境中的迁移，在了解原理原则与其实际应用情境的关系时效果会更好。该实验研究结果（水中打靶成绩）是不同操纵因子（三组分别进行的实验处理）造成的，既很好地突出了实验因子的作用，又论证了实验因子与结果的因果关系。

（二）实验法的特征

1. 以理论及其假设为前提

实验研究是从提出假设开始的，就是在一定的理论指导下形成研究假设，实验的设计与实施过程等都是围绕假设的验证而展开，即实验研究首先要明确试图研究哪些变量，这些变量之间的关系如何，通过实验的实施来证明或证伪人们事先设想的它们之间的关系。研究假设是实验研究的灵魂、核心。例如，一种教学方法与学生能力发展有何关系？一种课程结构对学生素质发展有什么影响？师生关系对学生人格发展有哪些影响？培养学生的主体性素质要求哪种体系的教育活动？围绕这些问题，都可以提出不同的理论假设。要对某一问题进行实验研究，首先必须提出关于该问题的一种假设。

2. 主动变革性

观察与调查都是在不干预研究对象的前提下去认识研究对象，发现其中的问题。而实验却要求主动操纵实验条件，人为地改变对象的存在方式、变化过程，使它服从于科学认识的需要。即研究者要操纵自变量，诱发、改变、创造所要研究的某种现象（因变量）并对之进行科学客观的测量。

3. 控制情景，排除无关变量

科学实验要求根据研究的需要，研究者在改变某些条件的同时，还要使某些其他教育要素或教育条件保持相对不变，即减少或消除各种可能影响科学性的无关因素的干扰，在简化、纯化的状态下认识研究对象，以便使得教育要素或教育条件在实验前后对教育现象的影响是基本恒定的，从而保证实验结果的有效性。例如，要比较讲授法和谈话法这两种教学方法对学生学习成绩的影响，选择两个班级的学生进行实验，在实验中两个班级的教学除了教学方法不同以外，其他的要素和条件都应尽可能保持一致。教学方法以外的要素和条件就是要控制的条件或变量，诸如学生已有的知识基础和智力状况、教材内容的难度、教师的教学水平、师生关系状况、师生对待实验的态度、教学时间的长短、课外辅导、测验试题的难度等条件，两个实验班级都要基本相同，否则难以说明导致两个实验班级学生学习成绩不同的真正原因。

4. 因果性

实验法以发现、确认事物之间的因果联系为直接宗旨和主要任务，本质上是按因果推论逻辑设计与实施的，它是揭示事物之间因果联系的有效工具和必要途径。观察法和调查法虽然也可以得出事物之间存在关联的结论，但是不能很好地对"谁是因，谁是果"作出准确的判断。

5. 可以重复验证

可以重复验证被视为现代科学研究的重要指标。重复验证程度越高则代表研究的结论越准确可靠。实验可以重复验证，是因为实验从提出假设到实验设计再到实施等环节都有明确的必须遵守的程序规则，因此不同的研究者只要仿照已有研究，选取相同或相似的研究对象，而且在相似的控制条件下就可以得出相似的研究结果。

尽管实验研究很好地契合了对现代科学的认知，提高了研究的准确性与精密度，并能很好地揭示事物之间的因果关系。但是我们在承认实验研究的优点的同时要看到其局限所在。如研究中的许多变量是无法操纵、控制的，不能通过实验法去研究。还有实验控制有时实验情境与实际生活情境存在一些差距，从实验情境中获得的结论并不完全适用于实际生活情境。此外，在实际研究中，研究者只能在给定研究对象中进行，致使研究样本的选取缺乏随机性，即使使用随机方式，样本也不能从一些大的总体中随机选取，更谈不上从研究总体中真正随机选取，因而从逻辑上讲研究结果的推广仍有争议。

二、实验法的类型

（一）自然实验与实验室研究

根据实验的场地，可以将实验分为自然实验和实验室实验。

1. 自然实验

自然实验在自然的正常的情况下，根据预定的计划，有意识地引起或创造所要研究的现象。被试验者并不知道是在做实验，因而他们的活动也是自然的。如在教材选用实验中，研究2种不同教材对4年级学生英语成绩的影响。我们可以在正常的教学活动中，选取4年级的2个教学成绩相当的自然班，由同一个教师使用不同的教材分别进行一定时间的英语教学，最后测查2个班的学习成绩进行分析比较，得出研究结果。该研究只是控制了自然班学生的英语成绩相同，而对学生的性别、智力等其他可能影响学生教学成绩的因素并没有进行严格控制，即实验比较接近真实的教育教学情境。自然实验是教育实验研究中一种最常用的方法。

2. 实验室实验

实验室实验是在实验室或模拟生活环境或高度控制的试验场地中操纵自变量，控制无关变量，探究自变量与因变量关系的研究。如儿童反应时测验，可以在实验室内借助反应时的仪器来进行，控制外部噪声等外部环境对儿童反应时的影响。由于条件控制得完整，实验室实验所得的结果更为准确。一般其仅适合被试量较小，涉及实验因子较少，问题单纯的研究。但实验室情境和教育实际情况的差别是比较大的，因而实验室实验结果的实际效用，不如自然实验的效果好。这种实验室实验法需要同其他教育科学研究方法结合起来应用，才能符合教育实际的要求。

（二）前实验、准实验、真实验

根据实验控制的程度和实验的效度，可以将实验分为前实验、准实验、真实验三种。

1. 前实验

前实验是一种很不规范的实验，它指可进行观察比较，但控制较弱的实验。

前实验无法随机分配被试，不能有效地控制无关变量，误差高，效度低，往往不能说明因果关系，常被称为非实验设计。

2. 准实验

准实验是指被试能够随机选择和分配，能够对无关变量进行完全控制，实验的内外效度都很高的实验。准实验介于前实验和真实验之间，与真实验的设计有些类似，但它不能随机分配被试，也不能完全控制无关因子，无法避免误差，只能尽可能地加强条件控制，内部效度存在一定的问题。

3. 真实验

真实验能够随机抽取与分配被试，被试具有同质性，能够系统操纵自变量，严格控制无关因素，内部效度高，能够准确揭示自变量与因变量的因果关系。由于教育现象非常复杂，对影响研究结果的无关变量进行完全的严格控制是很难做到的，即真实验是很难实现的。

（三）开创性实验、验证性实验和改造性实验

根据实验是否具有开创性，可将实验研究分为开创性实验、验证性实验和改造性实验。开创性实验是指前人从未做过的实验，具有开创性。验证性实验是指前人已经做过的实验，研究者按照相同的方法重复进行，包括第一轮实验后的第二轮实验。改造性实验是指在别人曾经做过的实验的基础上，根据本地、本单位实际加以充实、改进的实验。

（四）单因素实验、多因素实验

根据自变量的数量可以将实验分为单因素实验和多因素实验。

1. 单因素实验

单因素实验是指实验只操纵一个实验因子（自变量），以考查实验效果的实验。单因素实验是教育科学研究中的一种常见类型。一线教师为了解决教育教学实践中的某一具体问题，以提高教育教学质量，如"某一认知训练对学生数学成绩的影响"，通常会进行对比实验，首先对两个实验班进行等组（成绩相等），然后将一个班作为实验班进行认知训练（实验处理），另一个班则为对照班，不进行实验处理。通过比较 2 个班的成绩，就可以验证认知训练的成效。

2. 多因素实验

多因素实验是指研究者操纵两个及以上的实验因子（自变量），每个因子至少又分为两个水平，考查因子产生的效果以及因子间的相互作用。该实验研究具有很大难度，常用于复杂的课题研究，而且对研究者要求也比较高，所以一线教师很少使用。

三、实验研究的基本过程

实验研究的基本过程包括准备、实施与总结三个阶段。

（一）准备阶段

1. 确定研究课题及研究目的

一般做法是在有了初步的构想后，通过查阅文献和有关访谈，对初步构想的价

值和可行性进行一些探索性研究，最终明确实验的主题、大致的内容范围和所要达到的目标。

2. 提出实验假设

一般做法是仔细寻找出实验的主题和内容范围所涉及的各种变量，将它们分类，并认真分析它们之间的关系，建立各种变量之间的因果模型。

3. 选定实验对象

选取的根据是实验的主题和变量间因果模型的需要，选取的方法既可以是随机抽样，也可以是主观指派。

4. 制定实验方案

将已确定的实验主题、内容范围、理论假设、实验对象等整理成文字，说明实验的时间安排、地点和场所、实验进程、实验和测量工具及研究资料的搜集及统计方法等，并形成系统的、条理分明的实验方案。

（二）实施阶段

实验的实施就是实验研究者按照设计的实验方案，操纵实验变量，控制无关变量，观察、记录、测量反应变量，搜集实验信息的过程，也就是实验方案物质化、现实化的过程。

（三）总结阶段

对实验中搜集到的数据资料进行处理分析，确定误差的范围，从而对研究假设进行统计检验，最后得出科学结论，并撰写研究论文或实验报告，以便于研究成果的验证与推广应用。

第二节　教育实验研究的效度与变量

一、实验效度

实验效度是指实验的有效性和准确性程度，其反映实验设计质量的高低。实验效度包括内部效度和外部效度。

（一）实验内部效度

实验内部效度，也叫内在效度，是指实验结果揭示自变量与因变量之间因果关系的准确程度，即实验结果的可靠性。其揭示因变量的变化多大程度来自对自变量的操纵。如果因变量的变化确由自变量引起，而不是由其他变量引起，那么这一实验设计的内在效度就高；如果对实验中的额外变量控制不充分，那么这些额外变量的效应可能与自变量发生混淆，得出因果关系的结论不完全有把握，那么内部效度则低。因此在教育实验研究中，要合理进行实验设计，实施过程中对实验变量进行严格的控制，尤其要有效地控制无关变量。

对因变量发生作用从而影响实验效度的无关变量很多，影响内部效度的因素主要是研究中的无关变量，归结起来主要表现在以下方面：

1. 被试的生长和成熟

除了实验中的自变量可能使个体行为发生变化外，个体本身的内部历程发生改变，即个体身心成熟也是使其行为变化的重要因素。随着时间的推移，如为期几年的实验研究中被试的生理、心理、知识、经验、技能等都会有所发展，那么实验的结果有可能受到被试某一方面成熟的影响。特别是在以幼小的儿童为被试者而又采用单组前测后测实验的情况下，生长和成熟因素的影响就更大。

2. 被试选择的偏差

在实验研究中，所选择的两组和几组被试不是用随机法进行选择，也就是在未接受实验处理前，被试各方面的能力存在差异，可能会导致研究结果的歪曲。如进行英语教学实验，实验组学生的英语水平明显高于对照组学生，这就降低了实验的内部效度。

3. 被试的流失

实验研究期间实验对象的缺失（流失），常常使缺失后的被试者样本难以代表原来的样本，则可能使实验结果难以解释，导致研究结果的偏差。

4. 实验进行中的特定事件

教育实验研究均会持续较长一段时间，在实验过程中，有些意想不到的事情会与实验变量同时发生，对实验结果产生影响。研究者往往无法判断实验结果是自变量引起还是特定事件引起。如在两种不同的教材对学生英语成绩影响的实验研究中，若有专家听课，教师采用了创新教学法，就可能会成为导致学生成绩提高的全部或部分原因。

5. 测评误差

在某些教育实验中，为了方便比较实验前后的情况，研究者常对被试实施前测，前测与后测所用的工具材料相同且时间间隔较短，其中练习因素、临场经验、记忆效应可能会影响实验处理实施后的测验结果。

6. 统计回归效应

在有前后测的实验研究中，若选择的被试某些特质处在两个极端，就有可能出现统计回归效应，即前测中得分偏高或偏低的被试在后测中的得分会在一定程度上趋向于后测的平均分数。

7. 测试方式不一致

教育实验中，前后测试中运用的手段或工具无效或缺少一致性，会导致测量的内容指标有所差别，从而使得前后测得的分数不具有可比性。

（二）实验的外部效度

外部效度是指实验结果能够普遍推广到实验对象以外的其他对象以及实验情景以外的其他情景的程度，即实验结果的普遍代表性和适用性。任何一项实验研究都想将其结果推广，希望能用自己的研究结果，对同类现象做出解释、预测和控制。如果研究的结果能够大范围推广至与研究对象同类的事物和现象中去，则研究的外部效度就高，否则外部效度就低。

影响外部效度的因素大致包括以下几个方面：

1. 总体效度

总体效度是指基于研究样本获得的研究结果可以多大程度上推广到抽取样本的总体当中去。这就要求被试的选择必须具有代表性，必须从将来预期推论、解释同类行为现象的总体中进行随机取样。但实际上这是很难做到的。应增加取样的层次，使代表性增加。

2. 保持情景的自然化

实验是在控制条件下进行的，实验环境的人为性可能使某些实验结果难以用来解释日常生活中的行为现象，尽量减少人工情景化，提高实验中的环境条件和我们想要应用研究结果的环境的相似性程度，使研究结果能更大程度地推广到实际情景中去。

3. 多重实验处理的干扰

同一组被试在短期内接受两种或两种以上的实验处理，那么后一实验处理会受到前一实验处理的干扰，使被试产生学习效应或疲劳效应，其实验结果不适用于非重复实验处理的情形。

内部效度是外部效度的必要条件，但不是充分条件。内部效度低的研究结果就谈不上对其他情景的普遍意义；可是内部效度高的研究，其结果却不一定能够一般化到其他总体和背景中去。教育科学研究的重要意义是要发现教育活动的普遍规律，指导教育工作的开展。因此，提高研究结果的外部效度十分重要。一项研究的内部效度再高，如果其结果仅适用于特定的范围、特定的测量工具、特定研究程序和特定的研究条件等，那么，从获取一般知识和揭示普遍规律的角度来看，其价值、意义不大。因此，对外在效度与内在效度进行平衡，即在保证研究结果的可靠性的同时，使之获得尽可能大的推广。

从教育实验的含义不难看出，教育实验涉及三个基本要素，即实验要改变的教育要素或条件、实验中需要控制的不被改变的要素和条件、实验的结果。教育实验的基本结构就是由这三个具有逻辑联系的基本要素构成的，在教育实验方法论上，三个基本要素分别被称为自变量、因变量和无关变量。变量是指可以在性质或数量上加以改变的任务的属性，也叫因子、因素或条件，是实验中对实验对象产生影响的因素和实验对象在这些影响下发生变化的因素。

二、实验研究的变量及其控制

（一）实验研究中变量的种类

1. 自变量

自变量是指在实验中研究者可以操纵和控制其变化的变量，也称为刺激变量、输入变量或实验处理。如教学中教师积极的评价态度能否提高学生的学习成绩，其中教师积极的评价态度就是自变量。影响学生发展的外部因素如教学方法、教学内容、教学组织形式、师生关系、管理制度等均可以作为一项教育实验的自变量。

教育实验研究中确定自变量需考虑以下几点：

① 自变量是可以改变的变量。布卢姆在《教育科学研究与教育实践的新方向：几种可改变的变量》中提到，在确定自变量时，要努力去寻找可以改变的自变量。所谓可以改变的自变量是针对于相对稳定的自变量而言的。

② 自变量应该具有可操作性。自变量内涵属性越清晰，规定性越强，就越有利于研究者的操纵与控制。研究者应基于自己的研究对其特征或条件进行更加具体化的界定。

③ 理论因素。应该结合研究目的和已有的比较成熟或得到公认的理论，提出研究假设，即对变量之间的因果关系作出假设，从而初步选择出自变量和因变量。

2. 因变量

因变量是指由研究者（主试）操纵自变量的影响效果所观察或测量出的因素。当主试者引入、除去或改变自变量时，这种因素会跟着出现、消失或改变。

在教育教学研究中学生的学习成绩、智力发展、行为习惯、思想品德的发展程度、情感的发展、教学质量、学校效能等通常可以根据研究需要被选为因变量。

从实验研究所要进行的相关分析和因果分析来看，因变量与自变量之间具有内在的逻辑联系，因变量是由自变量引起的，自变量是原因，因变量是结果。要确定自变量和因变量之间的关系，需要对因变量加以观测，根据被试的变化状况来说明白变量作用的大小。因而，对因变量应进行比较客观的观测。好的因变量应该具备以下特征：

① 客观性。对因变量指标的解释不因研究者或被试的主观意志而转移。

② 区分度。因变量的指标对于自变量的变化有较高的分辨能力，即对其微弱的变化能够很好地反映出来。

③ 稳定性。运用所选的指标进行重复测量时，能够得到较一致的测量结果。

3. 无关变量

无关变量是与某个特定研究目标无关的且研究者不感兴趣的非研究变量，也被称为额外变量、干扰变量。如探讨 A、B 两种阅读方案对学生阅读成绩的影响。该实验研究中自变量是 A、B 两种阅读方案，因变量是学生阅读成绩。学生的知识基础、智力水平、学习态度、参与动机、教师的教学水平等这些变量同样会对学生的阅读成绩产生影响，这些就是无关变量。

根据来源可以将教育实验研究中的无关变量分为四种：

（1）来自被试方面的无关变量　研究结果很多时候会被研究者本身的很多因素影响，这些因素被称为机体变量或被试变量。如研究对象的性别、知识经验、智力水平、学习方法、家庭背景、性格特点、当时的生理状态、情绪、疲劳度等会在实验实施前或在实验的过程中产生，对研究的结果有重要影响。

（2）来自主试方面的无关变量　在实验研究中，主试的态度、暗示、经验、能力、情绪、期望等都会对研究对象的反应产生影响。

（3）研究设计方面的无关变量　实验研究设计中的被试是否有代表性、研究方法本身不完善、研究被试选择不当、测量工具不完善、研究程序安排不合理等因素，也会影响实验的效果。

（4）研究实施环境方面的无关变量　实验实施过程中，实验场所的环境也会影响实验的效果，例如实验室的温度、光线、声音、熟悉度、桌面好坏、房间阔窄等。此外，在研究实施现场发生意外事件也会影响到实验的效果。

✎ **练一练**

请写出下列实验研究的各个变量。

1. 思维能力训练课程对中学生智能水平的影响；

2. 分散复习和集中复习对小学生复习效果的影响；

3. 语文教学中背诵练习与阅读训练对学生语文成绩的影响；

4. 教师期望对学生学习成绩的影响。

（二）实验研究中变量的控制

1. 自变量与因变量的控制

自变量与因变量的控制主要是使自变量具有可操作性，因变量具有可测量性。在教育实验中，通常会给自变量与因变量下可操作性的定义。操作性的定义是一种规定，它使被确定的需要定义的变量和条件的操作或特征更具体化。这样的界定使自变量、因变量明确具体，不容易引起歧义，方便进行实验的操作控制，为今后他人重复验证、借鉴及研究的推广提供重要的指标。

例如：在"不同的评价方式对学生学习动机的影响研究"中，研究者对"不同的评价方式"这个自变量，以及"学习动机"这一因变量进行了操作性界定。

"不同的评价方式"界定为每天练习后老师对学生的表现所给予的评价，评价方式分为三类：表扬，指的是每天练习后老师予以表扬和鼓励，当众宣布受表扬同学的姓名；训斥，指的是每次练习后，老师总是点名批评和训斥学生，而不管实际做得如何；静听，指的是学生既不受表扬也不受训斥，而是静听他人受表扬或受训斥。在实验过程中，主试只在一旁摄像记录，不对被试做其他任何指导和干预。

"学习动机"界定为学生加法练习的成绩。

2. 无关变量的控制

实验者所关心的只是实验自变量的效果如何，但实际影响实验结果的因素除实验自变量之外，还有许多非实验因子，若不采取措施控制它们，则随着自变量操纵的渐次展开，诸多无关因子也会同时发生作用，或与自变量的作用一致，或与之相反，那么，实验者就难以进行归因分析，从而导致假说检验的失败。因此研究者要运用一定的方式与手段对这些无关变量进行严格的控制，净化实验过程，排除其对研究结果（因变量）的干扰，确保因变量的变化源于自变量。无关变量的控制方法有：

（1）随机法　随机法就是研究者运用随机的方式而不受研究的主观意图影响，使研究总体中的每个个体有均等的机会被选择和分配到实验组或控制组，或被随机指派接受某种实验处理等，以有效控制可能由被试间的差异所造成的影响。随机法是控制无关变量的最佳方法，因为根据概率原则，每个被试所具备的各种条件和备选机会是均等的。

（2）消除法　消除法就是排除或隔离无关变量对实验结果的影响。例如，在"尝试指导教学法与效果回授教学法对教学质量的影响研究"中，教师的教学水平是一个无关变量，研究者可以只选高水平的教师作为被试。噪声也会对教学及学生学习效果产生影响，可以选在安静的教学环境进行。

（3）恒定法　恒定法指在整个实验期间，尽量保持所有的实验条件、实验处理、实验者及被试都不改变，如教学实验的教室、实验时间、被试不变等。除上述实验条件保持恒定外，实验者和控制组中被试者的特性（如年龄、性别、自我强度、成就、动机等）也是实验结果发生混淆的主要根源，也应保持恒定。只有这样，因变量的差异才可归于自变量的效果。如在"布质书和纸质书对2～3岁幼儿阅读效果的影响"中，研究者以《苹果的故事》为阅读材料，使阅读故事的难易、长短等无关变量保持恒定不变。

（4）平衡法　平衡法就是指除实验因子外，无关变量产生的作用在所有实验组及控制组的效果都保持平衡，从而使其对研究结果的影响忽略不计。也就是说，每一组都受到这些无关变量变化的作用，但它们作用的大小在各组都是一样的。例如，在"心理干预对考试焦虑的高三学生学习成绩的影响研究"中，智力水平通常与学生的学习成绩相关，因此学生的智力水平成为此项研究中的无关变量。为了使其不混淆自变量的效果，首先用特定的智力量表来测量被试的智力水平；其次，根据低、中、高智力水平把被试加以分类；然后，把每类被试中的一半分到实验组，另一半分到控制组。这样，实验组和控制组智力水平都有变化，这种变化有可能对因变量产生影响，但是由于智力水平因素对两个组的影响效应都是一样的，因此这种作用就被平衡了。

（5）实验室控制　实验研究工作在实验室内进行，可以对许多外界干扰因素和可能影响实验效果的变量加以严格的控制。例如，以往人们研究婴儿对母亲（或主要抚育者）的依恋行为，多在自然环境中研究，影响因素很多，较难下结论。近年来，由美国著名研究者安思沃斯（Ainsworth）创立的实验室研究程序，标志着婴儿社会行为研究方法上的突破。该实验研究在一间铺有地毯，上面有一些玩具，旁边有两把椅子的"实验室"进行，从婴儿在陌生环境下对母亲在场与否、离去归来时的反应，判定孩子依恋感的性质类型。整个实验程序分8个步骤：①母子进房；②母坐椅子；③陌生人进房；④母亲离开；⑤陌生人离开（孩子独处）；⑥陌生人回；⑦母亲回；⑧陌生人离开（母亲独处）。所有的被试均选用同一陌生环境，遇见同一陌生人，经历同样的8个步骤。研究者通过录像记录孩子的反应行为，设定孩子间的反应差异可以反映其母子间关系的性质。这一实验程序严格控制了众多的干扰变量，效度高，受到一致好评，已被许多研究者采纳。该研究的目的是测定婴儿在陌生场合的反应，环境和陌生人都应是被试从未见过的，所以在实验室中进行特别合适。如果研究一般的、日常熟悉情景中的行为，测查不宜在实验室中进行。如在实验室中进行，反而会因控制了某些因素而牺牲了环境的真实性，从而降低了研究的生态效度。因此，采用实验室进行研究时，需考虑对所要研究的问题是否合适。

（6）统计处理法　有时候由于条件限制，上述各种方法不能使用，明知有因素将会影响实验结果，却无法在实验中加以排除或控制。在这种情形下，只有做完实验后采用统计的方法对获取的研究数据进行处理，把影响结果的因素分析出来，以达到对额外变量的控制。

为了将无关变量的影响控制到最小，研究者要根据研究的具体情况从上述无关变量的控制方法中进行单独选用或同时选取其中几种方法。

第三节　教育实验设计与组织

一、实验设计的含义

（一）实验设计的定义

实验设计是在理论假说的引导下，确定实验研究的目标、思路和步骤，将理论假说转化为可供操作的材料、程序和方法等，形成关于解决教育问题、检验理论假说的切实可行的研究计划的过程。

（二）实验设计的基本原则

1. 全面性

实验前应深思熟虑，掌握研究主题的相关领域、相关问题的充分资料，从选题到具体细节，要对实验的整个过程有一个全面的计划，甚至猜想实验要得出的可能性结论。在设计实验时，要充分考虑实验者、实验对象、实验因素的个数与水平数，无关因素的控制方法、因变量的测定方法以及对实验结果的统计处理方法等，而且对每一个要素还要有具体的设想。

2. 控制性

良好的实验研究设计，应该是具有高度的可控制性的，包括对实验因素、非实验因素（或者说是一些无关的变量）和因变量的控制。实验控制主要是研究者用来控制实验中无关因素，确实保证研究的结果来自对因变量的控制，以获取高效度的手段。

3. 可行性

研究者一定要有明确具体的设计目的，必须考虑实验实施的可行性和可操作性。实验设计前要对研究模式、方法手段、指导语、实验情景及实施过程的顺序等进行详细的计划安排，同时需要考虑研究的人力、财力、时间、仪器设备、资料、测量工具、被试等条件是否能够满足实验需要。

4. 数据的真实性

数据反映实验的效应，因此要防止数据受不规范科学的测量或测量误差的影响，也要保证数据不受抽样的代表性差及变量混淆（两个及以上变量的影响不能被区别）的影响。

二、取样原则

(一) 取样在量上与质上都要有代表性

研究个别问题，取样每组为 30 人即可；研究普遍性问题，人数要多一些。取样要考虑被试的年龄、性别、文化背景、心理水平的代表性，使样本能真正代表全体，使结果具有真实性和全面性。实验班和对比班的被试之间必须具有同质性，也就是两组被试要相似，这样得出的结果才比较可靠可信。例如，研究发现学习和接受学习对儿童发散思维的影响，如果实验前，实验班和对比班儿童没有进行同质性检验，实验班学生采取发现学习，对比班儿童采取接受学习，实验结束后，比较两班儿童，这种差异是由不同的学习方式造成的，还是由于原来实验班儿童的发散思维就好于对比班儿童呢？说不清楚，所以，在选取被试时，特别要考虑两个班学生水平要一致。

(二) 常用的随机取样的方法

1. 简单随机取样

按随机原则直接从总体 N 个单位中，抽取出几个单位作为样本。它保证总体的每个对象有同等的被抽取到的可能性，并要求它们之间都是独立的。其具体的抽象方式有两种：一是抽签，二是利用随机数字表。

2. 等距抽样

其要求先将总体中的个体按照空间、时间或某些与研究无关的特征排列起来，然后等间隔地从中抽取样本。抽样的间隔是总体人数除以要选取的样本数所得的商。其实施步骤：取得总体样本并排队编号；计算抽样的间隔距离；在抽样距离间隔数中，随机抽取一个样本单位；按照间隔数依次抽取其他样本单位。在研究总体的数量较多时可以采用这种抽样方法。如样本总体有 1200 人，需要从中选取 60 人作为样本进行研究，计算得到抽样的间距为 20。研究者可以随机选取第一样本单位（如编号为 5 的个体），之后就可以每隔 20 个人依次选出其余的样本单位，从而产生研究样本。

3. 分层抽样

研究者根据已有的某种标准（与研究目的有关的），将研究的总体分为若干类，每类称为一层，然后根据每层群体数与总体数之比率，确定从各层中抽取的样本数。分层抽样也叫分类抽样，适用于总体量大而且其差异程度较大的情况。如在"幼儿使用点读笔自主阅读与传统伴读效果比较研究"中，研究者可以根据幼儿的性别进行分层抽样。即先将幼儿分为男、女两类并分别进行编号，从两个类中随机选取人数相同的被试，然后还可以随机将等量的男生、女生分配到不同的组内，接受实验的处理。

4. 多段随机取样

先将研究总体各单位按一定标准分为若干群，作为抽样的第一级单位，然后再按一定标准将第一级单位分成若干子群，作为抽样的第二级单位，如此类推，在各级单位中依照随机原则抽取样本。简言之，就是将从总体中抽取样本的过程分成两个或两个以上阶段的抽样方法。

三、实验研究设计的种类

实验设计中主要考虑被试、变量的操作与控制和因变量的测量这三个方面的确定和安排。由于这三个方面采用的方式方法不同，形成了不同的实验设计类型。为了方便阐述，在介绍几种常用的设计实验类型之前，先对设计中所涉及的关键因素及名词进行简单的介绍。

被试、自变量的处理、因变量的测量这三个主要的实验因素分别用字母符号来代替。

S：表示被试。

X：表示一种实验处理，是指操纵的实验变量。

—：表示无实验处理。

O：表示因变量。

G：表示实验组、控制组。

R：表示随机抽取被试或随机分组。

实验组是指进行实验处理的组。控制组是指不进行实验处理的组。实验组和控制组用 G 表示。

O_1：代表前测，指在实验处理之前对被试进行的测量或测验。

O_2：代表后测，指在实验处理之后对被试进行的测量或测验。

（一）前实验设计

1. 单组后测设计

单组后测设计是指实验只有一个非随机选择被试组，对其进行一次实验处理，然后对因变量进行测量，用测量的成绩来描述实验处理效应。该设计模式表示为：

S　X　O

实例："开展小学托管班的可能性"研究中，从某市各区的小学生中各随机抽取 5 所小学。每天放学后对学生进行托管，托管时间为每天 1～2 小时，托管形式多样，为期一个学期（X）。托管结束对学生、家长及教师进行问卷调查，了解托管后学生在作业完成情况、业余活动、学习成绩等方面的变化，以及家长工作时间安排与子女学习活动等，得出结论开展小学托管班是可行的（O）。

这是比较粗糙的一种设计方法，有许多无关因素对实验效果的影响可能无法排除，实验内在效度低，但是有一定现实意义，初步探索尝试了小学托管活动的可行性。当然该研究缺乏对照组和前测比较，很难充分说明自变量与因变量之间的关系。

2. 单组前后测设计

单组前后测设计是指实验中只有一组非随机选择的被试，无对照组，只给予一次实验处理，有前测和后测，用前后测的差异来作为实验处理效应。该设计模式可以表示为：

$$S \quad (O_1 \quad X \quad O_2)$$

实例："范文在习作练习中的作用"实验研究中，选取自己的一个教学班学生为被试，无范文模仿条件下测试学生的作文成绩（O_1），然后给学生提供模仿范文，让学生独立阅读、分析、理解范文，接着进行模仿（X），进行四周的范文模仿训练，之后对学生进行独立作文成绩测验（段落层次、用词用句、内容、写作手法等方面）（O_2），比较前后测的成绩差异，说明范文模仿对学生作文成绩的影响。

这一模式较单组后测设计完善了一些，在实验处理之前增加了一次前测，通过前后测比较来说明因果关系。但是它不能说明前后测的差异只是来自自变量的影响，本设计没有控制组，不能控制历史、成熟及统计回归的影响。

3. 固定组比较设计

在这种设计中，有一个组为控制组，一个组为实验组。在实验中对实验组施以自变量，控制组则作为比较组存在。实验结束后对各组进行后测，根据实验组与控制组因变量的差异，得出实验的结论。其设计模式表示为：

$$G_1: \quad X \quad O_1$$
$$G_2: \quad — \quad O_2$$

实例："利用心理辅导设备开展心理健康课对小学生心理健康水平的影响"研究中，选择北京市东城区一所小学作为被试学校，从各个年级中抽取两个班级学生作为实验组（G_1），其余班级作为控制组（G_2）。对实验组的学生实施自变量，每周使用配置的心理辅导设备上一节心理活动课，为期一学期，一次课时 40 分钟，共 32 课时（X）。课程结束后，对实验组和控制组学生进行心理健康水平测试，比较实验组和控制组学生心理健康水平的差异，得出结论：利用心理辅导设备开展心理健康课可以提高小学生心理健康水平。

这种设计由于控制组的设置，使历史、测量工具和统计回归等因素的影响都得到了控制，但是，实验组和控制组被试的选取和分配不是随机的，而且没有前测，这样就导致了实验组与控制组后测结果的差异不能肯定地归因于实验处理。不难看出，这种实验设计已开始对无关变量采取控制措施，但未达到能够正确地作为结论的程度。

（二）真实验设计

1. 等组实验设计

（1）等组实验设计概念　等组实验设计是常用的一种教育实验形式。向两个以上条件相等或基本相同的实验对象，同时分别施加两个以上不同的实验因子，然后测量各组对象所发生的变化，将各组变化进行比较，以确定实验因子的效果。

（2）等组实验设计的类型

① 仅有后测的等组实验设计。仅有后测的等组实验设计是先对被试进行等组，然后对实验组进行实验处理，控制组不进行实验处理，实验组进行实验处理之后，同时对实验组和控制组进行测验，比较两组的测量结果，说明实验处理（自变量操纵）的效果。其基本的设计模式表示为：

$$G_1 \quad X \quad O_1$$
$$M$$
$$G_2 \quad - \quad O_2$$

实例："快速阅读训练对学生阅读效果影响"研究中，随机抽取被试学生分为实验组和控制组，对实验组学生进行快速阅读训练（实验处理），而对照组不进行干预处理，之后对两组同时进行测验，比较测验的结果。

② 前后测的等组实验设计。前后测的等组实验设计对等组的实验组与控制组分别进行前测与后测，但是控制组不进行任何干预，然后比较两组前后测差异的大小。该设计模式表示为：

$$G_1 \quad O_1 \quad X \quad O_2$$
$$M$$
$$G_2 \quad O_3 \quad - \quad O_4$$

本实验设计的可取之处是应用了前测，可以检验随机分组是否存在差异或误差，实现真实意义上的等组及可比。然而增加前测，可能导致练习效应，对结果产生影响，实验研究的内在效度低。前测后测设计的研究结果的统计分析，可以先比较实验组与控制组的前测（$O_3 - O_1$），如果二者基本相等，就可以比较后测（$O_4 - O_2$）；反之，如果二者不相等，就要比较实验组和控制组前后测的变化，即

$O_2 - O_1$ 与 $O_4 - O_3$ 的比较。

2. 所罗门四组设计

所罗门四组设计，也称为多重处理设计，指有三个或三个以上被试组时的实验设计。所罗门四组设计是前后测等组设计和后测等组设计的综合体，其目的是克服前后测等组设计中的前测效应，能够将前测效应从中分离出来，增进实验内在效度的设计方式。这种设计共有四个组：两个控制组、两个实验组。实验组和控制组各有一组接受前测，四组都接受后测。

该设计模式表达为：

$$RG_1 \quad O_1 \quad X \quad O_2$$
$$RG_2 \quad O_3 \quad - \quad O_4$$
$$RG_3 \quad X \quad O_5$$
$$RG_4 \quad - \quad O_6$$

该实验效果的测定主要是对后测结果进行分析。如果 O_2 显著大于 O_4，且 O_5 显著大于 O_6，则便有足够证据说明实验处理的效果。因为无论是否有前测，经实验处理后的观测值总是显著大于未经处理者。

本设计的主要缺点是在实际情境中难以执行。因为同时执行两种实验，需耗费较多的时间、精力和经费；要使两实验具有等质的被试也较困难。因此，这种设计通常用于较高层次的假设检验和研究，而在一般的论文研究中较少使用。

（三）准实验设计

1. 非对等组前后测设计

在这种设计中，至少有两个实验组，其中一个为控制组，一般在原有环境下自然教学班、年级、学校中进行，不是随机取样分组，因此控制组与实验组不等。实验前对各组进行测试，测试的结果作为前测成绩，实验结束后，再进行后测，通过各组后测成绩与前测成绩的差，判断自变量对因变量的作用效果如何。其基本模式为：

$$G_1 \quad O_1 \quad X \quad O_2$$

$$G_2 \quad O_3 \quad - \quad O_4$$

2. 轮组设计

轮组设计也叫循环设计，把各实验变量（不管是几个）轮换施行于各组（各组不必均等），然后根据每个实验变量所发生变化的总和来决定实验结果。

其设计的基本模式表示：

$$G_1 \quad O_1 \quad X_1 \quad O_2 \quad X_2 \quad\quad O_3$$
$$G_2 \quad O_4 \quad X_2 \quad O_5 \quad X_1 \quad\quad O_6$$

在实验中，往往由于前一个实验处理，影响后一个实验处理的效果；而本设计的作用在于提供对实验顺序的控制，使实验条件均衡，抵消由于实验处理先后顺序的影响而产生的顺序误差。为了消除顺序效应，有几个实验因子（实验处理），实验组就应该有几个。另外根据实验的需要，实验组和实验处理可以增加。采用该研究设计需要特别注意的是每个实验处理都要在每个组实行，而且实行的顺序安排不同。

轮组设计的优点有：不需要设立等组，弥补了等组实验中难以配置等组的不足。另外，主要无关因子对反应变量的影响在对调轮换过程中相互抵消了，设计中各因子的实验次数增多，增加了研究结果的可靠性。

轮组设计的缺点是：两组实验对象分别进行实验处理，实验时间延长了一倍，花费的人力、物力也相应增加了一倍，比较麻烦。每个因子要有多次处理，工作量增加，实验周期延长。另外，要准备两套难度相同的测试题，同样较难做到。

轮组实验统计方法有：

① 实验因子 X_1 的结果（$O_1 + O_4$）与实验因子 X_2 的结果（$O_2 + O_3$）进行效果比较，如图 6-1 所示。

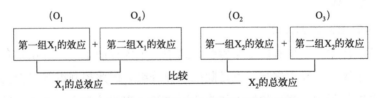

图 6-1 两个实验因子的结果进行效果比较

② 对每一轮实验因子的结果进行比较，如：第一轮的 O_1 与 O_3，第二轮的 O_3 与 O_4，经过比较如果发现 $O_1 > O_3$，$O_4 > O_2$，则说明经过 X_1 这一实验处理的效应比 X_2 这一实验处理的效应好。反之说明经过 X_2 这一实验处理的效应比 X_1 这一实验处理的效应好。譬如，某数学老师试图比较学生学习新课时使用两种方法的效果，于是在所教的同年级两个班（一班、二班）进行比较实验。第一个月，一班采用讲授法，二班采用讨论法，第二月两个班转换教学方法，一班采用讨论法，二班采用讲授法，在每个月结束时测试学习成绩。统计分析：比较各班使用不同方法的学业成绩，即计算两个班用同一方法所得成绩的平均分，进行差异检验。哪种教学

的总成绩高于另一种，即表明其教学效果好。

（四）多因素设计

在前面介绍的真实验和准实验设计中，除了混合设计以外，自变量大都是单一的。但在真实的社会生活中，心理、教育科学所研究的变量是繁多而且是相互影响的，如果只将其中一种因素或变量作为自变量，而把其他因素作为无关变量加以控制，虽然有助于揭示该自变量与因变量的关系如何，但还不能达到对因变量变化原因的真实揭示。如果在实验设计中设置多个自变量，其研究结果可能更接近真实情况，研究的外部效度会有更进一步的提高。

1. 多因素设计的概念

多因素设计简称因素设计，是指实验中包含两个或两个以上自变量（因素）的实验设计。根据实验因子的数量，有两因素设计、三因素设计，以此类推。

2. 多因素设计的模式类型

多因素实验设计的模式类型可根据自变量的个数即每个自变量所包含的层次数分为以下几种：

（1）简单的两因素实验设计（2×2 模式）　多因素设计至少有 2 个自变量（实验因子），每个自变量有两个或两个以上水平，模式如 $p \times q$。这种只有两个自变量，每个自变量有两种水平的设计，叫 2×2 因素设计。其中阿拉伯数字的个数为自变量的数目，数字值代表每个自变量的水平。由于其实验因子的数量是 2 个，具体可以称为两因素设计。当然根据实验因子的数量，除了两因素设计外，还有三因素设计、四因素设计，以此类推。

从图 6-2 可见，2×2 因素实验设计中有四种不同的实验处理，通过对比分析可揭示变量间的关系。该设计可以解决两个最基本的问题：自变量的主效应和交互作用。

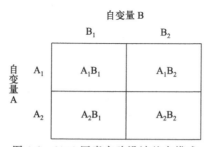

图 6-2　2×2 因素实验设计基本模式

实例 1：实验研究问题是"汉字的频率和声旁规则性对读者阅读速度的影响"。该实验中便有两个自变量——汉字频率（X_1）与声旁规则（X_2）；各含两个水平——X$_1$（高频、低频），X$_2$（规则、不规则）。该实验模拟设计构思及结果见表 6-1。

表 6-1　2×2 因素设计

X$_2$＼X$_1$	规则	不规则
高频	490ms	510ms
低频	535ms	584ms

根据变量及水平数，该实验应有四组（2×2）被试，也就是说，把接受声旁规则处理水平的被试和接受声旁不规则处理水平的被试分别随机分配至高频、低频两种汉字频率实验处理之中，使他们各有一半人经历其中一种方法。表 6-1 中间的四个格子内是这四组被试经实验处理后对阅读 40 个汉字平均反应时的平均数。为了便于说明问题，这些数字均为假定的数值。

（2）简单的三因素实验设计（2×2×2 模式）　三因素实验设计中包括三个自变量，最简单的三因素实验设计是 2×2×2 因素设计。三因素设计的方差分析比两因素更为复杂。三因素设计中自变量间交互作用造成的变异有四个方面，三种来自两两自变量间的相互作用，一种来自三个自变量间的交互作用。

实例 2：教师态度、指导方式、幼儿年龄对幼儿坚持性影响的实验研究。

具体的实验处理安排如表 6-2。

表 6-2　2×2×2 因素设计

自变量 1	自变量 2	自变量 3	
		幼儿的年龄	
教师态度	指导方式	中班(平均年龄 5 岁 3 个月)	大班(平均年龄 6 岁 5 个月)
积极态度	一次指导	积极态度、一次指导的中班	积极态度、一次指导的大班
	多次指导	积极态度、多次指导的中班	积极态度、多次指导的大班
消极态度	一次指导	消极态度、一次指导的中班	消极态度、一次指导的大班
	多次指导	消极态度、多次指导的中班	消极态度、多次指导的大班

还有更为复杂的多因素实验设计，以上所介绍的也是我们最经常采用的多因素实验设计。总之，变量越多，每个变量所分的层次越多，研究设计就越复杂。此类复杂设计的数据处理往往需要用计算机程序进行。

四、实验注意事项

（一）成熟的假设

应事先考虑好实验设计的模式，作出简单的图示，以便理清思路。实验研究的详细方案是整个实验研究过程中极其关键的部分，应当特别重视，要多花些时间精力把方案考虑周密。

（二）测量工具的有效性

实验中总要涉及对某些因变量的测量，以表示实验条件的作用和效果。所用的测查工具应能代表该实验条件的真实效应。如果实验处理旨在提高儿童的社会交往能力，那么测查的内容也就应当反映儿童社会交往能力的水平。在有重复测量的实验中，测查内容与难度应高度一致。

（三）要考虑生态效度问题

如果实验情境与被试所处的实际情境之间的一致程度较高，那么实验结果就更可能说明被试在真实情况下的反应。有时，实验室条件或高度人工控制的实验场所，与儿童所生活的自然环境有着较大的差别，这时，实验研究的生态效度便很差。这是实验法运用中的局限性之一。近年来很多研究者注意采用在儿童自然环境中进行的自然实验法来研究儿童行为，便是提高生态效度的一种有效措施。

（四）施行预备实验

即用少量被试进行初步探索性研究，目的在于初步检验实验步骤是否现实可行，是否可能出现某些问题，变量数值范围的设定是否恰当等，就好比是正式演出之前要先预演一下一样。经过预备实验，可及时发现一些问题，以便及时修订方案，免得在正式实验开始后发现问题，难以改善与弥补。

五、实验设计的一般步骤

完整的实验设计就是在提出问题和理论假设的基础上，对研究对象、内容、研究过程中采用的方法、程序及统计方法的选择等方面做出详细有序的规划和方案。鉴于前面对实验设计的具体方面做了详细介绍，在此仅作设计步骤的一般介绍。

① 提出研究假设。

② 确定实验处理：明确要操纵的自变量，自变量的处理水平，实验组与控制组。

③ 研究对象（被试）的确定：明确研究的总体、样本及其大小、实验的单位，选择抽样的方法。

④ 确定因变量及适当的因变量的测量方式及工具。

⑤ 确定实验中的无关变量，选择控制的方法，设计无关变量的控制过程，对无关变量的控制程度的检测。

⑥ 选择适合的研究设计模式。

⑦ 明确实验结果的统计方式及统计假设。

🔖 思考与练习

1. 名词解释

实验法、自变量、因变量、无关变量、操作性定义

2. 问答题

(1) 实验法的特点有哪些？实验法的局限性有哪些？

(2) 列举影响教育实验内在效度的主要因素。

(3) 实验设计的原则有哪些？

(4) 简述实验设计的具体步骤。

🔖 实践与训练

1. 查找一个关于教育类的实验研究报告，运用实验法的相关知识，判断其实验研究类型，分析其实验中涉及的各种变量，并从实验设计的角度评价该实验的效度。

2. 根据某个教育主题，撰写一份实验设计方案。

第七章
教育个案研究法

【知识目标】

1. 掌握教育个案研究法的概念及价值。

2. 了解教育个案研究法的原则和具体方法。

3. 掌握教育个案研究法的实施程序。

4. 了解教育个案研究法如何解决教育问题。

【任务目标】

根据某一教育现象或个人，结合本章所学，能够根据教育个案研究法的原理及方法，设计个案法的实施程序，解决教育问题。

⬚→ 问题导入

学龄儿童辍学问题一直是我国社会各界关注的焦点话题。已有研究多从辍学数量、辍学原因以及可以采取的对策进行统计分析。虽然有的调查使用了座谈的形式，其报告名为"案例分析"和"典型调查"，但这些报告仍旧使用的是定量研究的框架，从研究者的角度对辍学问题进行了因素分析和预测。定量的方法对于宏观层面上了解辍学现象很有帮助，可是不能在微观层面进行深入细致的描述和分析。现有的研究多停留在思考和呼吁的层次，没有对辍学的具体情况和过程进行探讨。因此，对辍学现象进行更为深入细致的解释性个案调查研究是十分必要的。通过目的性抽象，选择个案，然后进行资料收集。收集资料的方法可以采用开放式访谈、非正式交谈和现场观察等，最终形成定性研究报告。定性研究使用的是目的性抽样，其研究结果不能像定量研究那样可以推广到从中抽样的人群。但是，定性研究的目的是使有类似经历的人通过认同而达到推广，使其他有类似经历的人读到这个报告的时候可以得到一些启迪和共鸣。

第一节　教育个案研究法概述

一、教育个案研究法的概念

个案研究作为一种科学方法常被各领域的研究专家所采用。个案研究原创于1870年美国哈佛大学法学院，当时是作为训练学生思考法律的原理和原则的一种方法。其后又被用于医学领域。各领域专家在应用个案研究法时各有侧重。教育学家和心理学家采用个案研究较迟，最初主要是作为一种辅助性研究方法，用于个别儿童成长的记录。在基础教育领域，随着素质教育的深入，重视在教育教学中充分发挥学生的主体地位，重视学生个别差异的认识越来越深入人心。早期的个案研究，主要应用于行为有问题的儿童，例如逃学、偷窃、学习问题、生活问题、社交问题。近年来，个案研究的范围已经逐渐地扩大了，它不但应用于行为有问题的学生，而且也应用于研究正常与资质优异的学生，使教师和家长对他们能够更充分地了解，给予适当的辅导，以增进学生身心的健康发展，促进学习进步，激发发展潜能。

在探讨个案研究的基本含义之前，首先需要明确个案的定义。个案通常又被称为案例，是一个封闭式系统，是研究的分析单位。具体到教育科学研究领域来说，这个对象既可以是一个人、一种课程、一个机构，一个班级，也可以是一个事件或一个过程等。教育个案研究法的研究对象可以是个人，也可以是个别团体或机构。前者如对一个或少数几个优生或差生进行个案分析，后者如对某个先进班级或学校进行个案研究。个案研究一般是对研究对象的一些典型特征作全面、深入的考察和分析，也就是所谓"解剖麻雀"的方法。

教育个案研究法就是对单一的研究对象进行深入而具体的研究的方法，即它是以单一的、典型的对象为具体研究对象，通过采用各种方法，收集有效、完整的资料，揭示研究对象发展变化的某些线索和特点，并提出相应的教育措施以促进它的发展。

二、教育个案研究法的特点

（一）研究对象的个别性与典型性

每个研究对象都有其独特的性质，研究者必须要深入了解研究的情境、事件、方案和现象以及背后呈现的意义。虽然个案研究的研究对象是个别的，但不是孤立的，因而对这些个别对象的研究必然在一定程度上反映其他个体和整体的某些特征和规律。个案研究的目的固然是了解和把握某个个体的具体情况，但也包括通过一个个案的研究，揭示出问题的普遍性。例如，瑞士著名的儿童心理学家皮亚杰通过对少数儿童进行个别谈话，揭示出儿童心理发展的普遍规律。需要注意的是，个案研究取样较少，研究结论代表性也较小，不宜机械地推广到一般中去，需要谨慎地思考和分析，以免犯个别代替一般的错误。

一般来说，作为研究对象的个案应该具有以下三个显著特征：第一，在某方面有显著的行为表现；第二，与这方面有关的某些测量评价指标与众不同；第三，教师、家长等主要关系人都有类似的印象和评价。比如对某学生创造能力发展的个案研究，可以看一下他是否经常有些小发明、小创造、小制作；在创造力测验上的得分是否高于常人；教师及家长等对这个学生在这方面的相关表现，诸如脑子活、常提怪问题等是否有较深刻的印象，能否举出一些具体事例等。

（二）研究内容的深入性和全面性

个案研究既可以研究个案的现在，也可以研究个案的过去，还可以追踪个案的未来发展。个案研究可以做静态的分析诊断，也可以做动态的调查或跟踪。由于个案研究的对象不多，所以研究时就有较为充裕的时间，进行透彻深入、全面系统的分析与研究。例如，对一个学习后进生的研究，往往需要从多方面加以考察，诸如学生学习的智力因素和非智力因素，原有的知识基础和学习方法，教师的教学和家长的辅导情况，还要进行前后左右的对照和比较，这样就可以对该生进行比较全面而深入的了解和认识。

（三）情境的自然性与互动的灵活性

个案研究可不拘时地，即可随时对研究对象做深入研究。个案研究一般都是在自然的情境下展开探讨，不会去改变外在的因素，研究者着重在一旁观看或参与其发生的过程，不添加任何外在的影响，对研究对象控制程度很低，重在自然状态下的表现。研究者参与到个案中，站在被研究者的立场上观察他们，探讨他们对事件的知觉过程，用他们的语言和概念与他们互动。

（四）研究方法的多元性与综合性

个案研究不是完全独立的研究方法。个案研究资料的搜集方法相当多元，为了搜集到更多的个案资料，从多角度把握研究对象的发展变化，就必须结合教育观察、问卷调查、访谈调查、教育实验、教育与心理测量、实物分析、整理查阅文件、档案记录等多种研究方法，综合行动研究法、叙事研究法等各种研究手段，以保证研究的科学性和有效性。例如：在对一超常儿童的个案研究中，测试智力需要运用测量法，了解其行为表现要用到观察法，了解其成长环境则需要调查法，必要时还可以做一些对照性的实验，这又涉及实验法。

（五）分析的精确性与科学性

对资料的分析在个案研究中占据着十分重要的地位。一项个案研究包括了有关该个案的大量资料，并以此代表整个现象，其资料搜集的范围甚广，包括过去的资料和目前的资料。这样一来，搜集到的资料显得非常繁杂琐碎，因此必须精细分析，方能找到问题的真正所在。每一个个案都有其独特的背景，个案的问题是长期形成的，因此，分析个案问题需考虑许多变项，不只探讨目前存在的问题，也要探讨目前问题的来龙去脉。

三、教育个案研究法的类型

根据不同的标准，个案研究有多种划分类型，以下是常见的几种分类方式。

（一）按使用的研究方法分类

个案研究是按研究对象的选择划分的一种研究类型，而调查研究、实验研究、行动研究是按研究方法划分的研究类型。由于划分的标准不一样，所以，随着使用的方法不同，个案研究就有个案调查研究、个案实验研究、个案行动研究等。

（二）按研究时间长短分类

① 即时性个案：在教育教学活动中偶然发生的情景。

② 阶段性个案：几个月、一学期甚至是几个学期的跟踪观察、记录。

③ 长效性个案：基于阶段性个案的一些特殊案例，从时间上看，它往往需要几年甚至几十年，从中得出的也往往是一些具有特殊意义的做法或经验。

（三）按研究的内容分类

① 诊断性个案研究，是指对个案的心理现状作出判断，主要用于考察个案的问题行为及心理异常现象。

② 指导性个案研究，是在教育教学实践中，研究如何采取适应教育改革需要的教育观念和教学行为，将研究成果推广到实践中。

（四）按研究目的的不同分类

① 探索性个案研究，研究目的主要是作为其他研究或研究问题的向导，着重于对问题的界定，或是决定研究步骤的可行性，它与处理"是什么"的问题有关。

② 描述性个案研究，研究目的是对研究现象的脉络进行详尽的、完整的叙述性说明或描述，它与处理"谁""何处"的问题有关。

③ 解释性个案研究，研究目的主要是针对研究资料，进行因果关系的确认与

解释，它与处理"如何""为何"的问题有关。

（五）按照研究对象数量分类

① 单一个案研究，是指在整个研究过程中，研究者主要针对一个个体、家庭、团体或社区，进行与研究有关资料收集的工作。

② 多重个案研究，是指在整个研究过程中，研究者同时针对两个或两个以上的个案进行与研究有关资料收集的工作。

四、教育个案研究法的价值

每位教师在其教育生涯中总会遇到诸如学生中途退学、学习障碍、道德不良、违法犯罪等难题。面对这些难题，采用常规的教育教学方式往往难以奏效。这就需要教师采用个案研究的方法对其进行深入、细致、全面、长期的调查，寻找问题根源所在，为其提供正确的辅导策略，帮助学生解决问题。这种研究在帮助学生解决问题，促进学生发展的同时，对于教师自身的发展也不无益处。教育个案研究法的价值具体表现在以下几个方面。

（一）适用于典型意义的人和事

教育个案研究适用于典型意义的人和事的研究，如对班级中优差两头学生的研究，对个别品德不良学生的研究，对某个学生采取特殊教育的追踪研究等。

（二）适用于对那些不能预测、控制，或者由于道德原因不能人为重复进行的事例的研究

如对某个学生犯罪过程与原因的研究。教育活动中的个别事物或现象不但表现出自己的特殊性，也反映了该类事物的普遍性，因此，通过搜集与分析丰富而典型的教育个案资料，明确其性质，有利于认识该类事物的本质和规律，从而促进教育科学的发展。如普莱尔对自己孩子的发展，用日记法进行详细的观察和记录。

（三）适合教师的研究

在一定意义上，每个教师都应该是一名教育科学研究者，但由于教师主要时间和精力还是放在教学和教育工作上，开展大规模的教育调查和严格控制的实验，往往有一定的困难。个案研究因其研究对象较少、研究规模较小、一般都在没有控制的自然状态中进行等特点，使教师有条件对个案的方方面面进行细致的研究。教师可以抓住个别典型的学生、教学行为、教学事件，结合教育、教学工作实践进行研究。对于每一个教师来说，总可以随时随处找到自己感兴趣的研究对象，而且也不需要什么特殊的处理，不影响正常的教育教学活动。个案研究的这些实践性和便于操作的特点，能够增加一线教师从事研究的主动性和自信心。个案研究能够促进教

师进行自我反思，促使教师对所遇到的问题进行不断的思考，在总结经验和教训的基础上，归纳出具有教育规律性的东西，从而深化对教育理论的理解。

（四）个案研究是因材施教的基础，具有实践意义

个案涉及的人与事较少，教师有条件对个案的各个方面进行细致的研究，便于掌握个案的全面情况。同时，个案研究可以对少数个案进行几年甚至更长时间的追踪研究，便于掌握个案的动态发展。只有在对个案进行全面了解的基础上，提出有针对性的措施，才能真正做到因材施教。例如，对于基础较好、能力较强的学生进行个别辅导，提出更高、更难的要求。

五、教育个案研究法的优点及局限性

（一）个案研究法的优点

1. 用事件和情境本身来说话，而非研究者对其解释、评价或判断

个案研究拥有许多吸引教育科学研究者的优点，个案研究资料具有极强的"真实性"，这是一个很显著的特点。个案研究试图描绘某一特定情境"是怎么样的"，试图对当事人关于某一情境的生活经验、观点和感受进行近景特写和"深描"。个案研究常常运用各种资料，在真实生活背景中研究某一个案或现象，这种研究是描述性的，关注面窄，极其详尽，且结合了主观资料和客观资料。在这方面，个案研究类似于电视纪录片。但这并不等于说，个案研究不系统或者只是说明式的。实际上个案研究的资料收集非常系统和严格。做个案研究要避免以下做法：个案研究不是新闻报道，更不能为强调个案中一些相对显著的特点而歪曲整个报道；个案研究不是奇闻轶事，不能堕落到以一系列没完没了、平庸乏味的低水平例证取代深入的严格分析，不能因过度强调细枝末节而损害到研究整个情境；个案研究不能只选择能够支持某一特定结论的论据而导致对整个个案的表述不当。

2. 理论与实际有机结合

由于提供了细致的详细资料，个案研究还能够使其他粗线条的研究类型更为完善。个案研究提供了关于真实情境中的真实人物的独特例子，比仅仅呈现一些抽象的理论或原则更能使读者清晰理解其观点。而且，个案研究还能使人们了解观点和抽象原则之间如何相互协调、配合。从这个意义来说，个案研究能使理论与实际相结合。因而，个案研究不能只是毫无疑义地接受当事人的观点，或者只包括个案研究中人们都同意的方面，排除存有争议的内容；不能力图从低水平的资料中推论或形成高深的理论，或者用夸张的措辞来掩饰报告。

3. 个案研究呈现或评价资料的方式比其他类型的研究报告更容易被公众理解

从一定程度上来说，这个优点是以资料的冗长为代价而得来的。个案研究的语

言和表现方式比传统的研究报告更浅显易懂，更少借助于专业化的解释途径。个案研究能够满足多种读者的需求，减轻读者对未说明的隐含假设的依赖程度，使研究过程本身更易于理解和操作。因此，个案研究可以促进决策制定的民主化。最佳的个案研究，甚至可以由读者自己得出研究的结论。

（二）教育个案研究法的局限性

尽管个案研究有适合教师使用的诸多优点，但它也有明显的局限性。主要表现在以下几个方面：

1. 个案研究结论的可推广度值得考虑

个案研究常常缺乏严格控制，其处理也很少得到系统控制，在它们进行实际运用时，几乎不控制随机变量。这可能导致难以从个案研究中推断并得出因果结论，除非其他读者或者研究者理解如何运用其成果。此外，由于每个个案都有独特性，研究者虽然花费了许多时间、精力，所得到的研究结果即使是颇有成效的，也不适合推论到其他个案，想要得到广泛适用的结论，需要综合归纳多种个案，才能得出一般性的规律。因此，个案研究的推广应用性可能会受到限制。

2. 个案研究可能具有偏见、个人性和主观性

个案研究虽试图解释反身性，但容易出现观察者的偏见问题。一是研究者先入为主的观念，二是选择符合研究者预期结果的个案。某些个案研究中的实际参与者既是当事人又是观察者，这种身份会导致对个案的夸大或低估，加上研究人员自身的知识结构、能力等因素的影响，会导致产生偏见。因此，研究人员要经过专门的训练。另外，个案研究可能仅凭印象，当事人自我报告也可能存在偏见。

3. 个案研究的道德问题

个案研究中，研究者对个案的研究会涉及个案的一些隐私问题，而且对个案的描述如果过于详细，可能会暴露个案的身份，会给当事人带来一定的影响。因此研究者应该尽量避免对当事人或者团体的伤害。

第二节　教育个案研究法的原则与方法

教育个案研究法可以根据研究目的、对象、内容的不同，采用个案追踪法、追因法、临床法、产品分析法、教育会诊法等具体的方法。

一、教育个案研究法的原则

运用教育个案研究法应遵循以下基本原则。

(一) 客观性原则

客观性原则是指个案研究应该采取科学的方法和手段搜集客观事实，在大量客观事实和材料的基础上做出分析判断，而不能仅靠研究者的主观经验下结论。这需要通过长期的观察、访谈、任务分析、参与性活动等方法对个案进行全面评估，了解事件、活动或现象的特质。

(二) 全面性原则

全面性原则是指既要搜集与研究对象直接有关的事实和信息，也要广泛搜集可能的相关信息，不能仅根据一小部分事实和信息做出判断。只有这样，才能对搜集到的事实和材料进行全面综合分析，找出问题的关键。

(三) 综合性原则

教育个案研究法的综合性原则是指研究过程中的多方面因素的综合考虑，如在研究方法的运用上，个案研究常常需要运用调查法、测量法、文献法、产品分析法等具体研究方法进行综合性研究；在研究涉及的材料方面，常常需要搜集研究对象各方面的材料，进行全方位的研究；在对材料的分析上，往往需要定性分析与定量分析的综合运用；对个案的诊断也需要对身心问题及各种影响因素进行综合考虑。

(四) 灵活性原则

教育个案研究法的情境、对象、程序和方法等都会随着研究的不同而产生很大的差异。因此，个案研究者要灵活处理研究中出现的各种变化，对于不同的问题、不同的研究阶段及不同的对象，要根据研究需要和进展，调整研究进程和研究内容，选择或变换更为恰当的研究方法，也可根据研究的需要对研究进程作适当的调整，体现出主动、灵活的特点。

(五) 谨慎性原则

由于教育个案研究法是在真实的情境中针对具体的研究对象进行的，涉及研究情境的多样性和变化性，涉及个案成长的累积性和个别性，涉及研究者与研究对象间沟通的顺畅程度，以及意义表达与理解的真实程度。因此，研究者在与研究对象建立起相互尊重、信任与合作关系的基础上，要注意观察的方法和询问的技巧，要注意捕捉个案成长变化的细节，要注意分析的严谨与细腻，这些都要求个案研究必须坚持谨慎性原则。

(六) 伦理性原则

和许多质化研究一样，教育个案研究者一般要进入被研究对象的私人空间才能搜集到有价值的材料，但与此同时，被研究对象却可能面临尴尬、曝光、个人自尊受损等风险。因此，教育个案研究法会涉及各种各样的伦理问题，不同研究阶段所涉及的问题层次也会有不同的偏重。进入研究场所阶段，取得正式的同意以进行研究是主要的任务。资料搜集阶段，进行观察、访谈和文件采集时，主要的伦理议题在于与被研究对象建立互信的关系。资料分析和诠释，应公正地反映不同的观点和意见。研究报告的撰写要能公开及公正地呈现利益冲突的议题，并保护个人的隐私。

二、教育个案研究的具体方法

（一）追踪法

1. 追踪法的定义

个案追踪法就是在一个较长时间内连续追踪研究单个人或事，搜集各种资料，揭示其发展变化的情况和趋势的研究方法。追踪研究短则数月，长达数年或更长的时间。如我国著名教育家和心理学家陈鹤琴对他的长子进行了长达三年的追踪研究，逐日对其身心变化和各种刺激进行周密观察，并以日记和照片方式加以详细记载，最终据此撰写出《儿童心理之研究》。中国科学院心理研究所采用个案追踪的方法，对智能超常的儿童进行研究，证实了这些孩子绝大多数都受过优越的早期教育，遗传素质的差异只为他们的超常发展提供了可能，而优良的教育和环境影响则是使这种可能转化为现实最为重要的因素。这项研究为我国婴儿教育的发展与实践提供了科学依据。

2. 追踪法的适用范围

追踪法适用于以下三种情况的研究。

（1）探索发展的连续性　因为个案追踪法一般以相同的研究对象，做长期连续不断的研究，可对每个人或每件事自身的发展变化进行纵向比较，研究者可以从中了解其发展的连续性。

（2）探索发展的稳定性　个案追踪法可探索人的某些特质或某些教育现象在各个时期发展的稳定性情况。例如，研究智力测验分数的稳定性时，可以从幼儿时期开始测量，然后每隔一定时间再测量，直到青年时期为止。这样就可以看出个体的智商是否具有稳定性。

（3）探索早期教育对以后其他教育现象的影响　例如，研究者可以选择一些早期教育比较好的儿童，从小学一年级开始进行追踪研究，对他们的德智体方面发展情况进行全面的综合考查，从而探索他们多方面的发展与早期教育的关系。再如，对一些单亲家庭的儿童进行追踪研究，看看父母离异对儿童发展带来什么影响。

3. 追踪法的实施步骤

（1）确定追踪研究的课题　研究者首先要明确追踪研究的对象是什么，目的是什么。也就是说，追踪研究对象是个人还是团体或机构，要追踪研究对象的哪些方面，追踪旨在了解哪些情况等，研究者都需要心中有数。作为教师，在日常教学和教育工作中要善于发现某一方面具有典型特征的学生或事例作为追踪研究对象，并明确要对学生或事件的哪些方面进行了解。

（2）实施追踪研究　追踪研究一定要紧紧围绕课题确立的内容进行，要运用规定的手段搜集有关资料，不能让重要的信息遗漏，也不能被表面的现象迷惑。追踪研究需要较长的时间，研究者一定要持之以恒，不能半途而废。

（3）整理和分析搜集到的各种资料　对搜集到的各种个案资料，要进行细心的整理和分析，作出合理判断，揭示出个案发展变化的特征和规律。必要时还要继续追踪，继续研究。

（4）提出改进个案的建议　研究者要根据对个案追踪研究的结果，进一步提出改进个案的建议，指导和促进个案的发展，实施因材施教。

总之，个案追踪研究法是对相同的个案进行长期而连续性的研究，研究者能真实而直接地获得研究对象发展变化的第一手资料，能深入了解某个人或某一教育现象的发展情况，弄清发展过程中的个别差异现象。它对于研究青少年学生身心发展的顺序性、阶段性、成熟期、关键期，以及研究复杂教育现象的发展变化和某些教育现象之间前后发展的关系，某一教育理论的验证，某一教育措施的实施，某一新方法的探索等都具有重大意义。但追踪研究法也有明显的缺点。其一，它费时且难以实施。想获得问题的答案，往往需要一段相当长的时间，有时还需要较多人力和物力的支持。其二，由于时间长，各种无关因素都可能介入而影响研究结果。其三，还是由于时间太长，研究对象是否长期合作，以及研究对象是否会流失都是问题。

（二）追因法

1. 追因法的定义

实验法是先确立原因，然后根据原因去探究其产生的结果。追因法则是先见结果，然后根据发现的结果去追究其发生的原因。追因法正好是把实验法颠倒过来。例如，某学生的学习成绩突然下降，我们去追寻他成绩下降的原因，这就是追因法。在实际研究中究竟采用哪种方法须视客观情况而定。

2. 追因法的实施步骤

（1）确定结果和研究的问题　第一步工作是确立研究的问题，也就是说应先确定某一结果。如果对某一结果不够确定，那么在后面的研究中找出的原因也很难说是真实的。例如，某校某班级某学科的教学质量特别高、某学习后进生最近有较大变化，该生学科成绩提高很快等，这些都是已形成的事实，我们可以把为何会有这些变化确立为研究的问题。

（2）假设导致这一结果的可能原因　明确了事实发生后的结果，接着就要寻找导致这一结果可能的原因。这些原因最初是假设的，还没有经过验证。假设导致结果的原因应尽可能全面，只要合理就不怕数目多，对已成事实的各种原因之间的关系也要进行假设。这一步骤对于后面工作的开展具有决定性意义。

（3）设置比较对象　为了追寻导致结果的原因，研究者可以采取两种途径设置比较对象。一种是设置结果相同的若干比较对象，从中找出共同的因素，即前面假设的原因。另一种是设置结果相反的若干比较对象，找出相反的因素，从反面找出真正的原因。例如，我们研究某学生品德不良形成的原因，可以找出若干个品德不良学生，从中找出他们形成不良品德的共同原因；也可以找出几个品德优良学生与品德不良学生对比，探究二者成长过程中的不同之处，从而找到学生形成不良品德的真实原因。

（4）查阅有关资料进行对比　研究者可以从研究对象的有关资料中查看是否具有前面假设的原因。这一步骤非常重要，要做得特别细致，因为教育现象是复杂的，导致某项结果的原因往往是多方面的。对这些可能的原因又不能等量齐观，它们所产生的作用在程度上有差别。而且，有时在单个考虑每一个原因的情况下，原因所表现的作用是一回事；而在把几个原因综合地加以考虑的情况下，这些原因所形成的综合作用就会是另一回事。这种综合作用可能要比原来的两个或两个以上原因单独的力量之和大得多。这时就可以看出，在深入研究一些复杂的教育现象的过程中，有时还需要找出原因之间的关系。

（5）检验　找出的原因尚有待于进一步检验。最好的检验办法是看有同样原因存在的其他许多事例中是否有同样的结果发生。如果没有的话，这个假定仍然不成立。如果有的话，二者因果关系的信度就大了。经过初步检验，就可能把那些假的原因淘汰掉，而导致此项结果的某个或某几个真正的原因就可以呈现出来。这时为了慎重起见，还可以多举一些事例反复验证。最后，为了进一步验证得出的结论，还可把这一结论当作假设，有计划地组织新的实验。这样把追因法和实验法结合起来研究，所得结论的可靠性与学术价值就更大了。

（三）临床法

1. 临床法的定义

临床法与访谈法极为相似，是研究者通过研究被试对一个问题、一件工作或一个刺激的反应来验证假设的一种方法。临床法往往通过谈话的形式进行，故又称临床谈话法。

2. 临床法的适用范围

临床法既适用于陷入困境的儿童的研究，也适用于正常儿童的研究。前者旨在解决个案的问题；后者旨在由个案发现儿童发展的一般规律。临床谈话法的方式可以是口头谈话，即面对面交谈；也可以是书面谈话，即问卷谈话。口头谈话是会谈双方的一种互动过程，特别是教师对学生的谈话。教师一定要首先解除学生的紧张、焦虑、防御、冷淡的心理，要创造轻松自如的谈话气氛。教师要以平等的身份参与谈话，不能居高临下，咄咄逼人。谈话过程不能是教师问一句，学生答一句，要变学生的被动应答为主动回答。同时，教师的提问要以封闭性和开放性问题交替询问。书面谈话一般按问卷要求的程序进行，教师要向学生交代清楚完成问卷的具体要求和注意事项。对问卷的评分要严格按照标准，做到公正、客观。

3. 临床法的实施步骤

① 由教师、父母或学生本人提出具体的行为问题或学习问题需要他人帮助，然后观察该问题行为或问题现象。

② 根据学生的学习成绩、教育测量情况、同伴评价、家庭情况以及该生在各种环境中的表现，明确当前的情况。

③ 根据这个学生的发展史、学校记录和家庭历史等材料，了解其历史，找出行为的一贯性。如了解学生的问题行为是在所有情境中发生，还是只在一定的情境中发生。找出行为的模式，找出可能的动机，即使行为前后有所不一致，也可能是一种有意义的模式。

④ 根据可能的假设设置处理方案。

⑤ 根据初步处理的结果判别假设是否正确，是否需要修改或者必须完全推翻。

⑥ 为了提高研究的科学性，一般宜用实验法再加以检验。

（四）产品分析法

1. 产品分析法的定义

产品分析法又称活动产品分析法、作品分析法，它是对研究对象活动的产品进行分析的一种个案研究方法。

2. 产品分析法的适用范围

在教育科学研究中，通过分析教育活动产品既可了解学生的能力、倾向、技能、熟练程度、情感状态和知识范围等，也可以了解教师的工作方法，可以看出教师的教学是否达到了预期的目标等，还可以了解一个学校的教学质量和教育方针政策的贯彻情况等。运用产品分析法时，不仅要研究人的活动产品，而且要研究产品制造过程本身及有关的各种心理活动状况。例如，我们对儿童绘画作品的研究，可以反映出儿童的许多心理特征。儿童的绘画可以反映他们的知觉特征和对所绘物体形成的表象特征。通过儿童的绘画还可以在一定程度上判断其智力水平。研究表明，智力落后的学龄儿童所画的图画，其内容通常是原始的，而且惊人地千篇一律。在儿童的绘画中，还鲜明地表现出儿童对周围环境的态度，他们的态度既影响主题的选择，也影响绘画方式，特别会影响对物体和人物的着色，儿童往往把坏人和动物涂上黑色。

在教育科学研究中，通常可搜集下列产品为研究对象。

① 反映一个地区或一个学校教育工作情况的材料，以此进行教育机构个案研究。如各种有关方针政策的决定和指示、通告、工作计划、工作报告、报表、总结、会议记录、统计资料、规章制度、日志和信件等。

② 反映教师教育、教学工作情况的材料，以此对教师的教学工作进行研究。如教师的工作计划、教案、班主任日志、日记、教学工作总结、听课笔记、班会记录等。

③ 反映学生学习情况、知识水平、思想状况、心理状况等的材料，如日记、作文、书信、绘画、工艺作品、各种作业、实验报告、试卷、记分册等。

产品分析法作为一种个案研究法，通常是与实验法等结合使用的，如设置对照组观察儿童创造产品的过程，这样可以使研究过程和结论更加科学可靠。产品分析法的采用价值，取决于研究者能否在所搜集的材料中看出和把握生动的教育活动的精髓（如教师和学生的思想和行为等）；还取决于研究者有无深入分析的技能，能否从分析中作出有根据的结论。

（五）教育会诊法

1. 教育会诊法的定义

教育会诊法是指教师通过集体讨论，就某一学生的行为作出鉴定，并制订出矫正、改进和促进措施的一种个案研究方法。

2. 教育会诊法的适用范围

教育会诊法的适用范围比较广泛，不仅适用于发展方面存在问题的学生，而且适用于正常的学生。它通常针对的是学生的思想品质及学习方面的问题，而且研究者往往是教师，而不是专门的研究人员，因此，它具有简便性和集体性的特征，是一种深受广大教师喜欢的方法。

3. 教育会诊法的实施步骤

按照苏联著名教育家巴班斯基的研究，教育会诊通常包括以下六个环节。

① 明确会诊目的。

② 确定会诊参加者。

③ 由班主任和任课教师详细说明对某一学生的看法，并列举理由。

④ 组织集体讨论，广泛交换意见。

⑤ 为该生作出鉴定，提出有针对性的教育措施。

⑥ 根据学生的鉴定材料，教师对集体或个人的教育工作进行自我分析，加强自身修养，提高教育教学水平。

由于教育会诊法充分发挥了集体的力量，采纳了集体的智慧，因而所得结论具有较高的科学性，也是现阶段比较合理有效的一种个案研究方法。另外，会诊不仅可以提供有关学生思想、品德、行为、学习方面的比较客观的信息，而且会诊过程也是提高教师素质的过程。

第三节　教育个案研究法的实施程序

一、确定研究问题

无论什么样的研究，确定所要研究的问题和选择合适的对象是进行研究的起点。研究者在一开始就要准确地确定所要研究问题的本质是什么。一般来说，进行个案研究的问题应该满足三个条件：①问题要与当前在真实环境中发生的事件和行为有关；②我们对此类问题几乎没有控制能力；③该问题是"怎样"和"为什么"等解释性的问题。研究的问题可来自对理论的疑惑与追问、对相关文献的阅读反思，还可以是自己工作实践中遇到的具体问题。教师所涉及的个案研究问题许多都来自实践，如学习活动中学生的自信心问题研究、校本课程开发的可行性问题研究、教师专业发展的问题研究等。以教师专业发展的个案研究为例，研究的具体问题可进一步确定为：教师的专业发展阶段是什么；哪些因素导致了教师经历不同的发展道路；通过什么样的教师教育可以促进教师的专业发展，等等。

二、选择研究个案

确定了问题以后，个案研究一般采用目的性抽样的方法确定个案，即根据研究目的抽取那些能为研究提供最大信息量的样本。此外，研究者还要确定的一个问题是选择单一个案还是多个个案进行研究。通过对多个个案的研究所得出的结论比对一个个案研究得出的结论更有说服力，但开展多个个案研究需要投入大量的资源和时间，需要研究者根据研究问题与理论假设斟酌而定。以对校本课程实施有效性的研究为例，教师可以选择某一所学校为单独个案对其校本课程的实施状况进行深入细致的分析，假设要探究有效实施校本课程需要具备哪些条件，也可以选择三四个实施校本课程成功或不成功的学校进行研究。

确定在某一方面具有典型特征的人或事作为研究对象。如以超常儿童的个案作为研究对象来说明。如果是为了了解超常儿童的特点，帮助他们成才，探索超常儿童成才的规律，那就应该选择真正智商高、成绩出众的学生作为研究对象，这样才有典型意义，得出的结论对于培养超常儿童，促进他们的发展才有价值。如果选择智商一般、成绩平平的学生作为研究对象，由此得出的结论对于培养超常儿童来说是没有多少价值的。

确定研究对象一般要把握三条标准：

第一，根据已掌握的情况看研究对象是否有显著的行为表现。

第二，通过有关检测和测量，看测出的评价指标是否与众不同。如通过智力测验量表，看选择的超常儿童智商是多少，是否达到高智商的水平。

第三，向家长、教师及其他有关的人进行调查了解，看是否也有类似的评价和印象。

三、搜集个案资料和数据

客观、准确、详细地搜集有关个案的资料，对个案研究的有效进行和问题的最终解决起着至关重要的作用。

（一）个案搜集的资料内容

个案资料涉及的内容十分丰富，以个体个案研究为例，其内容主要包括以下几个方面。

1. 个案本身的资料

除了姓名、性别、年龄、出生年月、籍贯等外，还应该包括健康状况，如身高、体重、缺陷、各种机能、重症记录以及目前健康状况的总评。另外，收集学生历年的学习手册、鉴定、考试成绩、作业本，日记、周记等也很必要。

2. 学校记录

现在就读的学校、年级、班级，还应该包括过去的所有的成绩记录，能力、兴趣、人格等测验结果，操行评语，课外活动状况，所得的奖励，教师的评定，以及学生的判断等。

3. 家庭和社会背景

调查父母的教育程度、职业，家庭经济状况、居住地区的文化状况，父母的管教方式及对被研究者的态度，被研究者在家庭内所处的地位、与家人的情感状况、从事家庭活动与假话的程度，与亲友和邻居的情感、平时常交的朋友或法律记录等。

特别需要注意的是，虽然记录典型的、具有代表性的事通常都很有效，但研究者并没有必要始终坚持代表性标准。那种不常见、不具代表性但关键的小事情或大事件，对理解个案也很重要。如一个主体可能只表现了一次特殊行为，但该行为相当重要，不能仅仅因为只发生过一次就被排除出去，有时单一事件的发生，可能会对深入了解一个人或情境极为重要。又如，可能有一个心理学个案研究偶然发现，某一成人的早期生活中曾有受虐经历的单个实例，但这个实例的影响非常深远，从而成了理解该成人的关键点。某个孩子可能突然发表一句对某位老师十分失望或非常害怕的评论，而这句评论极其重要，不能被忽略。个案研究不一定非得要求事情频繁发生，可以用质量和强度代替数量，把重要的少量行为实例和不重要的很多行为实例区分开来。个案研究的一个特点是重要性而非频繁性，因为重要性可以使研究者深入了解情境和人物的真实动态。

（二）资料搜集的方法

资料的搜集可以采取多种不同的方式进行。

1. 观察

通过观察，可以取得一些相关行为及环境条件的信息。研究者可以对个案周围的学校氛围、社区环境、家庭背景等进行描述记录或者观察表记录。同时，进入现场前研究者要设计观察提纲，确定观察的内容、事件行为及观察时间，可以进行观察的全程式描述记录，也可以仅对发生的事件或行为进行记录。

2. 访谈

因为大部分个案研究都是和人有关的事务，因此访谈就成为个案研究证据的基本来源。通过访谈可以获得那些我们不能直接观察到的信息，如想法、态度、愿望、经验等，或那些已经发生的事件，从而达到对个案的现状与缘起的深入了解与分析。通常采用半结构式访谈，即访谈前要设计访谈问题，访谈中灵活运用，不死搬硬套。

3. 实物分析

实物分析可以扩大我们的思考范围，启发我们用多种视角去分析问题。实物是在自然情境下生产出来的产品，可以提供有关被研究者言行的情境背景知识，包括用各种手段记录下来的官方类和个人类的所有资料，如书报杂志、档案、统计资料、广播影视资料、单位的各种记录、教师的备课笔记及私人保存的资料（如书信、日记、家庭记录、照片等）、工具、艺术品、技术发明。这些资料由于研究者的直接干预较少，往往更加真实、可信，可以印证和补充观察、访谈的内容，且对研究过程不产生任何干扰。其不足在于这些资料并不是为做研究而特别准备的材料，因此缺乏研究数据所需要的详尽性和针对性。

（三）资料搜集的原则

资料搜集的过程中，要做好个案资料的记录与整理。这既是资料搜集的结果，又是资料分析的起点和基础。研究者在进入现场进行搜集资料的过程中，忙于观察和访谈，不太可能在现场就能完成所有记录，即使有录像机、录音机的辅助也一样会有遗漏，因此在离开研究现场的时候要尽快整理访谈稿和做详尽的记录，这样才有真实的情境意义。个案资料的记录和整理一定要简便、清晰，可提前准备好制式表格，如访谈记录表、观察记录表等。在资料搜集的过程中应遵循三条原则。

一是数据来源要广泛，即要用多种方法、从多种角度、按不同来源搜集数据，这样可使研究者对数据进行三角互证。如对某学生辍学原因的研究，资料搜集可以有观察、访谈、实物分析（如该生的日记、老师的记录）等多种方法，也可对该生及其老师、同学、家长等进行多方访谈探究其真正的辍学原因。

二是建立个案研究的数据库，可以包括研究者的笔记、文件、访谈、观察的原始记录，基于调查形成的图表、档案等。

三是建立证据链，理出收集的材料意义，找到从各种原始素材，逐步朝研究结论发展的"链条"，使一个外来者能够从最初的研究问题，跟随相关资料的引导，一直追踪到最后的结论。

四、个案资料的整理和分析

在整个研究过程中，个案资料的整理和分析事实上是和资料的搜集工作同步进行的。研究者要遵循资料搜集、整理分析，根据分析的结果及时调整研究问题和方法，再进行资料搜集、整理分析，这样一个循环往复、逐步深入的原则。首先，在离开访谈和观察现场后，应第一时间对访谈稿件和观察记录等资料进行整理。搜集到的资料往往是混乱的，有些资料是无用的，研究者必须一遍一遍阅读搜集到的资料，剔除无用的资料，归类有用的资料，确定对个案发展有突出作用的某些因素，从而对个案作出正确的诊断，根据分析的结果及时调整研究问题和方法。分析资料的过程，也是对资料进行整理、简化和不断抽象的过程。其次，在整理分析资料时，呈现个案特征的材料应力求客观。然而研究者都有自己的价值体系，对事件都有自己的看法，在强调对个案进行符合事实分析的基础上，研究结论和推论中可以有研究者价值的介入。

对资料的分析是个案研究的一个难点。教师往往面对一大堆资料不知如何下手。专家建议，在搜集数据时就应注意缩小研究的范围，不要试图去研究所有的东西；在一般的研究问题上提出更为具体的有助于分析数据的问题；及时写下对观察内容的分析，促进批判性思维的形成；在研究过程中经常要写一些感受、启发、反思之类的小文章，这些内容最后都是写报告的素材。

在集中分析时，第一步，给每一份资料编号，建立一个编号系统。

第二步，认真阅读原始资料，熟悉资料的内容，仔细琢磨其中的意义和相互关系。

第三步，在资料中寻找被研究者经常使用的概念及在使用时带有强烈感情色彩的概念，将其作为重要的码号进行登录。

第四步，按照编码系统将相同或相近的资料混合在一起，将相异的资料区别开来，找到资料之间的关系。

第五步，将资料进一步浓缩，找到资料中的主题或故事线，在他们之间建立起必要的关系，为研究结果作出初步的结论。

也就是说，在整个资料分析中，要注意概念的数量，要有意识地去发现资料的模式（有规律的东西）和主题，对数据进行分类；要注意同类合并（把看起来相似的东西归类在一起）、细节归类（某一细节是否可归入到更大的类别中去）以及变量之间的关系（对概念或变量之间的关系进行推测）。

五、对个案进行补救、矫正和发展指导

个案的补救、矫正与发展指导就是根据对个案资料的分析、诊断，提出恰当的教育措施，进行矫正或发展指导教育，或对学生如何发扬成绩、克服缺点，设计一套因材施教的方案并加以实施。一般来讲，这种指导可以从学生发展的内因和外因两方面入手。一方面是对学生的内在因素进行适应性训练与矫正的指导，如通过心理咨询和治疗，提高学生的心理健康水平，改善和发展学生的良好情绪、情感和人格倾向及性格特征，克服过分焦虑和一些不良性格等，以便其与学校、社会环境的要求相适应。另一方面是尽可能改变其外部条件的指导，使之适应儿童发展的需要。例如主要考虑学校教育措施，家庭的氛围与影响，父母对子女的教育态度和方法，校外教育的作用以及学生间人际关系等因素。对个案进行补救矫正和发展指导的具体方法视问题的性质而定，如矫正学生的问题行为，其矫正的方法就是根据问题行为的性质而定，处理有偷窃行为的儿童的方法同处理学习行为异常儿童、情绪障碍异常儿童的方法就不相同。一般来说，教师矫正学生的不良行为，需要根据生理学、心理学、教育学、社会学的原理，进行综合运用，针对病源，有针对性地加以矫正。

六、追踪研究

由于个案的研究对象的问题矫正与指导是一个极为复杂的工作。因此，仅靠一

次诊断是不容易准确的。另外，教育是一个长期的活动，某些教育措施的实施往往要在一段时间以后才能比较全面地看到效果，因此，对于研究的个案对象，特别是那些实施过矫正与个别指导的问题儿童，有必要用一段较长的时间追踪观察与研究，以检查矫正与补偿是否有效。通常应坚持1～2周或更长的时间，有些甚至是1～2年。如果观察及记录的结果显示，行为处理的长期效果是稳定的，就可以结束行为改变的方案，如果观察及记录的结果表明，受训练者的原有问题行为又死灰复燃，则应考虑继续追加实验处理，重新诊断和矫正，继续研究下去，直到最后成功为止。例如，对在课堂上随便说话的儿童，在撤销了一切处理策略之后，其安静听课的行为是否继续保持，应进行追踪观察和记录，为下一步是否继续处理提供参考。

七、撰写个案研究报告

个案研究往往有很多种报告形式，如书面报告、口头报告，甚至是一组图片或录像带、录音带等也可传递个案研究的信息，但大多数个案研究到最后还是要以书面报告的方式来呈现，这就需要对个案研究报告的撰写有所了解。

个案研究报告一般应包括题目、作者与单位署名、摘要、文献研究、问题、假设、方法与过程、结果、结论、小结、参考资料等部分。这些部分在报告中并不要求一一点明，有些部分可以合并在一起，有些也可以省略，但题目、作者、研究问题、研究方法与过程、研究结果与讨论等却不可少。

个案研究的表述方式没有固定的格式，研究报告的形式并不是千篇一律，而是随着研究的展开，研究者完全可以根据案例的特点、自己的研究风格和表达风格，以及案例读者的需要，选择个性化的报告形式。我们提出的只是个案研究报告应该包含的基本元素以及相互之间的关系。一般来说，不论研究者采用什么样的写作风格，研究报告通常包括以下几个部分。

（一）背景介绍

背景介绍包括问题的提出、研究的目的和意义。此部分明确提出研究的现象和问题、研究的个人目的和公众目的、研究的理论意义与现实意义。如：选择的个案是什么；为什么要对个案进行研究；研究个案是为了达到什么样的目的等。这一部分应简洁明快，使读者一目了然。

（二）研究方法的选择和运用

这一部分包括抽样的标准，即个案是如何选定的；进入现场以及与被研究者建立和保持关系的方式；采用什么方法搜集和分析资料；关于研究伦理的考虑；研究实施过程，即研究持续的时间、观察的时间安排及频率等。此部分的叙述要足够详细，使读者能够通过文章透彻地了解研究过程。

（三）个案研究结果分析

主要是针对个案的研究结果，包括对观察资料、访谈资料、实物资料的描述与概括分析。此部分是研究报告的主干部分，必须详细而具体。此部分的写作，专家认为有三种处理方式。其一是类属型，主要使用分类的方法，将研究结果按照一定的主题进行归类，然后分门别类地加以报道。如对辍学学生的研究，就可以从他自己的角度将其辍学的过程、原因、辍学后的去向、心情、打算、各类人对辍学生的反应进行分类描述和分析。其二是情境型，注重研究的情境和过程，注意按事件发生的时间序列或事件之间的逻辑关联对研究结果进行描述。表现的内容是一个自然发生的故事或是一个按照时间顺序排列的各种事件的组合。情境法的长处是可以比较生动、详细地描写事件发生时的场景，可以表现当事人的情感反应和思想变化过程。其三是结合型，即将类属型方式与情境型方式结合使用。如可以使用类属法作为研究报告的基本结构，同时在每一类属下面穿插小型的故事片段，也可以将情境法作为研究报告的基本结构，同时按照一定的主题层次对故事情节进行叙述。写作中以结合型方式较为常见。

在故事的建构中，又有故事叙说型表述和虚构型表述两种表述方式。故事叙说型表述主要是讲述研究中的一个个故事。它把研究的过程分成一个个特定情景，与搜集资料、分析、解释工作相结合，挑选其中适合在某一特定情境中表现的各种因素，组织成一个个小故事。虚构型表述，是指可以把几个特殊的事件根据需要编成一个事件，或把从不同参与者的调查中搜集的资料编成一个参与者的经历，这样可以使事件的发生更为集中，更具故事性，使研究更具特定性，从而更能抓住读者。在使用这种表述方式时要注意，虚构的事件应有完全的事实根据，而不是漫无边际地瞎编，同时，对这些虚构的事件也要当作真实发生的事件一样进行认真的调查、访谈、整理和解释。

（四）结论及建议

这一部分是对研究中的关键元素及研究结果进行深入讨论，从个案研究的结果中推论出最终的结论，并且对结论的有效性和真实性作出解释，对个案研究问题提出建设性意见。

（五）列出参考文献及附录

列举参考文献需参照标准的格式。附录位于文章的最后，主要包括一些无法全部呈现于文章主体部分的资料。

　　总体来说，个案研究报告应秉承叙事风格，其成文形式应尽可能真实地再现当事人看问题的观点，尽可能使用他们的语言来描述研究结果，介绍研究者使用的方法和在研究过程中所作的反省思考，再现访谈情景和对话片段，详细描写事件发生时的情景和当事人的反应及表情动态，从社会文化的大背景对研究对象的情况进行更深入的探讨。

思考与练习

　　1. 教育个案研究法具备哪些特征？

　　2. 教育个案研究法的基本原则与方法有哪些？

　　3. 教育个案研究法的实施程序是什么？

实践与训练

一、个案学生的基本情况

　　姓名：黄某某

　　性别：男

　　年龄：15 岁

　　家庭背景：四口家庭，父母是渔民，平时工作很忙，家庭经济条件一般。父母文化水平不高，陪伴时间较少，弟弟比他低一年级，兄弟俩感情不错，父母不在的日子，他能照顾弟弟的生活起居。

二、问题行为描写

　　案主性格内向，因为家庭条件一般，生活较朴素，每个星期父母给的生活费有限，但他能很好地掌控花销。父母不在家，虽然可以自己下厨，但很多方面没有大人在旁边指导，做错了也没有察觉，在校比较安静，不会跟其他同学有太多的交流，但同样对学习也没有兴趣，特别是在一个纪律相对不好的班级，他喜静不喜闹，当其他同学上课打闹不小心碰到他时，他会大打出手，脾气有点冲。上课多数是睡觉，不爱参与教学课堂，所以成绩不好。

　　结合案例中案主的具体情况，试着撰写教育个案研究报告，可以围绕问题行为分析、拟采取的辅导策略及教育过程、预期的教育效果等方面进行设计。

第八章
教育行动研究法

【知识目标】

    1. 了解行动研究的概念，与其他研究的区别以及优缺点。

    2. 理解行动研究的特征与分类，能够区分出行动研究。

    3. 掌握行动研究的实施过程。

    4. 了解行动研究应注意的问题。

【任务目标】

    1. 能根据本章所学，按照行动研究的过程展开一次教育的行动研究。

    2. 能根据自己的研究撰写一份行动研究报告。

▶ 问题导入

    姜老师教高一年级两个班的数学课，其中一个班的中考数学平均分在全年级五个班级中排名第五。姜老师决心要改变这个班数学差的状况。他一方面改进课堂教学，另一方面加大作业量，除了课本上的习题全做外，还要做区里发的大练习本。一个学期结束后，期末考试平均分仍然排在年级第五。他深感这个成绩与学生做作业所付出的心力相比相差甚远。于是他决定采用专门的研究方法来提高该班数学学习的效果。为此，他打算在现有的条件下对作业加以改进，其做法大致如下。

    1. 界定问题：他阅读有关学习理论以及有关数学作业改革试验的文献资料，请市教科所研究人员指导。经认真研究，他确定以"改进数学作业量和质，提高练习效果"作为研究主题。

    2. 文献探讨：确定研究主题后，他广泛、深入地收集与改进数学作业相关的各种资料，从中获知数学作业的目的、形式、作业量与练习效果的关系等相关理论。

3. 拟订计划：根据文献及对问题的分析，姜老师确定高一一班为实验班。借用观察法、实验法等教育科研方法进行数学作业练习的研究，教学内容为高一第二学期的代数和立体几何的全部知识。

4. 收集资料：姜老师根据研究设计，收集和整理学生对数学作业的意见。发现学生对数学作业的兴趣低落，学习效果不佳，原因是重复练习多，习题偏易，题型单调。

5. 设计假设：根据分析研究，姜老师推出研究假设——对数学作业进行结构调整，即每次作业中模仿性练习题和创造性练习题的比例为 7：3 或 8：2，以提高数学作业的练习效果。

6. 实施行动：根据行动方案，姜老师开始进行数学作业的研究，他观察记录了学生的作业时间和正确率，发现中等以下学生完成创造性的练习题有一定的困难，于是不断调整创造性练习题的难度，使多数学生能通过创造性思考解答出创造性练习题。

7. 评价效果：在研究过程中，该班学生学习成绩逐渐上升，高一第二学期期末年级统一考试位于年级第二，进步非常显著，这表明实验确有成效。最后写了研究报告，总结了成功经验。

上述姜老师采取的研究方法就是教育行动研究。什么是行动研究呢？它的实施过程又是怎样的？在研究时有哪些注意事项呢？通过本章的学习你将会对行动研究有一个全面的认识。

第一节 教育行动研究的概述

一、行动研究的含义

（一）行动研究的发展历史

要追溯行动研究的开端并不容易，20 世纪 30 年代后期，社会心理学家和人类学家开始转向对实践者的关注。学界普遍认为，科勒（John Coller）和勒温（Kurt Lewin）是行动研究发展过程中的两个关键人物。科勒把"行动"和"研究"两者结合起来表述为"行动研究"。1946 年勒温发表的文章《行动研究和少数民族问题》被认为是行动研究的正式开端。最先将行动研究推广到教育领域的是考瑞（Stephen M. Corey），1953 年他出版专著《改进学校实务的行动研究》，至今这本书在学界还保持着很高的引用率。20 世纪 70 年代，英国课程学者斯腾豪斯（L. Stenhouse）倡导"教师即研究者"运动，将行动研究推向新的发展阶段。后来英国学者柯尔和澳大利亚学者凯米斯正式使用"教育行动研究"这个概念。柯尔（W. Carr）和凯米斯（S. Kemmis）认为，行动研究有两个主要的目的：改进和参与。改进主要指向三个方面：实践本身，实践者对行动的理解，以及实践的场所和环境。参与是指研究者亲临整个过程，包括计划、实施、行动、观察以及反思等等。直到 20 世纪末期，国内基础教育领域才掀起行动研究的热潮，不少中小学教师从自身实际出发，也开始思考教育问题，学做教育行动研究。

（二）行动研究的概念

行动研究不仅可以提高教师实践能力，而且可以提高教师发现问题、分析问题和解决问题的科研能力。行动研究是教育实践活动和教育科学研究的结合。我国学者普遍认为：行动研究是指在自然、真实的教育环境中，以教育实践工作者为主体进行的研究，是教育实践工作者按照一定的操作程序，综合运用多种研究方法与技术，以解决教育实际问题为首要目标的一种研究模式。教育行动研究是一种适应小范围内教育改革的探索性的研究方法，其目的不在于建立理论、归纳规律，而是针对教育活动和教育实践中的问题，在行动研究中不断地探索、改进和解决教育实际问题。

教育行动研究，简言之，就是一种由实际工作者直接参与的，将实际工作情境与研究结合，有目的、有计划、有步骤地对教育行动中的具体问题进行系统探究，以提高教育行动有效性的研究方法。严格说来，行动研究并不是一种孤立的研究方法，而是一种教育科学研究活动，是一种教师和教育管理人员密切结合本职工作、综合运用各种研究方法，以直接推动教育工作的改进为目的的教育科学研究活动。

二、行动研究的分类

从行动研究的具体操作与历史发展特点入手，教育行动研究主要可以分为以下三类。

（一）技术性行动研究

这类研究特别强调用科学技术、统计方法等工具来观察行动过程，不太注重行动者的主动性和创造性。技术性行动研究是早期行动研究，它与 19 世纪末 20 世纪初兴起的教育科学化运动及一些心理学家强调心理测量有很大的关系，因而后来遭到一些批评。尽管如此，技术性行动研究在某些国家尤其是美国，仍然是一支不可忽视的力量。

（二）实践性行动研究

这是英、美两国最普遍的研究模式。在这类研究中，专家与实际工作者之间是合作伙伴关系，专家作为咨询者帮助他们形成假说、计划行动、评价行动过程及结果。研究的动力来自行动者自己，以自己的智慧来选择课题并指导行动。这是一种较能体现行动研究参与原则的研究模式，又能较好地改进教育实际问题和提高实际工作者的理解水平。

（三）独立性行动研究

这类研究是实际工作者通过批判性的思考及采取相应的行动，使教育摆脱传统的教育理论和教育政策限制的一种研究方式。专家在独立性行动研究中可以为实际工作者带来批判性的理论启示，对行动研究起催化剂的作用，促进行动和评价，但不居指导地位或权威地位。因为这类研究具有批判的特征，故又称为批判性行动研究。

（四）其他行动研究分类

由于标准不同，对同一事物的分类就会不同。宋虎平在《行动研究》一书中，以研究主体的不同为标准，将行动研究分为以下 3 种类型。

1. 单个教师的行动研究

是指教师或其他教育者独自对教育实践中的问题进行系统探究，一般教师对该班某学科的教学实行此方法，或将自己的新观点转化为行动。单个教师通常关心课堂上的变化，教师往往对课堂管理的问题、教学策略或材料、学生的认知和社会行为感兴趣，然后再寻求解决这些问题的措施。由于规模小，研究的问题范围窄而具体，故易于实施，但因力量比较单薄，很难进行深入的研究。比如，许多专家型教师在成长过程中，经常善于发现实践中的问题，并寻求解决的方法，就属于这类独立式行动研究。

2. 协作型行动研究

是指专业研究人员、教师、政府主管部门、资助者等组成研究队伍，一起参与行动研究。这类研究在理论、实践、组织协调等方面有较好的配置，可以得到多方支持。比如，协同澄清学校的情境，发现问题，提供参考意见，在实施中给予支持，对行动过程提供评价或反思的建议等，但并没有共同参与行动。这是行动研究的典型层次，也是最高层次，理想的行动研究应体现在这一层次上。

3. 学校范围内的行动研究

是指学校组织若干教师组成研究小组，也可自行开展研究，可请外来研究者进行指导，与教师一起参与到行动中，并对研究过程负有相当责任，两者是平等协商的关系。这一层次的研究可以发挥教师的集体智慧和力量，但可能会在理论方面比较薄弱。

不论是哪一种层次，行动研究的重要参考价值，始终在于使一线工作者，能产生更为合理的教育观点和态度，恰当地处理各种教育场合，教师通过行动研究可获得对教育的反思能力与反思的工作习惯，可以有效地推进实际教学工作。

三、行动研究的特征

（一）以解决实际问题，改进实际工作为主要目标

行动研究的目的不在于发展和完善理论，而是要解决实际工作中产生的问题。行动研究所关注的是学校管理者和教师在日常的教育教学行动中遇到的具体的实践问题，包括教师的教学观念、活动组织、行为实施，也包括学生学习中遇到的问题，如学习意识、学习行为、学习习惯、学习策略等。研究结果可以直接用于改进教学实践，对这些事件在社会情境中的独特表现、相关原因进行分析、阐释。它既能解决当时实践中产生的问题，也能提高教师的教育教学质量和研究水平。研究者的研究成果不必等到下一个循环才去改进，而是随着教学的推进就可以把前面的研究成果运用到新的教学活动中去，这样不断地将研究成果付诸实践，不断地探究，能够使整个教学活动不断地向前发展，从而提高教学效果。某一次的行动研究是否有价值主要看它对实际情况的改进而定，改进越多价值越大。

（二）强调研究过程与行动过程的结合，注重研究者与行动者之间的合作

行动研究明确主张教师不能放弃自己作为一个教育科学研究者和创造者的权利，教师对于教学内容、教学方法不应只是简单地执行，而应充分发挥自己的创造性。教师应成为、能成为、也必须成为自己行动的研究者，教师既是教育行动的主体，也是教育行动研究的主体，教育行动研究必须是行动者的研究。教师即使与专家、学者协作进行研究，专家、学者也只是起咨询、协助的作用，教师作为教育行动者在教育行动研究中的主体地位和主体作用是不变的。

（三）要求行动者参与研究，对自己所从事的工作进行反思

在行动研究中，课题是由教师根据自己在教学实践中遇到的问题提出来的，他们可以就教学中最急需解决的问题进行研究，并且他们自己自始至终都是课题的主人并直接参与研究。这种合而为一的模式使研究者从"局外人"转变为"参与者"，从只对"发现真理"感兴趣转变为负起解决问题的责任。这就使研究者能够深入到教育教学的主战场，以参与者的身份观察行动者和行动的过程，从而更加准确地把握问题，并用实际工作者能够理解的语言把共同研究的成果表达出来。行动研究本质上是追求更为合理的教育教学实践过程，旨在使教师获得一种内在启蒙和解放的力量，打开思考维度和新的探寻方向，增强实践能力和自我超越的能力。行动研究

的倡导者认为，行动的效率、实际工作的成败虽然不完全取决于对方案、环境和行动的理解，但是总也离不开他们对行动和问题的理解。基于这样的认识，行动研究要求实际工作者积极反思，参与研究，将行动与研究融为一体。

（四）实际情境与自然条件下的动态研究

行动研究是一种对具体情况采取相应措施的现场研究方法，这意味着行动研究是在动态的自然环境中进行的。由于行动研究以解决实际问题为首要目标，它随时会受到真实的社会环境中各种因素的影响，需要根据实际情况的变化不断修改、调整研究方法，甚至更改研究的课题，具有一定程度的灵活性和开放性。鉴于任务的迫切性和情境的可变性，行动者在提出一个大致设想后，允许其根据情境的变化调整和修正原有计划。由此可见，行动研究能够有效地克服以研究者主观设想为研究出发点的缺陷，强调研究者深入实际情境与教师一起随时发现新情况并对计划进行调整，从而使研究更具有客观性和针对性。

行动研究还具有许多特点，它表现的是一种对于新的理念、新的方法的开放性的态度。有研究者指出：行动研究最重要的意义在于它把教育看作是一个整体的实践过程，不是仅仅从社会学的角度或心理学、哲学的角度来分析和解决问题，得出一般性的结论，而是把课程、教材、教法、学习过程、学生需求和评价有机地结合在一起，从人的需求和发展出发，分析问题、解决问题，促进教育的改进和学生的发展。

四、行动研究与一般研究的区别

1. 研究者的要求

对研究者在专业方面的训练要求并不苛刻，具备一些基本的统计学和研究方法的训练即可。一般的教育科学研究要求研究者在统计、测量和研究方法方面接受严格的方法训练。

2. 研究目的

行动研究的目的主要有两个：获取知识并直接应用于当时的工作情境；帮助参与者实施在职的训练和进修，以促进个人的专业发展。一般研究的主要目的是获取知识并将之普遍应用于更大的母群体，或者是为了发展并检验某个理论。

3. 研究问题的指向

教师行动研究所指向的问题，一定是在学校的情境中，引起研究者困惑，或影响到教学的某个方面，有待解决的问题。一般研究的问题不需要研究者亲自涉入，而是通过其他方式决定要研究什么。

4. 检索文献

参与行动研究的教师需要检索并阅览一些有用的间接资料，来了解所在领域的一般情况，通常不需要探讨直接的数据。一般研究则需要研究者广泛查阅直接资料，并充分了解该研究领域现有的知识状况，以寻找所要研究的价值和创新所在。

5. 抽样方法

教师进行行动研究时，通常以自己所在班级的学生作为被试对象。而一般研究需要采用严谨的抽象方式，从母群体中抽取随机或无偏差的样本作为研究对象。

6. 研究设计

行动研究在开始之前，要依照一定的程序进行，很少关注实验条件的控制或错误的防范。而一般研究在开展之前，要进行详细的计划和程序设计，需要对无关变量进行控制，从而降低错误或偏见。

7. 测量工具

教师进行行动研究一般对测量工具的评价不太严格，因为教师缺乏系统的测量训练，所以可邀请相关专业人员协助，进行工具的设计和检验。一般研究对测量工具有严格的信度和效度考量，而且需要测试检验工具的有效性。

8. 资料分析

行动研究强调实用的显著性而非统计的显著性，参与者的主观意见通常更受到重视，对资料的分析不必太详尽。一般研究需要对数据资料进行科学系统的分析，并强调统计上的显著性。

9. 研究结果运用

教师行动研究的结果可以立即应用到自己的工作情境中，而且经常会带来持久的改良效果，研究的结果一般只适用于研究者所在的范围。一般研究的结果可产生普遍的应用效果，但一些有用的发展，有时不能立即应用到教育的实际场景。

10. 报告形式

行动研究对报告的形式较为宽泛，不拘泥于某种形式。但一般研究则强调合乎严谨的学术规范。

五、教育行动研究的优点和局限性

（一）教育行动研究的优点

1. 适应性和灵活性

行动研究注重实际的教育环境，不像实验研究控制得严谨，比较适合没有接受过严格教育测量和教育实践的一线教师使用。行动研究在过程中允许边行动边调整方案，不断修改、增加或者取消子目标。

2. 评价的持续性和反馈及时性

行动研究评价的持续性表现在，诊断性评价、形成性评价、总结性评价贯穿整个研究过程。反馈的及时性表现在：一方面及时反馈总结，使教育实践和科学研究处于动态结合与反馈中；另一方面，一旦发现较为肯定的结果，立即反馈到教育实践中去。

3. 较强的实践性和参与性

行动研究与教育实践密切相连，其研究的问题是实践中切实存在的实际问题。参与性体现在研究人员的构成多样性，并且研究人员直接或间接参与方案的实施。

4. 多种研究方法的综合使用

理想的行动研究应该是多种研究方法的灵活和合理利用，在很多行动研究的案例中可以发现多种方法的综合使用，比如观察法、访谈法、问卷法等等。

（二）教育行动研究的局限性

1. 可靠性差、说服力不强

在实际研究过程中，因为研究者或教育实践工作者较强调行动研究简单易行、要求松缓的一面，而易忽视计划性、系统性和潜在的控制性，使得某些行动研究缺乏起码的可靠性和说服力。

2. 内外部效度差

行动研究本身常以具体实际情境为限，研究的样本受到限制，不具代表性，对自变量的控制成分很少，因而内外部效度显得有些脆弱，某些方面不符合科学的严格要求，在推广使用时会遇到很多问题。

第二节　教育行动研究的实施过程

行动研究法自产生以来，倡导者们都试图寻找一种可以普遍推广的操作模式，以便使行动研究法的实施更加规范和明确。然而，由于理论背景的差异和现实问题的复杂，使不同的研究者在实施行动研究的具体步骤上呈现出差异。尽管关于行动研究的程序有着不同的认识，但普遍认同的一种模式，是由若干螺旋形行动研究循环圈构成的，每一个圈中又都是由相互联系并具有内在反馈机制的 4 个环节构成。这四个环节分别是计划、实施、观察和反思。

一、计划

计划是行动研究的第一个环节，其主要任务是发现问题、明确问题、分析问题和制定计划。行动研究是一种以问题为中心的研究方式，发现问题是行动研究的起点。这里的问题是指教师在日常教育教学中遇到的看似平常的问题。如学生学习某门课程积极性不高的问题，学生上课纪律不好的问题，新的教学方法能否提高本门课程的教学质量问题等等。教师发现了问题后，还要明确问题和分析问题，即对问题进行澄清和界定。一般来说，总体计划应该包括以下内容。

（一）预期目标

明确行动的目标十分重要，它既是研究的方向和目的，又是评估和衡量研究成效的重要依据和标准。在陈述具体目标时要尽可能做到客观、具体，使预期目标具有可操作性和可监测性，防止模棱两可。比如要提高学生对某门学科的学习兴趣，应对"学习兴趣"这样一个比较模糊的概念进行更详细的分析，分解为一些可操作、可监测的目标，比如注意持续时间、课堂参与程度、提出疑难的数量、课后自学时间等等。

（二）拟改变的因素

行动者为了解决问题而采取的一些方式方法，如准备采用新的教学方法，准备改变教学内容的呈现方式等。当然，这种改变绝不是随意的，它必须是在我们深入分析问题的基础上结合行动者的理论修养和经验而提出来的。并且，一次拟改变的因素不宜太多。

（三）行动步骤与行动时间的安排

即研究中先做什么，需多长时间，再做什么，又需多长时间。行动步骤安排是行动研究十分重要的一环。为了能妥善处理一些始料未及的影响研究结果的因素，需要行动者对行动步骤的安排表现出开放性和灵活性的特点。如可以列出比较清晰而有弹性的时间表，根据研究的进展可以对时间表进行一定的修正。

（四）研究人员及任务分配

为了使研究顺利进行，计划中对任务的分配尤其重要。行动研究不可避免地要涉及一些与本研究有密切关系的人，比如校长、其他同事、家长、学生等。行动研究计划应该考虑到这些人的关系怎么处理，如何与他们沟通交流以获得所需要的信息，并且能尽量减少他们对本研究产生的不良影响，保证研究的正常进行。

（五）收集资料的方法

准备用哪些方式和方法收集资料，如观察法、问卷调查、访谈、测验等。

二、实施

实施是行动研究的第二个环节，即实施计划或者按照目的和计划行动，它的主要任务是行动，是整个行动研究工作成败的关键。这时的行动已经不是日常工作中例行公事式的习惯动作和机械操作，而是在计划中选择和确定的，是有计划、有目标、有系统（持续进行的系列行动）、有监控（自我监控和他人监控，以防止研究的随意性）的行动。

研究者在行动时应注意：

① 行动是在获得了关于背景和行动本身的反馈信息，经过思考并有一定程度的理解后的有目的、负责任、按计划采取的行动步骤。这样的行动，具有贯彻计划和逼近解决问题的性质。

② 实际工作者和研究者一同行动，在教育科学研究中，家长、社会人士和学生均可作为合作的对象。要协调各方面的力量，保证实施到位。

③ 重视实际情况变化，随着对行动及背景认识的逐步加深，行动过程中各种信息的及时反馈，及各方面参与者的监督观察和评价建议，不断修改、调整行动，所以它又是灵活的、能动的。

④ 行动的目的是解决实际问题，而不是为了检验某一计划。

三、观察

观察是行动研究的第三个环节，它主要是对行动过程、结果、背景以及行动者特点的考察。其实质是搜集研究的资料、监控行动的全过程。行动研究过程中应搜集的资料主要是能反映研究过程和效果的材料、数据。常见的有：教师的研究日志、教学日志；学生的作业、作品、测验或考试成绩；教师对学生的评价记录；研究过程中与同事、领导、专家交流和开会的记录；相关的问卷、访谈材料；录音、录像、磁带等。监控行动的全过程即对教师及其行动的背景、过程、效果、特征等进行全面观察，并及时提供反馈信息，以对研究过程进行监督控制。由于教育教学实践的复杂性决定了行动研究必然要受到多种因素的影响和制约，而且许多因素不可能事先确定和预测，更不可能全部控制。因此，需要行动者在行动过程中观察，不断发现，获得反馈意见，修改行动计划，可见观察在行动研究中的重要作用。观察时应注意：

（一）观察的内容要全面

观察的内容主要包括：行动背景因素及其制约方式；行动过程，包括什么人以什么方式参与了计划的实施，使用了哪些资料，安排了什么活动，有无意外的变化，如何排除干扰等等；行动的结果，包括预期的和非预期的，积极的和消极的。

（二）搜集的资料要全面

① 背景资料，它是分析计划设想有效性的基础性资料。

② 过程资料，它是判断效果是不是由方案带来的和怎样带来的观察依据。

③ 结果资料，它是分析方案带来什么样的效果的直接依据。

（三）观察的方式要灵活有效

一般来说，可根据具体情况选用以下 3 种方式之一或几种合用。

① 行动者可邀请自己的同事或相关领域的专业人员来帮助观察和记录。这种方式的优点是最易于发现研究中出现的新问题，也易于促进行动者与专业研究人员的相互交流与合作。这种方式的最大缺点是研究环境中出现第三者会影响行动研究的效果。

② 行动者可委托一个或几个研究对象对情况进行观察和记录。这种方式固然可以消除因第三者出现在研究现场而带来的负效应，但是由于研究对象对环境等方面的理解可能与行动者的想法相去甚远，而导致记录的结果可能会出现偏差。

③ 现代化的记录观察手段。即对整个研究进行实地多方位的录音录像。这种方式便于行动者准确反复地观察，但需要相应的设备，研究造价较高。

（四）观察的方法要科学

要根据研究情况选取相应的一种或几种观察方法。根据观察记录的不同，观察可以分为 3 类：描述性观察法、取样观察法和观察评价法。

① 描述性观察法，是指通过详细记载事件或行为发生、发展的过程而获得资料的方法，它又可包括日记描述法、轶事记录法和连续记录法。

② 取样观察法，是一种比较严格系统的观察方法，指的是选取一部分有代表性的行为或事件作为研究对象，用来代表相同条件下的一般行为或事件。

③ 观察评价法，也称为等级量表法，是一种简单的观察测量法，能够将观察所得印象数量化。根据评定的方式不同，又把它分为数字等级法、图表评价法和强迫选择法。总之，我们在选择观察的方法时一定要具体问题具体分析，依研究的实际情况来进行选择，可以一种也可以数种。

四、反思

反思是行动研究的第四个环节。它是对行动实施的效果和过程进行全面总结、评价，并在此基础上，计划下一步的行动。所以，它是行动研究第一个循环周期的结束，又是过渡到新的循环周期的中介。将反思放在上述几个环节之后提及，并不意味着反思只是在行动研究的后期进行。实际上，反思是推动行动研究不断深化的重要机制，它伴随着行动研究的全过程。行动研究后期的反思工作主要包括以下内容。

（一）归纳、整理和描述工作

这部分工作主要是教师对已经观察和感受到的、与制订计划和实施计划有关的活动及各种现象进行归纳、分类、整理，对行动研究的过程进行系统描述，将获得的数据及时进行分析，必要时可用统计方法对数据进行整理和解释。

（二）评估与解释工作

对行动研究的过程和结果进行判断和评价，对有关现象与原因进行分析解释。如有必要，可提出下一步行动研究的基本设想或建议。由于教育实践问题的复杂性，教育行动研究对问题的解决常常不是直线推进和一次完成的，而是一个从计划、行动、观察、反思到新一轮计划、行动、观察、反思直至问题解决的螺旋式发展的过程。这个过程，不同于教师的一般教学经验总结，或简单的、零散的、短期的反思性教学行为。行动研究是对行动中的问题的系统而持续的探究，直至问题解决，关注实际问题的解决程度，而不追求解释是否完善。行动研究方案设计是否完美，其执行是否正确，结果是否有效，均应加以评价，并指出评价方案的有效性、执行状况与可以改进处。依据评价结果提供修正行动研究方案的参考，决定是否进行下一步研究革新，必要的话可再进行第二回合的行动研究。

（三）写出研究报告

教师对照行动方案，主动检查教育教学改进的成效与存在的不足，总结行动研究的得失，并根据问题的情境、行动的步骤等撰写研究报告。根据研究结果，写出完整的研究报告，报告的撰写需要注意行动研究本身的特殊性，以免把研究结果简单类推到其他情境中去。

当然行动研究过程并不一定完全符合这些程式，因为现实总是一种即兴的、创造性的情景。现实中的行动研究过程往往是这些程式的种种变式，或者是它们的简单化。因此，我们在这里提供给读者的是既可参考，而又不被其左右的可变通的框架而已。

第三节　教育行动研究法的应用

作为一线教师应主动参与到行动研究中来。因为首先，行动研究解决的是教师面临的实际问题，而不是别人的问题。其次，进行行动研究的时间非常灵活，教师可以现在就开始研究，或者在自己做了充分的准备之后进行，能很快收到效果。再次，行动研究为教育者之间提供了相互了解的机会，从而提高了他们的教育实践效果，可以促进同事之间的紧密联系。最后，为教师提供了另一种观察和解决问题的方法，以及评价自己教育实践的新方法。

一、行动研究在教育科学研究中的意义与适用范围

（一）行动研究在教育科学研究中的意义

行动研究具有传统研究没有的特征与功能，它作为一种研究范式，不仅从根本上使日常的教育教学活动性质发生巨大变化，而且使教育教学研究从研究目的、过程到研究人员的构成都出现了前所未有的改变。

1. 行动研究可以解决实际问题，促进教育实践

与自然科学研究不同，教育科学研究不是以客观的自然界为对象，而是以具有丰富潜能和无限生命力的人为对象。教育活动不是存在于一个没有任何干扰的真空的实验环境中，而是千变万化的。在实际教育、教学中有大量影响教育教学效果因而值得探讨研究的问题，为了解决这些问题，保证实际工作的合理、科学和有效，教师需要在充满不确定性的教学环境中，通过实践不断开展行动研究，把所学的理论和教学实际结合起来，采取适合特定情景的教育教学行为，形成优化的教学实践模式。行动研究明显的一个益处在于它是反思合作性的，所以最终能促进教育实践的发展，有些教师认为自己已经掌握了专业技能，仅仅靠着这些技能就能获得成功。然而，真正成功的教师是那些能够不断系统反思自己的行为以及行动结果的教师，行动研究所提供的系统反思的形式能够改善教育实践，从而使教师的教育实践更适合不同的学生。

2. 转变教师角色

按照行动研究的理念，教师是研究者，不再是单纯的任务执行者，具有了主动认识问题、解决问题的意识和对自己教育行为的反思意识。行动研究要求教师从传统的知识传授者与灌输者角色变为研究者和学习者。在研究和学习中，教师与专家、学生在平等民主的气氛中共同合作。日渐深入的教育改革使得新的教育思想、新的课程计划、新的教学方法和设施等不断出现，要求教师在知识结构上更新、在情感与技能上适应，并需要教师对之做出评价，这种压力成为许多教师从事研究的动因。可以认为，行动研究是培养和促成"研究型"教师的重要途径。此外，行动研究还可以改变教师孤立教学的状态，形成同事相互支持的合作文化，帮助教师成为终身学习者。

3. 提高教师的科研素养，促进教师专业化发展

教师以研究者的身份，参与到各种教育教学改革措施和方案的制定中，他们就会以研究者的眼光来审视熟悉的教育教学现象，其看法、态度、行为方式都会发生实质性的改变，从而对教育教学活动及其本质产生更加深刻的认识。并且，在与其他研究者的合作中，不仅获得相关的教育教学理论，也能增强教师的教育教学能

力，增强科研能力和素养，促进教师专业化发展。行动研究还可以帮助教师加深对理论的理解和辨识，分清理论的优缺点；更完善地了解和更准确地把握教育、教学情境，更敏锐地洞察、更深入地分析、更恰当地解决教育、教学情境中的具体问题；形成改进教育、教学实践的方案或措施，促进实际教育、教学工作的合理、科学与有效以及专业能力的不断提高。

4. 提高教育教学质量，促进学生全面发展

教师进行教学的时候，也进行研究，教学效果一定会得到进一步的提升。即使研究工作有时并不那么成功，但仍然可以继续有效地进行教学。教师开展研究有着很大的优势，教师置身于现实的、动态的、开放的教育教学情境中，能随时随地考察教育教学活动、背景以及有关现象的种种变化，及时准确地把握住实践中急需解决的问题；能够依据自身丰富的工作经验对假设、方案的可行性和有效性作出较准确的判断，以最快的速度解决问题，提出最贴切的改进建议。这种高效地解决教育教学实践问题的行动研究最有利于提高教育教学质量。行动研究以改进实际工作为目标，以教育时间问题为研究对象，边研究边行动，鼓励教师成为研究者，这些特点使研究与日常工作结合，是适合教师实施的方法。行动研究可以增强教师发现学生问题的意识，针对课堂中存在的问题，教师结合行动，制定出促进学生发展的具体措施。

（二）行动研究的适用范围

行动研究适用于中小规模的教育教学实践问题，其重点不在于建立理论或规律，而在于系统、科学地解决实际问题，它针对教育教学实际情境而进行，真正能做到从实践中来，到实践中去。具体表现为：

① 教学中将新的改革措施引入原有体系中，如实施新的教学方法等。

② 课程进行中小规模的改革，如改革课程设置、开发校本课程。

③ 为师生职业技能训练提供新的技术和方法。

④ 学校管理评价：如班级控制与管理、学校控制与管理等。

⑤ 对已确诊的问题进行补救：如差生的教育、态度的改变、不良心理的调适。

二、行动研究的注意事项及经常存在的误区

（一）行动研究的注意事项

鉴于行动研究具有反应及时、易于应用的特点，它比较适合在教育科学研究中运用，在具体实施时应注意以下几个方面：

1. 客观收集分析文献

行动研究需要一方面系统整理文献资料，随时保存有价值的随机信息，另一方

面在解释资料时，必须注意资料的客观性，不可主观做出适用于其他情境的推论。

2. 选好研究的问题

行动研究不回答普遍性的问题和一般的理论问题，它适于研究学校中足以引起实际工作者困惑、影响教育教学某一方面工作的问题，所以确立一个具体可操作实施的问题是行动研究的良好起点。此外，要阐述清楚研究涉及的有关概念和术语。

3. 制订系统的研究计划

研究人员往往强调计划的简便使用，希望研究立即实施，而忽视计划的系统和周密，使研究结果缺乏说服力和可靠性，因此要在参考前人研究成果的基础上，依据此时此地的需要，制订周密可行的计划，这样，研究的结果才有可能在更大范围内推广应用。

（二）行动研究中存在的误区

行动研究是一种社会科学研究方法，主张将"行动"与"研究"合二为一，鼓励研究者在实际工作情境中对实践活动所遭遇的实际问题进行研究，强调在行动中研究，在研究中行动，深受一线教育工作者的喜爱。但是，有研究者通过对最近6年有关行动研究文献的分析，发现研究者在应用行动研究方法时，主要存在6种误区：

1. 有行动无问题定义

行动研究是以解决行动者实践工作中所遇到的实际问题作为出发点的，因此，首先需要发现和确定研究问题。如果问题没有选择好，或者没有弄明确就开始行动，就是一种莫须有的"贴标签式研究"。常见的情况是，研究者并没有明确研究问题，而是直接从实践中选择一项阶段性的工作或者任务作为研究对象，或者选择的问题是个体解决不了的"宏大问题"，或者是似是而非的"假问题"，抑或是力不从心的"理论问题"（如"教学过程中谁为主体谁为客体"之类的"行动研究"）。

2. 有问题无原因分析

既然研究问题的选择可能存在大小与真伪等问题，那么必须对问题进行认真分析。造成问题产生的原因到底有哪些？是宏观的体制、政策、管理、经费等引起的问题，还是微观的教学行为、技术支持等造成的问题？具体到某个层面主要有哪些影响因素？均需要做深入分析。有了原因分析，才能根据行动者的能力提出有针对性的行动方案，否则，只有问题没有原因分析的行动将失去方向，甚至"南辕北辙"，研究的有效性无从谈起。

3. 有计划无方案论证

在确定具体的问题及其原因之后，研究者需要在收集相关资料的基础上，审慎地制订整个行动研究的计划。计划是一幅研究的"蓝图"，它不仅为行动者提供了比较详尽的研究步骤，有力地确保整个行动研究过程的有序开展，而且为行动研究过程和结果的评价提供了参考的框架。同时，制订计划的过程也包含了分析和论证方案可行性的过程。常见的情况是，在行动研究过程中，常常看不到行动计划的制订过程，缺少必要的分析论证。事实上，对于行动研究而言，原因分析和方案论证是最能体现"研究"色彩的环节，产生问题的原因是什么？打算如何解决？为什么要这样做而不是那样做？有没有依据？只有做了这样的分析，行动的合理性才能令人信服，研究的结果才可能有效。

4. 有方案无动态变通

行动研究是在千变万化的教育实践中进行的。为保证研究能够真正解决实际问题，同时弥补一线工作者在进行方案论证时存在的不足，在行动研究过程中变化与调整方案是非常正常的，而且需要研究者根据实际情境随时检讨、即时修正。相反，没有动态地调整研究方案则是不正常的。换句话说，在研究过程中，教育教学实际情境的变化、师生关系的调整、教师个人时间精力的重新分配、学校管理者管理行为的转变、新问题的出现等，都会成为研究方案重新制定的重要动因。可以说，行动研究方案是以在过程中生成、在动态中拟订、在研究中更新作为主要特点的。

5. 有观察无评价反思

按照行动计划有策略地采取了行动之后，需要根据研究计划和评价指标收集行动过程中和行动结束后的相关资料，以便对行动过程和结果进行全面的评价和反思。评价与反思是在行动和观察之后进行的，它既是行动研究第一个循环的结束，也意味着新的行动研究循环的开始。研究者不仅要依据观察到的现象、数据、案例等材料对行动的实际效果进行评估，以确认行动是否有效、有效程度如何、问题是否得以解决，还要对有关现象和原因做出分析和解释，找出计划与结果的不一致性，进而确定原有的研究问题、研究计划和下一步的计划是否需要做出修正，以及需要做出哪些修正。没有评价反思的行动研究是不完整的。

6. 有反思无阶段循环

由于行动研究具有扎根一线、情境多变的特点，除了极少数的行动研究通过一轮研究就能够解决问题达到目标外，大部分行动研究需要经历确定问题、制订计划、采取行动、实施考察、进行反思的循环。尽管每轮循环的环节数量会有差异，但行动研究强调研究过程循环递进、逐步求真的特点是显而易见的。下一轮的行动方案，可以是针对相同的问题而采取的不同于前一轮的行动方案，也可以是针对在前一轮研究中发现的新问题而调整的新方案。但是，如果针对同一个研究问题，分成若干个解决问题的环节进行顺序研究，或者将一个完整的研究任务分割成多个子任务进行分块研究，并不符合"持续不断反省的循环"的本意。所谓的"多轮循环"只能称之为"伪循环"。

三、行动研究报告的撰写

研究结束后，研究者一般要对整个研究过程加以整理，撰写开展行动研究、总结实践经验的报告。行动研究报告的组成：标题部分（题目、署名、摘要、关键词、绪论/前言）、正文部分（研究问题、对策与方案、实施与结果、结论与建议）、结尾部分（参考文献、注释、附录）。

教育行动研究报告参考提纲：

1. 课题的提出

对教学现状的描述分析/发现的主要问题/初步调查分析/确定研究课题

2. 研究步骤和过程

课题设计：确定研究方案和研究步骤/收集数据的方法及方法论证/叙述主要过程

3. 实施过程和实际效果

研究的过程与方案的效果/对所采取措施的评估/新的认识与启示

4. 数据分析

回顾研究的全过程并进行提炼和引证/研究的结论及现实意义/新的问题与下一步计划

5. 反思与启示

回顾研究的过程/研究的意义和用处/有哪些经验和教训

思考与练习

1. 举例说明什么是行动研究。

2. 行动研究是如何分类的？行动研究有哪些特征？

3. 行动研究应注意什么问题？

4. 搜集关于行动研究的文献，做一个简要的综述。

实践与训练

1. 检索一篇与你专业相符的行动研究学术论文，根据本章内容，对该行动研究进行简要分析。

2. 根据所学进行教育科学研究，并撰写一份行动研究报告。

3. 在某特教学校工作的王老师，发现班里的一名智力障碍学生最近有攻击其他同学的行为，王老师想通过行动研究了解其原因，并设法解决此问题。如果你是王老师，你会怎么做？试从行动研究的过程来阐述。

第九章

教育叙事研究

【知识目标】

1. 掌握教育叙事研究的概念、特征。

2. 了解教育叙事研究的优缺点。

3. 掌握教育叙事研究的实施步骤。

4. 了解教育叙事研究的出路。

【任务目标】

1. 能根据本章所学，访谈相关的同学或教师，开展一次教育叙事研究。

2. 阅读教育叙事研究的相关文献材料，尝试分析教育叙事研究在实际科研过程中所发挥的作用，并能够开展类似的叙事研究。

→) 问题导入

叙事研究又称故事研究，是一种研究人类体验世界的方式。这种研究方式的前提在于人类是善于讲故事的，他们过着故事化的生活。它从讲述者的故事开始，以对故事进行诠释为主要任务，重在对叙事材料及意义的研究。人是天生的讲故事者，故事给个人经历提供了一致性和连续性，并在我们与别人的交流过程里扮演着核心角色。通过叙述者展现他们生活和亲身经历的故事，我们得以了解他们的内心世界。换句话说，叙事给我们提供了获悉自我认同和个人性格的机会，当一个人叙事时，他必须先由复杂情境中选择出一些事件，再就所挑选出来的事件、情节赋予意义。故事模拟了生活，并展现出一个人反应外部世界的内部现实；同时，它们也塑造和构建着叙述者的个性和生活现状。故事就是个人的自我认同，通过故事，我们了解或发现自己，并向他人展示自己。教育叙事研究是研究者通过描述个体教育生活，收集和讲述个体教育故事的一种活动。本章主要从教育叙事研究方法的概述、理论基础及特征、实施过程以及叙事研究的注意事项及出路来进行介绍。

第一节　教育叙事研究概述

叙事，原本是文学要素之一，因此叙事学属于以小说为主的叙事文学的理论。叙事学研究是通过对微观层面的细小事件的质的描述，来阐释流动在现象背后的真相。运用经验叙事的方法，研究教师、学生及教育领域中其他相关人员的生活故事，从而挖掘并认识隐含在复杂多变的教育现象中的深层规律，不失为教育科学研究的一种重要的研究范式。叙事包含着个体层面、社会层面的基本结构性经验，是个体乃至人类的一种知识组织方式和基本的思维模式。通过描述个体生活以及对个体生活故事进行解构和重构，叙事研究获得了对个体行为与经验的解释性理解，发现了隐匿于个体日常生活的意义。了解世界和了解自我最重要的途径之一就是叙事。正因为如此，叙事学方法已经广泛运用于所有人文科学。

一、教育叙事研究法内涵

（一）叙事研究法的概念

在汉语中，叙事是与叙述、叙说意义相近的词汇。"叙述"是把事情的前后经过记载下来或说出来。"叙说"多指口头叙述，而"叙事"是指以书面的方式叙述事情。叙事研究指的是任何运用或者分析叙事资料的研究。这些资料可以作为故事形式（通过访谈或者文学作品提供的生活故事）而收集，或者以另外一种不同的形式（人类学家记录他或她所观察故事的田野札记或者个人信件）而收集。它可以是研究的目的，也可以是研究其他问题的手段。其用途较为广泛，可以做群体间的比较分析，也可以了解一种社会现象或者一段历史，还可以探究个性等。

人类讲述并倾听着故事。我们用叙事进行交流和理解人与事件，在叙事中有我们的思考与梦想。叙事既离不开叙述，也离不开事件，这是融叙述和事件为一体的活动。叙事研究遵循自下而上的归纳逻辑，从故事本身中寻找内在的"结构"，而不会先入为主地用演绎的概念框架去提取或套系故事。"扎根"是叙事研究形成理论的方式。

（二）教育叙事研究的内涵

教育叙事研究是什么？很多学者都曾讨论过教育叙事研究的内涵。加拿大的康奈利和克兰迪宁在《叙事研究：质的研究中的经验与故事》一书中并没有给教育叙事研究下什么确切的定义。在他们看来，教育叙事研究是"质的研究中的教育经验和教育故事"。国内不少学者也对教育叙事研究的内涵作过界定。如张希希认为，教育叙事研究"是指在教育背景中包含任何类型叙事素材的分析研究。"❶ 丁钢指出，"教育叙事探究是从质的研究出发，相对以往所谓科学化的研究而言，强调与人类经验的联系，并以叙事来描述人们的经验、行为以及作为群体和个体的生活方式。"❷ 傅敏、田慧生从外延和内涵相结合的角度来解释，即"教育叙事研究是研究者通过描述个体教育生活，搜集和讲述个体教育故事，在解构和重构教育叙事材料过程中对个体行为和经验建构获得解释性理解的一种活动。"❸ 刘良华则从多角度来诠释，"教育叙事研究既可以显示为真实的叙事，也可以显示为虚构的叙事；教育叙事研究既可以叙述故事，不对故事做评论或解释，也可以对自己讲述的或他人讲述的故事进行再评论和解释"❹ 等等。

我们认为，教育叙事研究是指在教育背景中包含任何类型叙事素材的分析研究。其本质特点是：关注个人，通过搜集故事来构建田野文本数据，报告个人生活经历，并探讨这些经历之于个人的意义❺。教育叙事研究注重体验、关注价值、凸显意义、回归生活，通过挖掘真实活泼的教育生活细节以小见大，从细节中解读教育的意义，重视个体生命经验的丰富性和生命意义建构的多元性与复杂性，进一步加强了教育理论与教育实践之间的联系，重新审视了教育科学研究中人的物化和人文关怀的缺失，再次彰显了教育科学研究中的诗性思维、过程思维和关系思维。

（三）教育叙事研究法的分类

从整体上来说，教育叙事研究法共分为两类，即合作型叙事研究和教师自传型叙事研究。

1. 合作型叙事研究

合作型叙事研究是研究者与教师的合作。研究者是独立于叙事情境之外的，通过设计好的与参与者的沟通环节，对其口头叙事报告或提交的书面文本（日志、教后记、读书笔记等）进行分析。

合作型叙事研究的过程主要有三个基本步骤：进入现场、形成现场文本、建构研究文本。现象、现场文本、研究文本以及它们之间的关系，是叙事研究的主要焦点，即从一个中立的观察者到一个积极的参与者的研究者和现场的关系，以及基于现场经验的复杂问题、经验的解释及重组和适当文本形式的研究者和现场文本的

---

❶ 张希希. 教育叙事研究是什么 [J]. 教育科学研究，2006（2）。

❷ 丁钢. 声音与经验：教育叙事研究 [M]. 北京：教育科学出版社，2008。

❸ 傅敏，田慧生. 教育叙事研究：本质、特征与方法 [J]. 教育科学研究，2008（5）。

❹ 刘良华. 教育叙事研究：是什么与怎么做 [J]. 教育科学研究，2007（7）。

❺ 张希希. 教育叙事研究是什么 [J]. 教育科学研究，2006（2）。

关系。

2. 教师自传型叙事研究

教师自转型叙事研究，又称为叙事的教育行动研究，主要是指中小学教师自己展开的研究方式，也可以是中小学教师在校外研究者指导下所使用的研究方式。当中小学教师既是"叙事者"又是"记叙者"而且所叙述的内容涉及自己的教育实践及某些教育问题的解决过程时，教师的"叙事研究"就成为教师的"行动研究"，实质是一种"叙事的行动研究"。分析自己的故事，这时研究者和叙事主体是同一的，在方法上具有行动研究的特点（虽然教育叙事研究的形式或类型不同，如仅常见的教育叙事研究形式就有自传、传记、生活随笔、个人纪事、个人叙事、叙事访谈等16种之多）。在这一过程中，教师以叙事的方式看待教学问题，践行自己的课程理想，促成自身教学经验的生长。写得好的教育故事接近于研究，体现着教师教育实践理论。

二、教育叙事研究的发展历程

叙事是人类认识和理解世界的一种基本方式，也是人类存在的基本方式。叙事展示人类生活，叙事展现生命本身，叙事绵延人类精神，是人类文化得以传承的重要手段，也是人之所以为人的根本性标志之一。

所谓叙事研究，即对以叙事方式写成的文本所蕴含的意义进行分析和解释。作为一种理论取向，叙事研究最初也是活跃在文学研究领域。20世纪80年代以来，加拿大教育学者康奈利和克兰迪宁正式将叙事研究引进教育领域，他们一系列研究成果的发表标志着教育叙事研究作为一种科学的教育科学方法的诞生。与此同时，美国从事概念重建的一批有影响的课程学者也积极地参与到这种研究中来。

近年来教育叙事研究法以其经验的、描述的、贴近教育生活的特点，日益受到研究者的青睐，大有成潮之势。教育叙事研究短时间内在我国得以推广，得益于三个有利条件：其一，国家基础教育课程改革提出的特色理念，需要从抽象的思想转化为教师自觉的行为，教育叙事研究满足了这种需要；其二，以个人实践知识能力为重点的教师培训与教育叙事研究取得了共鸣；其三，教育叙事研究本身具有"人文性""经验性"特征，更容易被中小学教师掌握与运用。

三、教育叙事研究的特点

教育叙事研究属于一种质性研究，具有质性研究的基本特征，如自然主义式的探究、归纳式的分析方式、整体的观点、质化的资料、个人接触与洞见、独特的个案取向、情境敏感性、移情式中立、弹性规划等。但是，叙事研究是想通过"叙述""故事"去"告诉其他人发生了一些事情",想传递出这些事情后面所承载着的教育意义。因此。叙事研究不是日常生活意义上的讲故事,而是对故事进行了多次选择与严谨重构,以便于使"叙事"更有效地承载意义和更有效地表现意义。

1. 描绘事件场景

叙事的情境性表现为它总是向读者展示故事不断展开的"场景"与"情节"。场景是促进或阻碍故事发生发展的因素。场景参与塑造了故事,在一定程度上,支持、滋养、教育了故事中的人。

2. 凸显具体个人

优秀的叙事能看到叙事者个人的生存体验和成长体验,它关注在具体生命成长过程中,个人深渊般的命运,倾听灵魂或欢畅或破碎的声音,它以个人的生活际遇为焦点,进而透视关怀人类的基本处境。

3. 回归生活世界

叙事研究关注真实的教育生活,主张通过叙事来描述人们的经验、行动及思想。叙事研究的对象是日常教育生活中具体的人和事,是每天都发生在师生身边看似平凡的故事,它以叙事的方式来描述生活,这比其他方式更能保存生活的鲜活和动态生成性,更贴近生活本身,正是在细节的、具体的经验中,读者更能感悟到教育生活的启示。

4. 蕴含故事元素

教育叙事研究的基本特征是以叙事、讲故事的方式表达作者对教学的解释和理解,它不直接定义教育是什么,也不直接规定教育应该怎么做,它只是给读者讲一个或多个教育故事,让读者从故事中体验教育是什么或应该怎么做。故事性是教学叙事研究区别于其他研究方法的最显著特征。因此,在教学的叙事学研究中,包含着基本的故事元素。

第一,所叙述的内容是已经发生的教育教学事件,而不是对未来的展望或提出的某种要求。它所报告的内容是实际发生的教育教学事件,而不是教育者的主观想象。第二,所叙述的故事中必然有与所叙述的教育教学事件相关的具体任务。叙事研究特别关注叙述者自己的亲身经历,不仅把作者自己摆进去,而且把写作的对象从"知识事件"转换为"人事",是人与知识或者人与人打交道时发生的某种故事。第三,所报告的内容必须具有一定的"情节性"。叙事谈论的是任何特别的冲突、问题或使教育教学生活变得复杂的东西,要有教师对日常教育教学的独特体验和感受,是记述有情节、有意义的相对完整的故事。同时,它首先具有教育教学活动的独特性,必须能通过对教育教学事件采用深度描写的写作方式,描述故事发生现场的准确生动的情境,以及教师在教育教学活动中的心理活动,对细节进行整体性、情境化、动态的"深描"，完整再现事件发生的地点、时间、情节等。

5. 注重对话与解释

叙事研究关注的是具体人的生活，着重人的生活经验，研究的过程是一个研究者与研究对象双方"对话""建构""反思"的过程。因为教师的教育教学生活是多样的、丰富的、不确定的，所以研究过程也充满了不确定性。研究的目的不是求得适合于任何情境的"教育理论""教育规律"，而是对被研究者的个人经验作"解释性理论"，挖掘出隐藏在故事背后的深层意蕴，但这并不意味着叙事研究是漫无目标地胡乱研究，而是指研究者在研究之前对研究结果作预先假设，不是为验证某个理论而研究，而是让结论在故事中显现出来，让现象本身展现现象的"质"。

第二节　教育叙事研究的实施过程

一、确定研究问题

叙事研究在开始时需要发现值得探究的内隐教育问题的教学现象，必须包含某一需要关注和探究的教学研究的问题。比如，在新课程改革的背景下，广大教师在教学中普遍面临的问题，如如何联系学生的生活实际？如何进行个性化教学？如何积极开展师生间的互动？如何走进学生的心理世界？如何营造师生积极互动的氛围等。开展叙事研究，需要研究者通过与教师、校长、学生等一起深度交谈，阅读教育故事等方式，寻找并确定有"意义"的问题。

此外，在确定问题时，要考虑所探究的教育教学现象与内隐的研究问题是否真有价值，有多大，是否能够透过个别事件揭示出教育教学生活中某些本质特征以至教育发展的必然规律等。还有就是所探究的教学现象及内隐的研究问题是否有新意。

二、选取研究个体

确定研究问题之后，研究者需要把生成研究问题的教育教学场域中的相关人员或事件作为研究个案，进行必要深度与广度的研究。而对于大学或研究机构的研究者来说，是有目的地寻找作为研究参与者的个体。研究参与者可能是一个或几个经历了某一特定问题的典型人物，抑或是一个或几个经历了某一特定境遇的关键人物。在研究个体的选择上，可以参照质的个案研究对象的选择标准来确定。

三、进入研究现场

作为研究者，明确研究问题，选取研究对象，思考自己的个人因素及其与被研究者之间的关系对研究的影响以后，便面临着如何进入研究现场的问题。

研究者进入现场主要包括以下几个方面的工作：确定和接触"守门员"，选择进入现场的方式，了解被研究者内部的权力结构，选择合适的交流方式，正确处理进入失败的情况等。进入研究现场不是一项一次性的工作，也不是一件一劳永逸的事情，需要研究者持续不懈地努力。

校外研究者进入学校、观察教师的教学活动并与教师一起"交谈"有关教学研究的问题即是"进入现场"。叙事研究是相互合作的过程，包括在研究进行时各自讲述自己的故事，并再次复述的过程。在开始讲述叙事研究的故事时，研究者应当意识到要建立一种人人都有发言权的关系。当一个人努力试着与别人交谈时，为争取发言而作的努力就开始了。找合适的话语、说出自己的想法、感到别人已经听见，都是这个过程的一部分。研究者应首先听参与者讲故事，但这并不是说研究者在研究过程中一直保持沉默，而是指在研究过程中长期处于沉默状态的参与者应当有时间、空间来讲他（她）的故事，便于他（她）也能像研究者的故事一样，获得权威性和合法性。

如在"初中初任语文教师专业成长的叙事研究"中，作者"在研究中，我尽可能'悬置'自己的观点，更多的是作为一个'学习者'，保持一种好奇的状态，了解合作教师所经历过的成长故事，观察他们正在经历的成长状态，了解他们对自己的专业成长经历的所思所想，把我看到的、听到的和自己的当时感受尽量如实地记录下来。和他们的交流话题尽量放开，听他们细说自己的故事和故事中的感受，并通过探问挖掘其中的细节。在研究中尽量鼓励合作者用自己的方式讲述其经历的故事。其次，随着实际研究的深入，要想真正与合作教师达到'视域的融合'，就需要全身心地投入，进入他们的期待视界，深入体察他们在专业成长过程中的经历和遭遇，和他们达成情感的共鸣，这就要求我从'局外人'转为'局内人'，站在合作教师的立场上去思考，去感受。由于我个人曾经也走过初中初任语文老师的成长历程。"

四、构建现场文本

叙事研究中，研究者在现场进行观察、记录，搜集教师与学生个体的教学故事、建构现场文本是一项基础性工作。如果现场文本积累较少，缺乏时间的连续性和内容的连续性，叙事研究将无法有效进行。

叙事研究可以立足于日常教育教学实践。也就是说，课堂、学校，甚至所有存在教学活动的地方本身都是我们进行教学叙事研究的现场。在教育叙事中，自我与社会均是叙事之物，社会条件、话语和叙事实践交织在一起，塑造了自我及其身份的属性。但是，即便是自身或他人的叙事，都不仅仅是实践的实录，而体现为研究者与参与者之间的合作关系，并且是一种经过选择、演绎、诠释的经验经历过程。作为研究者，我们是组成这个过程的重要部分，通过探究过程的建构和重构，参与者与研究者的故事部分变成了一个人的故事。记录这些故事的资料，就是现场文本，而在研究现场收集到的有关研究对象的其他既有文本资料，因其诠释理解必然整合进研究现场的信息，所以也可以视为现场文本。换言之，现场文本可能是共同经历的现场记录，可能是研究采访、日志、自传材料、口述历史，也可能是教师故事、家族故事、照片图片、生活日记、信件等等。

（一）教师故事

叙事研究过程中，当教师描述他们的教学、解释他们的活动并回顾其教育教学生活经历时，他们会讲许多故事，叙述不同情境中发生的一系列事件。每个故事均有一定的结构特征，包括叙事者、情节、场景、人物、事件。那些无法忘记并能再现出来的经历将会成为故事所叙述的基本内容，而我们也凭借记忆或再现走入逝去的经历，通过再现，通过讲述故事的方式，来研究教师过去的经历。这些故事可以作为教育叙事研究的重要资料。

（二）书信

书信往往能够揭示许多有关个人思想的知识和社会背景。当将书信作为一种专门的研究技术来使用时，可以让教师反思他们的教学、课程以及课外的经验等，描述行为、事件以及自己的思考。在这里，书信类似于日记，所不同的是此时它是研究者与研究对象的对话，研究者选择对话的主题、讨论的重点，它是书面进行的谈话。当今，书信可以通过互联网予以及时传递。

（三）自传体和传记作品

任何一个人都享有非他莫属的生活历史。自传体材料可以由参与者写作或出现在他们讲述的故事中，记录下他们的历史、希望、志向、个人或专业的故事。研究者通过叙述被研究的个人经历，呈现其中蕴含的意义。

（四）日志

作为一线教师的研究者在实际教学环境中所写的教学日志，或研究工作日志是叙事研究的又一重要资料来源。日志提供个人对即时事件的描写、感受，通常属于个人的记录。日志不一定为即时记录，但一定是当天或尽可能及时的记录，可以体现为对事件的回顾、反思和评价。

（五）访谈记录

通过深度访谈，可以使访谈者深入参与教师的内心世界，从而获得更为翔实的资料。叙事研究不可能主要通过一套规范并有固定选项的问卷来获取事件的意义、理解和诠释，比较而言，访谈在叙事研究中比问卷重要得多。可以通过记录结构性的、非结构性的和半结构性访谈，来获取所需要的现场文本。

结构性访谈时根据自己想知道什么而设计一系列恰当的问题，然后以这些问题为基础展开谈话，获取自己想要的信息。主要采取经过精心准备的问题，并以这些问题与被访者进行访谈。其优点在于能够通过问答，简捷地了解被访者的故事，目的性和引导性强。但是，这也容易使问题简单化，而忽视问题以外可能存在的重要材料。

非结构性访谈中，访谈者之间没有固定的对话形式和话题，可以想到哪说到哪，这种访谈方法往往可以收到意想不到的效果。尽管可能会导致记录烦琐，增加整理谈话记录的工作量，但避免了引导性的问题，能够避免被访者使用你的问题方式来回答问题，而促使他们用自己的方式思考。在教育叙事研究中，研究者采用的问题应当能够探明教学过程的各个方面，包括教学计划、对教学的反思，以及教学发生的情境等，询问的问题应包括学生、教材、教学设计、课堂组织与管理等等。在访谈中，通过诸如"告诉我更多关于……""为什么……""你有没有考虑过……"等方式进一步探明问题的答案，询问教师是否有类似的经历，这件事是否曾影响了他在同样情境下的教学实践；询问是什么原因使他采取这样的实践方式，等等。在访谈中，注意倾听教师的谈话，跟随教师的思路去跟踪实践的进展，而不是用研究者的思路去引导他们。

（六）现场记录

现场笔记作为深化叙事的方式，既可以由研究者进行观察或访谈时自己撰写，也可以由研究者草拟思路，由参与者撰写。在形式上，它不是单纯的资料性记录，可以有多种形式，如描述性记录，这是指对于当时场景或氛围的理解性描述；现场备忘录，即由观察而联想到的相关理论观点，往往你当时的联想是一瞬间的闪现，过后容易遗忘，而及时记录下来会对以后的研究工作与思考带来极大的便利；观点摘录，在于你能够及时地记录和梳理对方所呈现的观点和意义；一己之见和推论等，可以在观察或访谈中记录你当时的感受和想法，对于以后的诠释工作具有重要的参考价值。

其他的叙事研究资料来源包括图片、个人记忆、教学计划与简讯资料、隐喻与个人哲学等。

资料的收集是叙事研究重要的过程和步骤。如何能把现场经验转化为现场的文本资料，是叙事研究的重要工作。在资料的收集中，研究者要紧密联系自身的实践知识，有属于自己的一套资料取舍技巧，保证所取舍的内容能够完整、方便地呈现对象的真实面貌；同时，研究者与参与教师之间必须建立一种真正的合作研究方法，双方基于平等对话的、具有共同研究兴趣与目标的合作关系；研究者还必须保持敏锐的头脑和反思的意识，有敏锐的头脑，在讲述和复述故事中，那些纠缠不清的东西才能变清晰，有反思的意识，才能时刻促进双方关系的改善，并使研究者努力把握现象背后的完整意义。

在现场文本的撰写中，对于叙事探究者来说，最重要的是要说明自己的现场文本是如何定位的，因为现场文本的定位是文本的认识状态的结果，而且最终的研究本文也必须从现场文本中产生。

如在"初中初任语文教师专业成长的叙事研究"中，作者在"研究中搜集的资料主要是访谈资料、课堂观察笔记以及合作教师的教案、课后反思、教学计划与总结等实物资料。通过多次访谈，倾听初中初任语文教师对自己的专业成长经历的叙说，以及他们对所经历故事的所思所想，了解他们叙说故事时的情绪反应，通过探问和追问的方式了解他们的心理活动和思想观念。在课堂观察中，主要是走进初中初任语文教师的课堂教学中，作为一名听课者来观察其上语文课的全过程，全面了解其课堂教学中呈现出来的实际状况。实物收集主要是在当事人同意的前提下，对其在初任经历中所产出的教案、教学反思、教学计划与总结等的收集。它是在自然情境下产出的产品，有利于提供一定的背景知识，也能够起到和其他资料互相补充、相互印证的作用。在研究中尽量做到及时对资料进行归类整理，并采用扎根理论的方式对资料进行分析，所得结论来自于对资料的处理与分析。"

五、分析研究资料

（一）阅读原始材料，重新讲述故事

分析资料首先是认真阅读原始资料，熟悉资料的内容，仔细琢磨其中的意义和相关关系。在对资料进行分析前，研究者应对资料至少通读两遍，直到感觉对资料了如指掌，完全沉浸到了与资料的互动之中。在阅读原始资料的时候，研究者应该采取一种主动"投降"的态度，这意味着研究者把自己有关的前设和价值判断暂时悬置起来，让资料自己说话。

其次要把现场文本资料加以重新组合，从资料中找出其中的模式、脉络、冲突、主题等统整为故事的情节与场景，然后才能根据这些情节与场景，尝试发现与建构其蕴含的意义。叙事研究中的故事所包含的意义，常是多层次与多侧面的。因此研究者要做"诠释的现象学式的反思"，以便通过它从不同的经验说明材料中找出有说服力的、有意义的、有主题的东西，从而获得经验意义的深层理解。

在阅读原始资料并分析其意义的基础上，研究者要对资料进行编码并重新讲述

故事。从纯粹技术的角度看，每一个教育故事的重新讲述一般要经历以下三个阶段。

写出原始故事。这一阶段相当于完成从现场到现场文本的建构工作。有些故事，如利用录音或录像设备搜集的故事要在其转译稿基础上制作成现场文本。如果已经是研究对象提供的文稿形式的故事，或者参与者提供的某些反映自己教育故事的书面材料，就可以直接进入下一阶段。

编码和转录故事。把搜集到的现场文本的故事由研究者按照故事所包含的基本元素进行编码、转录。研究者首先要根据研究目的和研究问题的特点建立一套编码体系。

具体可以采用奥勒莱萨提出的组织故事元素作为问题解决的叙事结构，将故事所包含的基本要素分解为背景、人物、活动、问题和解答等五个方面。

背景——故事背景、环境、地点条件、时间、地点位置、年代和纪元；

人物——故事中描述的个体原型、个性，他们的行为、风格和做事模式；

活动——贯穿在故事中的个体动作，说明人物的思维或者行为；

问题——要回答的问题，或者要描述或解释的现象；

解答——对问题的回答，对引起人物发生变化的原因的解释。

利用故事的基本元素重新书写故事。研究者把已经转录出来的"骨架"型故事，按事件发生的时间顺序重新书写成清晰的包含故事基本元素的一个序列性文稿，往往以第一人称讲述。如上述编码后重新讲述的故事的序列内容是背景、人物、活动、问题和解答这些基本要素。故事的重新讲述以地点（如某某学校）和人物（我）开始，然后是事件（如教学过程中出现的不愉快、困惑或者兴奋等行为）。

（二）调查"关键事件"，寻找"本土概念"[1]

搜集资料一旦开始，分析资料也就同时启动。分析资料时，研究者可以考虑一些基本的策略，及时撰写备忘录，并从备忘录中寻找"关键事件"与"本土概念"。

1. 调查"关键事件"

调查研究表面上看是从"进入现场"开始的，但实际上是从研究者发现值得调查的"关键事件"开始的。一旦在调查的过程中发现了某个值得关注的"关键事件"，那么，研究者就可能因此而进入正式的调查研究。

关键事件既包括那些隐含剧烈"矛盾冲突"的重大事件，也包括那些悄无声息的某个或某些痕迹。如：堆砌在垃圾桶里的文件数量，显示了工作量；个人藏书的数量，显示了文化涵养；教室黑板报的出现，显示了教师对学生创造力的关心，

---

[1] 刘良华. 教育叙事研究：是什么与怎么做 [J]. 教育科学研究，2007（07）：84-88.

等等。

2. 寻找"本土概念"

本土概念是被研究者经常使用的、用来表达他们自己看世界的方式的概念。这些概念通常有自己的个性特色，与学术界或社会上一般人使用的概念不太一样。本土概念不必是研究者本人或研究者所属文化群体不知道的概念，只为被研究者群体所占有。即使一个概念在研究者看来"非常平常"，但是只要这个概念对被研究者来说具有一定的意义，就可以被认为是他们的本土概念。

某个或某些"本土概念"既可能很强烈、很扎眼、很刺耳地呈现出来，也可能隐藏在被研究者的生活方式内部。无论直接呈现还是安静地隐匿在被研究者的生活中，"本土概念"就在那里，要看这个词语是否频繁出现或被"重复使用"。这些频繁出现的、被重复使用的词语隐含了被研究者的生活信念、思维习惯与文化特色。这个或这些词语隐藏了被研究者的"文化密码"，能够"牵引"出被研究者的真实生活。判断一个词语是否能够成为"本土概念"的另一个标准，是该词语是否隐含了被研究者的某种生活"冲突"以及相关的"关键事件"。

六、撰写研究文本

教育叙事研究的关键环节是撰写和呈现基于研究参与者个体经历故事的叙事研究报告。如何以独特的方式进行文本的叙述、解读和写作，封·马南归纳了七种写作方式：

①现实主义的故事。讲求纪实性，尽可能真实地再现生活现场和当事人的经历，作者的态度冷静、客观。②忏悔的故事。作者坦诚地敞开自己，以谦虚、真诚的心态记录现场的文化习俗。③印象的故事。即详细地记录事件发生时的情景及当事人的瞬间反应，描绘生动形象，主观感受很强。④批判的故事。对社会的不平等、不公正进行抨击，写作上褒贬鲜明、感情强烈。⑤规范的故事。其研究目的是建立并展示规范的理论，写作风格严肃、逻辑性强。⑥文学的故事。十分讲究文学上的叙事技巧，如细致的人物刻画、充满戏剧性的转折、伏笔和前后的照应等，读起来引人入胜。⑦联合讲述的故事。共同创作文本，发出双方的声音。❶

从教育叙事研究报告的文本特征分析，通常的写法有三种❷：

第一是纯叙事。将调查研究中所获得的资料整理成一份有情节、有内在线索的故事，相关教学理论则隐藏在故事深处，研究者也可以在叙述故事的过程中发表有

---

❶ 陈向明．质的研究方法与社会科学研究 [M]．北京：教育科学出版社，2000：352-365．

❷ 刘良华．教育叙事研究：是什么与怎么做 [J]．教育科学研究，2007（07）：84-88．

节制的议论。此种方法的优点是将教育理论比较巧妙地隐含在有情节的故事中，让读者在阅读对话过程中发生某种隐性学习。缺点是，教育理论一旦隐藏在故事中，道理就可能被故事淹没而化为无形。故事的价值与意义是否能够被领会，不仅取决于故事本身的质量，还取决于读者的理解水平。

第二是聚类分析。聚类分析的写法是将调查研究中所获得的材料分门别类，每一个类别实际上就是一个相关的教育主题或教育道理。分类之后，再用相应的材料或故事来为这些教育主题或教育道理提供"证词"。

优点是主题清晰，直接将相关的教育道理告诉读者，不用读者自己去猜想和琢磨。

缺点：可能过于直接地将相关的教育道理强硬地公布出来，没有给读者留出足够的对话建构空间。此外，这类报告很可能因缺乏内在的情节与线索而降低读者的阅读兴趣。

第三类是综合叙事，即综合前面两种写法，既在整体上保持故事的完整性、情节性，乃至生动性，又恰切解释议论故事包蕴的教育主题或意义，且二者内在连接紧密。具体的写法要么显示为夹叙夹议，要么显示为先叙后议，少量文本也局部采用先议后叙的写法。

第三节　教育叙事研究的价值和注意事项

叙事研究方法虽有一定的理论依据和发展历史，但是也不断承受着来自各方的批评与讨论，叙事研究方法本身也不断进行自我的建构与发展。

一、对叙事研究的批判

（一）对叙事研究方法本身的批评

1. 缺乏信度与效度

反对叙事研究者认为，叙事研究的可靠性存在问题，研究信度不高，研究结果难以验证。例如，教育叙事研究中，实践中的教育故事是无限的，各式各样，要在其中寻找反例易如反掌；有时，教育故事和叙事会给教育实践带来误导，引入歧途。叙事研究主观性较强，研究易受研究者个人倾向的影响，随意性较大。研究参与者还可能会伪造数据或不能讲述真实故事，影响研究信度与效度。叙事研究难以解释普遍性的问题，难以建构理论，个体的故事不一定能得出一般规律，因此认为，叙事研究结论推广程度有限。

2. 参与者的声音被削弱

叙事研究参与者的声音在最终的叙事研究报告中可能会在一定程度上被削弱。只要有重新叙说的行为存在，叙事研究报告中的故事就有可能演变成反映研究者个人浓重色彩的故事，而非反映研究参与者声音的故事。

3. 对研究者要求较高

叙事研究对研究者的要求较高。在确定研究问题时，需要独具慧眼，捕捉有价值的教育事件；在收集资料过程中，要创设自然轻松的氛围；在分析资料时，需要一定的理论基础和诠释能力；而完成叙事报告则要具备良好的文字表达能力。

（二）针对方法使用的批评

1. 研究的封闭性

叙事研究是一种开放式的研究，旨在揭示事件背后的教育意义，而意义的解释是多元和开放的，处于未完成状态。目前的叙事研究中，研究者的意义解释是一次完成的。整个研究由研究者的提问引领，通过故事得出研究结论，再加上研究者的前设，使叙事研究呈现出"过程—结果"的封闭性结构。

2. 缺乏深度描写

叙事研究的是故事。只有深度的叙事描述才有可能诠释经验意义，只有通过意义诠释和经验分享才能达成真理的理解。目前的叙事研究者注重事实的描述，他们把叙事者的生活经历、职业生活场景用平实的语言清清楚楚叙述出来，但对叙事者产生重大影响的事件缺乏深刻的剖析，没有进一步挖掘这些事件如何影响叙事者，而缺乏解释力度和深度。

3. 叙事方式的偏颇

有论者认为，教育叙事应该真实。甚至有论者认为，叙事的过程应该是再现事件的过程，要求作镜式反映，既不能夸大，又不能缩小，叙事的过程要像小学生写记叙文一样，一些必须突出强调的要素都要具备。

4. 报告的模式化

有论者认为，从叙事文本的写作方式看，目前大多数叙事研究者采用了几乎同样的写作框架和程序：研究背景—研究过程与方法—结果与分析—结论。而教育叙事研究报告应该没有一个固定的模式，应该是百花齐放，千姿百态，给人以启迪和回味。

二、叙事研究方法的价值与优势

教育叙事研究方法有其自身的优势，特别适合教育科学研究。具体表现在：

（一）有助于教育科学研究视角的转变与完善

叙事研究提供了从内向外的研究视角。教育叙事研究认为，教育知识也可以蕴藏于一线教师的实际工作和环境中，必须既从内部也从外部两个角度来省察和创生。其次，教育叙事研究提供了经典教育思想到一般知识、信念与思想的研究视角。教育叙事研究能够将一般的知识以故事或当事人经验的方式呈现出来，以促进教育科学研究者惯有研究视角的丰富与完善。

（二）有助于提升教育生活世界的价值与意义

故事叙说促使作为个体的研究参与者以自己的生活经历为背景去反观自己和观察世界，使其内在地承受着对自己的言行给出合理解释的思想压力。在此种思想压力下，研究参与者不得不冷静地思考，不得不倾听自己内心深处的声音，不得不站在自己的角度反思与发掘自我。故事叙说有助于促进研究参与者系统梳理和深入思考自己遇到了什么问题、怎样遇到这个问题和怎样解决这个问题，给看似平凡、普通、单调、重复的活动赋予独特的意蕴，有助于研究参与者发掘并提升日常教学生活中例行事项的深层意义，并由此促进人们对教育生活的理解。

（三）有助于教育理论的丰富与发展

教育叙事属于"发现"，而不是"证明"的质性研究范式，遵循自下而上的归纳逻辑，致力于从故事本身寻找内在的"结构"，而不会先入为主地用演绎的概念框架去提取或套系故事。扎根是教育叙事研究的方式，要求教育经验叙述不能停留在故事本身，而是遵循扎根的逻辑去建构情境性的实质理论，并走向抽象的形式理论。

教育叙事研究其实就是要回归各种各样的教育教学经验，并使研究者、事件当事人以及读者在日常生活的叙事探究中理解教育教学经验的丰富意义，使教育科学研究与教学实践息息相通，切实推进教学理论的丰富与发展。

（四）有助于教育实践的指导与改进

教育叙事研究强调参与者以叙说故事的方式表达对教育教学现象的理解和揭示，反思自己的教育教学生活。这不仅能使研究参与者对自己的教育教学进行适时总结，而且可以为他们日后的教育教学提供丰富经验，进而改进教育教学行为，更新观念。研究参与者叙说自己的教育教学故事，是通过自我叙说来反思教学生活，并在反思中改进教学实践，重建教学生活。

从教师个体来看，以叙事探究的方式，走进教师的教育教学生活，使缄默的思想显性化，使教师内隐的个人化的教育教学理论显性化，启发和引导教师对自身情境和经验进行多视角、多层次的反省，可以促使教师发现和澄清自己的隐性教育观念，把新的教育理念转化为自觉的教育教学行为，实现教育教学实践活动的改进。

三、教育叙事研究的注意事项

（一）注重伦理规范

首先，确保研究的参与者都是自愿地参与研究，并且理解这项研究的性质以及所包含的危险和义务，做到参与者知情并同意参与。其次，除非当事人同意研究成果使用其真实的姓名和单位等信息，否则研究对象的身份必须保密。最后，当研究成果正式发表或出版之前，应该让参与者事先有机会阅读书面的研究成果，参与者可以调整其认为不合适的内容或说法。

（二）建立平等关系

教育叙事研究采取自下而上的研究取向，特别要求民主平等精神，要求发自内心的诉说、真正的倾听。研究者与叙事者都是叙事研究的理解者和建构者，地位是完全平等的。要努力拉近叙事者与研究者的距离，消解不平等关系，为叙事研究提供良好条件。

（三）加强资料检核

加强资料检核是提高教育叙事研究信度、效度水平的重要环节。面对参与者叙说的故事、提供的叙事资料，研究者要考虑其是否真实、可靠，研究者可采用多元的田野文本资料搜集方式，加强数据资料的三角交叉验证检核，邀请参与者协助检查或督察，在很大程度上可以提高资料检核的可靠性，从而提高研究信度、效度。

🧑‍🤝‍🧑 思考与练习

1. 教育叙事研究有什么优点和缺点？
2. 教育叙事研究的实施程序是什么？
3. 教育叙事研究在实施过程中的注意事项有哪些？

⚛ 实践与训练

根据当前所关注的某一教育问题或教育现象，选择具有代表性的个案进行教育叙事研究，能够根据研究问题，设计教育叙事研究的实施程序及访谈提纲等。

第十章

内容分析法

【知识目标】

1. 掌握内容分析法的内涵。

2. 熟悉内容分析法在实施时的具体步骤。

3. 理解内容分析法的优缺点。

【任务目标】

能根据本章所学，就某一主题，采用内容分析法开展深入的研究。

➡️ 问题导入

在研究资料的形成阶段，我们讨论的各种研究类型（如实验法、调查法、观察法、行动研究法、质性研究等）都是要求研究者不同程度地介入研究对象。由于研究者成为实地调查者，因此会在研究过程中或多或少地改变研究对象。而非介入性研究（主要包括内容分析、话语分析和符号分析等）则是一种在不影响研究对象的情况下对教育资料进行分析的方法。它可以是定性的，也可以是定量的。由于教育科学研究中资料分析的来源十分广泛，既可以是文本资料，也可以是声音或影像资料，因而，面对不同的资料内容，可以采用相应的资料分析方法。而内容分析，就是对各种媒介所承载的文本信息进行系统分析，以发现和预测社会经济变化趋势的一种研究方法。这种分析方法，可以使研究者无须身处实地来研究教育生活，并且不会在研究过程中影响到研究对象。随着现代社会的发展、信息传播工具的日益增加和信息内容的急剧扩大，内容分析法在教育科学研究中逐渐得到广泛应用。本章即对内容分析的起源、特征以及操作步骤进行概括介绍，并对其在教育科学研究中的应用作初步探讨。

第一节　内容分析法概述

内容分析最早产生于传播学领域。第二次世界大战期间美国学者拉斯韦尔等人组织了一项名为"战时通讯研究"的工作，以德国公开出版的报纸为分析对象，获取了许多军政机密情报。这项工作不仅使内容分析显示出明显的实际效果，而且在方法上形成了一套模式。20世纪50年代美国学者贝尔森发表的《传播研究的内容分析》一书确立了内容分析的地位。真正使内容分析法系统化的是奈斯比特。其享誉全球的《2000年大趋势》一书即是运用内容分析对美国社会变化的动态和趋势进行研究的趋势报告。在奈斯比特的推动下，内容分析方法日趋成熟。20世纪60年代计算机进入内容分析领域，对内容分析的发展产生了实质性影响。内容分析法作为一种较高层次的情报分析研究方法，其研究与应用价值是十分可观的。它能被应用于研究任何文献或有记录的交流传播事件，因此应用领域十分广泛，包括从市场和媒体研究，到人种和文化、社会学和教育学、心理认知科学以及很多其他研究领域，在不同领域中的研究能发挥不同的功效。

一、内容分析法的含义

对于内容分析法的定义，各个研究者从不同的角度进行详细的阐释。例如，布里森将内容分析定义为对显现的内容进行客观与系统描述。美国传播学家将内容分析法定义为一种对具有明确特性的传播内容进行客观、系统和定量的描述的研究技术。克林格认为内容分析的实质是以系统客观的方式度量被分析内容中所携带的某种变量。尽管不同的学者给出的具体定义有所不同，但从本质上来说区别并不大。

内容分析法是一种对文献内容进行客观、定量和系统描述的研究方法，旨在分析出关于研究文献中本质性的事实和趋势，揭示文献中含有的隐性情报内容，对某领域做情报预测，是人文社会科学领域普遍使用的一种研究方法。实际上，这里的文献内容含义广泛，包括任何形式的传播媒介，如书籍、杂志、网页、诗歌、报纸、歌曲、绘画、讲演、信件、电子信息、网络上的布告、法律条文和宪章，以及其他类似的成分或集合。教育科学研究者利用内容分析的方法，可以对教育文献、课本、课堂讲授、视听教材、直观教具、学生反应、学生练习甚至特殊教育等问题进行研究分析。研究者可以从中比较处于不同时代、不同地区、不同文化、不同国别中的人的教育意识、信念、态度或价值观，可以注意到某种教育思潮的兴起和衰落。

内容分析法的对象不仅包括媒介中的显性内容信息，也包括隐性内容信息。显性内容即可见的表面内容，是与内容分析法相关的、传播媒介中所包含的有形的词。比如，为了确定某课程是否能够促进学生批判性思维的发展，研究者只需要简单地统计在课程大纲里出现"思维"这个词的次数即可。而隐性内容刚好区别于显性内容，是与内容分析法相关的、传播媒介中所隐含的意义。隐性内容一般是通过外在信息间接表现出来的这些事件现象或过程的特征、性质。内容分析法的目的是弄清或测验媒介中本质性的事实和趋势，对事物的发展作出预测。比如，研究者可能会通读整个课程大纲或者选择几页作为样本来阅读，然后，再对该课程对于发展学生批判性思维的程度做一个总的评价。虽然研究者的评价可能会受该文件中"思维"一词出现频率的影响，但是，不会完全依赖于这个词的出现频率作判断。从这个角度上来说，内容分析法是一种对研究对象的内容进行深入分析，透过现象看本质的科学方法，对于定量分析研究文献具有明显的效果。

二、内容分析法的历史发展

内容分析作为一种正式研究方法诞生于第二次世界大战期间，至今已经历了以下几个发展阶段。

（一）实践探索期

第二次世界大战期间，盟军为了获取有关德国社会、经济、政治等方面的动态情报，曾建立了庞大的间谍网。但严密的消息封锁和帝国的反间谍活动使得这一工作很难开展。在著名传播学家保罗·拉扎斯菲尔德和哈罗德·拉斯韦尔的倡导下，美国情报部门决定从公开的文献情报中发掘所要的信息。他们选择了德国公开发行的报纸为目标，通过对其内容的分析和研究，出乎意料地摸清了德国社会的基本情况，很快，这一新的方法又运用于太平洋战区，在对日情报战中发挥了重要作用。

（二）理论研究期

战后，美国政府组织传播学、政治学、图书馆学、社会学等领域的专家学者与军事情报机构一道对内容分析方法进行了多学科研究。有关这一方法的内容与步骤，如分析单元、定性与定量的比较、频度的测定与用法、相关性和强度的衡量及信息量的测度等问题都得到了不同程度的研究，并提出了初步的模式和理论。20世纪50年代美国学者贝雷尔森（Berelson）出版了《传播研究的内容分析》一书，确立了内容分析法的地位。

（三）基本成形期

20世纪60年代计算机进入内容分析领域，对内容分析的发展产生了实质性影响。60年代初，内容分析方法开始在美国情报部门推广使用，特别是用于对社会主义国家的情报分析。如在我国香港地区就派驻了近 30 名中国观察员收集我国的各种报刊，进行内容分析。此后不久，内容分析方法进入美国大学的传播学、政治学和社会学课堂。60 年代末，西方图书馆学、情报学将内容分析法引入了自己的方法论体系。70 年代，这一方法在北美、西欧的社会科学各学科中开始应用，而且在社会学和比较政治学中成效显著。1971 年，哈佛大学的卡尔·多伊奇等人将"内容分析"列为从 1900 年至 1965 年 62 项"社会科学的重大进展"之一。

（四）发展完善期

20 世纪 80 年代以来，内容分析方法不断吸收当代科学发展的养料，用系统论、信息论、符号学、语义学、统计学等新兴学科的成果充实自己，在社会发展和国际政治研究等领域中发挥了重要作用。如美国未来学家约翰·奈斯比特依据这一方法创办了著名的《趋势报告》季刊，出版了被誉为"能够准确地把握时代发展脉搏"的论著《2000 年大趋势》，该书就是运用内容分析法，成功预见了网络和全球经济一体化等现象，真正使内容分析方法系统化，从而使这一方法受到世人瞩目。

经过近一个世纪的发展，内容分析法已经成为社会科学领域一种正式的研究方法，并且成为问卷调查等传统研究方法的重要补充。现今广泛应用于教育部门、媒体和企业等，包括市场研究、传媒研究、社会学和政治学研究、企业竞争情报信息分析研究。

三、内容分析法的分类

（一）定量的内容分析与定性的内容分析

从分析方法上来说，内容分析大致分为定量分析和定性分析两种。

1. 定量分析

定量分析是用比较规范的方法读取相关的、传播媒介的内容，把媒介上的文字、非量化的有交流价值的信息转化为定量的数据，建立有意义的类目分解交流内容，并以此来分析信息的某些特征。其实这里的量化也是基于定性分析之上的，它需要对媒介信息内容进行透彻的理解和分解，进而对媒介信息内容进行质的把握，并在质的把握的基础上得出结论，因此可以说定量取向的内容分析是一种半定量研究方法。

2. 定性分析

定性内容分析法主要是对文本中各概念要素之间的联系及组织结构进行描述和推理性分析。举例来说，有一种常用于课本分析的完形填空式方法，即将同样的文本提供给不同的读者，或将不同的文本提供给同一个人，文本中被删掉了某些词，由受测者进行完形填空。通过这种方法来衡量文本的可读性和读者的理解情况，由于考虑到了各种可能性，其分析结果可以提供一些关于读者"理解层次"和"译码能力"的有用信息。与定量方法直观的数据化不同的是，定性方法强调通过全面深刻的理解和严密的逻辑推理，来传达文本内容。定性分析主要由研究者通过阅读、收听或观看，然后依靠主观的感受理解、体会和分析，来解读、判断和挖掘信息中所蕴含的本质内容。在这种研究方式中，研究者的主观分析占据绝对重要地位。比如，刘小京的文章《静悄悄的革命：中国农村土地制度变通问题研究》，就是通过对新中国成立以来各种制度的话语分析，研究中国制度运作和制度变迁的特殊规律。

（二）解读式内容分析、实验式内容分析与计算机辅助内容分析

从分析过程上来说，内容分析法主要有以下几种方式：

1. 解读式内容分析法

解读式内容分析法源于 20 世纪 70 年代的人类学研究，它试图通过精读、理解并解释文本内容，来传达作者的意图。解读的含义不只停留在对事实进行简单解说的层面上，而是从整体和更高的层次上把握文本内容的复杂背景和思想结构，从而发掘文本内容的真正意义。这种高层次的理解不是直线型的结构，而具有循环结构：单项内容只有在整体的背景环境下才能被理解，而对整体内容的理解反过来则是对各个单项内容理解的综合结果。这种方法强调真实、客观、全面地反映文本内容的本来意义，具有一定的深度，适用于以描述事实为目的的个案研究。但因其解读过程中存在不可避免的主观性和研究对象的单一性，其分析结果往往被认为是随机的、难以证实的，因而缺乏普遍性。

2. 实验式内容分析法

实验式内容分析主要指定量内容分析和定性内容分析。20 世纪 20 年代末，新闻界首次运用了定量内容分析法，将文本内容划分为特定类目，计算每类内容元素出现频率，描述明显的内容特征。该方法具有三个基本要素，即客观、系统、定量。作为计数单元的文本内容可以是单词、标记、主题、句子、段落或其他语法单元，也可以是一个笼统的"项目"或"时空"的概念。这些计数单元在文本中客观存在，其出现频率也是明显可查的，但这并不能保证分析结果的有效性和可靠性，因而限制了该方法的应用价值。

3. 计算机辅助内容分析法

计算机技术的应用极大地推进了内容分析法的发展。无论是在定性内容分析法中出现的半自动内容分析，还是在定量内容分析法中出现的计算机辅助内容分析，都只存在术语名称上的差别。而实质上，正是计算机技术将各种方法有效地结合起来，使内容分析法得到了迅速推广和飞跃发展。计算机作为一种数据管理工具，在

数据的搜集、存储、编辑和整序等过程中具有手工方法不可比拟的速度优势。但是首先要处理的一个问题是文件格式的转换，同时建立一套完整的分类体系也是实现计算机内容分析的中心任务之一。这些正是国外学者目前积极探讨的问题。

四、内容分析法在教育科学研究中的适用范围

在教育科学研究中，内容分析不仅是一种广泛应用的资料分析方法，而且本身也是一种独立完整的研究方法。它主要用于如下情况：

① 通过考察专业出版物或者普通出版物，可以对学校教育的趋势进行描述；

② 理解组织模式（通过考察学校管理者的图表、大纲等）；

③ 说明不同的学校是如何以不同的方式来处理相同现象的（例如课程设置模式、学校行政等等）；

④ 推断不同国家的态度、价值观和文化模式（例如，可以考察某些课程或者活动是否受到资助）；

⑤ 比较人们对学校的想法以及实际上的真实情况（例如，比较民意调查的结果和老师或者其他作者所写的关于学校的文章）；

⑥ 理解老师对他们工作的看法（例如，可以考察老师所写的有关其工作的文章）；

⑦ 了解人们对各个学校的感觉（可以看描述相同的学校的电影或者电视节目）。

五、内容分析法的特征

内容分析法是通过考察已经记录好的传播内容来弄清或测验媒介中本质性的事实和趋势，与其他研究方法相比，具有如下特点：

1. 定量与定性结合

这是内容分析法最显著的特点，它以定性研究为前提，找出能反映媒介内容的一定本质的量的特征，并将它转化为定量的数据。内容分析虽然被称为是对媒介信息的数量化研究，但它实际上离不开对媒介信息内容的质的把握。内容分析法就是通过对各种形态的内容作量化处理来判断其趋势和未来方向。它的分析过程有标准的格式和程序，分析结果可以通过数字来表达。例如，找出一定术语的频率，从而使质的内容变得可以测量，能够进行计算。有人在研究《红楼梦》后 40 回的作者是否是曹雪芹时，就曾借助过内容分析法。他将某些常用词语在前 80 回和后 40 回中出现的频率分别统计并进行比较，为自己的观点提供了强有力的证据。

2. 时间及经费的经济性

内容分析法不需要大量的研究人员，也不要求特别的设备，只要能够接触资料并加以编码，就可以从事内容分析。

3. 保险系数相对比较大

其他研究方法在研究中如发现调查或试验做得不很完美，研究者可能被迫要再花时间和金钱去重复整个研究计划。但有时候，要重做一次几乎不太可能，因为被研究的事件可能已经不存在了。然而内容分析法可以比别的研究方法更容易重做其中一部分。而重做时，则可能只需要重新将资料中某个部分重新编码，而不是重做整个研究。

4. 分析时间跨度大

社会现象、事件虽然具有不可重复性，但各种信息载体在一定程度上反映了社会现象的发展历程，所以可以利用信息载体对已经成为历史的社会现象进行分析研究。只要信息载体资料充足，内容分析法即可突破时空条件的限制，对社会进行大跨度、多方面的比较研究。

5. 分析结果较为客观

这包括两层含义：①研究者的个人性格和偏见不能影响结论。分析必须基于明确制定的规则执行，以确保不同的人可以从相同的文献中得出同样的结果。②对变量分类的操作性定义和规则应该十分明确而且全面，重复这个过程的研究者也能得出同样的结论。在进行内容分析的过程中，研究人员与被分析的事物之间没有任何互动，分析结果较为客观。并且在内容分析中所采取的抽样方法，也使得分析论证的结果具有更大的代表性。

6. 研究资料能够增加信度

内容分析法能够将所研究的具体资料进行编码、再编码，甚至三编码，以达到这些编码的一致性，因而增加了信度。

7. 系统性

是指内容或类目的取舍应依据一致的标准，以避免只有支持研究者假设前提的资料才被纳入研究对象。因此，首先，被分析的内容必须按照明确无误、前后一致的原则来选择。选择样本必须按照一定的程序，每个项目接受分析的机会必须相同。其次，评价过程也必须是系统的，所有的研究内容应以完全相同的方法被处理。编码和分析过程必须一致。各个编码员接触研究材料的时间应相同。总之，系统评价意味着研究自始至终只使用一套评价规则，在研究中交替使用不同的规则会导致结论混淆不清。

六、内容分析法与文献分析法的比较

内容分析法与文献分析法既有区别又有联系，联系主要体现在分析对象上，内容分析与文献分析，都是将用文字、图形、符号、声频、视频等记录保存下来的资料内容作为分析对象。

而二者的区别主要是文献分析是按某一研究课题的需要，对一系列文献进行比较、分析、综合，从中提炼出评述性的说明。而内容分析则是直接对单个样本作技术性处理，将其内容分解为若干分析单元，评判单元内所表现的事实，并作出定量的统计描述。文献分析是高于内容分析的方法层次。内容分析是进行文献分析的技术手段。内容分析与文献分析的比较见表 10-1。

表 10-1　内容分析与文献分析的比较

类别方法	文献分析	内容分析
分析对象	对某课题一系列文献的分析综合	直接对单个样本作技术性处理
内容处理	鉴别评价文献内容，并作归类整理	把内容分解为分析单元，断定单元所表现的客观事实
分析程序	文献查阅，鉴别评价，归类整理	预先制定分析类目，并按顺序做系统评判记录
结果表述	对事实资料作出评述性说明	定量的统计描述

第二节　内容分析法的基本过程

内容分析法的一般操作过程包括六大步骤：建立研究目标、内容抽样、设计分析维度体系、量化处理、信度分析、统计分析。框架图见图 10-1。

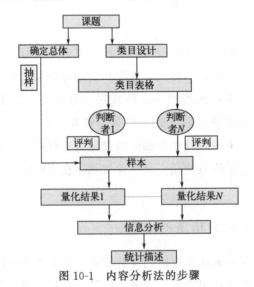

图 10-1　内容分析法的步骤

一、建立研究目标

建立研究目标即确立内容分析的目的。问题可以是自己感兴趣的，也可以是对实际问题的解决。建立研究目标是研究的起点，适于内容分析法的研究目标主要类型有特征分析、趋势分析、比较分析、意向分析等。特征分析和趋势分析的研究类型案例，譬如教师教学能力构成要素的研究和幼儿心理学会近年来研究成果和趋势动向的研究。比较分析的研究目标类型也很常见，比如如果研究若干专业杂志的不同特色，就可以使用这些杂志发表的文章作内容分析，统计代表不同特色倾向的专业词汇出现频率。意向分析的研究目标，可以应用在比如家长入园选择的前期调查阶段，从地方报纸等传播媒介中分析幼儿家长的选择意向。

二、内容抽样

内容抽样就是选取进行内容分析的样本。由于研究者的精力、时间及一些客观因素的限制，研究不可能对所有的材料进行分析，必须采用抽样。这是内容分析中关键的一步，分析内容的选择和抽样方法、步骤的确定，决定分析结果和质量，必须根据分析目的仔细设计。抽样工作包括两个方面的内容：一是界定总体，二是从总体中抽取有代表性的样本。内容分析抽样首先要决定总体，在确定总体时，必须注意总体的完整性和它的特殊性。完整性是指要包含所有有关的资料，特殊性是指要选择与研究假设有关的特定资料。内容分析法常用的三种抽样方式是来源抽样、时间抽样、分析单元抽样。

1. 来源抽样

来源抽样指对资料来源的取样，如选择怎样的小说、绘画、报刊、杂志、电视节目等。

2. 时间抽样

时间抽样指选择哪一段时间的资料进行分析。例如要研究某一规划理论的发展历程，需要对几十年来的有关学术期刊论著进行内容分析，这就需要按时间抽样取得。

3. 分析单元抽样

分析单元是指在内容分析法中描述或解释研究对象时，所使用的最小、最基本的单位。确定抽取资料的分析单元，可能是单词、题目、体裁（例如古典绘画中以山水画，而非人物画、花鸟画作为分析单元研究景观）、段落、项目（例如书或信件）、概念、语意或者是以上各项的组合等。

例如：日本城市规划学会对学科研究成果和趋势的定期研究，在内容抽样阶段就运用了上述多种抽样方式。首先，该研究进行的是来源抽样。因为专业学术期刊多种多样，且很多研究成果收录于相近专业的学术期刊，所以研究确定抽样来源为城市规划、风景园林等相近专业的学会杂志，这样既保证了覆盖面，也体现了权威性。其次，由于该项研究每两年一次定期进行，所以时间抽样确定在过去 2～3 年内出版的最新研究发表论文集和杂志。接下来，分析单元抽样的过程是指在这些论文集和杂志里，通过关键词检索发表的研究论文。被抽样的分析单元在这里指的是研究论文。然后，依照不同关键词将相关论文归类，由这一领域的权威学者负责进行内容分析研究，总结最新研究成果的特点，指明今后的研究趋势。

资料链接10-1

教育领域内容分析的资料来源：

1. 多媒体教学软件和其他 CD-ROM 电子出版物；

2. 网络教育教学资源；

3. 教学电影或电视录像节目（电视教材）；

4. 教师课堂教学的实况录像资料；

5. 各类学术、专题报告的录音、录像资料；

6. 各类教育法令、会议文献资料；

7. 各种教育期刊、报纸、论文、研究报告；

8. 教师的教学计划、教案；

9. 学生的练习、试卷及其他有关学生响应反馈的信息资料。

三、设计分析维度体系

分析维度指根据研究目标而设计的，对资料内容进行分类的项目和标准。设计分析维度体系是内容分析法操作过程中最为核心且难以把握的一步，其地位作用类似于问卷调查法中的问卷设计。设计分析维度体系有两种基本方法，一是采用现成的分析维度系统，二是研究者根据研究目标自行设计。现成的分析维度体系往往来自传统的理论、以往的经验，或对某个问题既往的研究成果。

自行设计分析维度，首先需要熟悉和分析被研究的对象资料，并在此基础上初步拟定分析维度。然后，对分析维度进行试用，了解其可行性、合理性和适用性，再进行修订，直到发展出客观性较强的分析维度。无论是采用现成的还是自行设计的分析维度，都需要进行信度分析，以确保维度体系的客观性。此外，确立分析维度还需遵循如下基本原则：

1. 事先确定

分析类别（维度）必须在进行具体评判记录前事先确定，不能一边进行资料评判数据输入，一边适应性地修改补充。

2. 层次性

分类的层次必须明确，逐级展开，不能越级和出现层次混淆的现象。

3. 定量化

设计分析维度时应考虑如何对内容分析结果进行定量分析，即考虑到使结果适合数据处理的问题。

4. 全覆盖

分类必须完全、彻底适合于所有分析材料，使所有分析单位都可归入相应的类别，不能出现无处可归的现象。

5. 不重叠

分类项目的含义要有明确的限定范围，而且彼此不能重叠。避免出现分析单元既可放入这一栏目，又可放入另一栏目的现象。

譬如在一项关于微课在教育领域的研究当中，研究者选取 2010—2014 年间的核心期刊进行分析，在剔除贺词、献词、随机和会议笔记等不相关文献后，共获取 100 篇核心论文作为分析的有效样本，并分成三个单元对这 100 篇论文进行分析。第一个单元为近五年间核心期刊对微课研究数量的分析，研究者以"微课或微课程"为检索主题，将 2010—2014 年检索到的核心期刊和教育技术核心期刊按照不同年代对其载文数量进行统计，并分析各年间的主要事件。第二个单元为近五年间核心期刊对微课研究主题的分析，在这一项目下，下设了六个分析类目：①研究主题的理论研究，主要包括微课的概念辨析、含义和特点、起源和发展等内容；②实证应用研究，主要包括微课的建设应用、应用现状和应用结果分析等内容；③课程模式设计、开发，主要包括基于微课的教学模式设计、校本模式设计、学习模式等内容；④课程资源设计、制作，主要包括微课的教学资源、学习资源以及资源制作和应用等内容；⑤教学策略与方法，主要指在微课设计和应用过程中遇到问题的解决方法和策略；⑥平台的设计和应用，主要是针对微课发展而设计的实验平台、学习平台和网络平台，并反思其应用效果。第三个单元为近五年间核心期刊对微课研究热点的分析，通过对 2010—2014 年间 100 篇核心期刊的关键词进行梳理统计，得到出现频次排名前 10 的关键词。

四、量化处理

量化处理主要是指评判记录，即根据已确定的分类项目和分析单位对样本中的信息作分类记录，登记下每一个分析单位中分类项目是否存在和出现的频率。分类设计的原则是完全彻底、同一标准、层次明确、先于评判前确定、预先考虑量化处理。即分类必须完全、彻底适合于所有分析材料，使所有分析单位都可归入相应的类别，不能出现无处可归的现象；分类时只能使用同一个分类标准；分类的层次必须明确，逐级展开；分类必须在进行具体评判记录前事先确定；事先考虑如何对内容分析结果进行定量分析和数据处理。做好评判记录工作，需要注意以下几个方面：

① 按照分类项目用量化方式记录研究对象在各分类项目的量化数据（例如有、无、数字形式、百分比）。

② 采用事先设计好的易于统计分析的评判记录表记录。先把每一分类项目的情况逐一登记下来，然后再做出总计。

③ 相同分类项目的评判必须由两个以上评判员分别做出记录，以便进行信度检验。评判记录的结果必须是数字形式。

④ 在根据分类项目出现频数进行判断记录时，不要忽略基数。

五、信度分析

在科学研究中，信度检验是至关重要的一个环节。对内容分析法尤其如此。在多数情况下，内容分析仍然依靠人力进行编码。因此在编码正式开始前需要对编码人员进行相应的培训，并进行编码人员之间的信度检验。信度是指使用相同研究技术重复测量同一个对象时，得到相同研究结果的可能性。内容分析法的信度是指两个或两个以上研究者按照相同的分析维度，对同一材料进行评判结果的一致性程度。确保不同的编码人员对同一份内容给出相同的编码，是保证内容分析结果可靠性、客观性的重要指标。

内容分析法信度分析的基本过程是：

① 对评判者进行操作方法的培训。

② 通常由研究工作者本人作为内容分析的主要评判员，同时安排另外一人或多人作为评判员，每个评判员按照相同的分析维度，对同一材料独立进行评判分析。

③ 对他们各自的评判结果使用信度公式进行信度系数计算。

R 为信度，K 为平均相互同意度，是指 2 个评判员之间相互同意的程度。R 和 K 的计算公式为：

$$R = \frac{n \times K}{1 + (n-1) \times K}$$

式中，n 为编码员数量；K 为平均相互同意度。

$$K_{1,2} = \frac{2M}{N_1 + N_2}$$

式中，M 为两者完全同意的类目数量；N_1 为第一位编码员分析的类目数量；N_2 为第二位编码员分析的类目数量。

④ 根据经验，如果信度分析的数值大于 0.90，则可以把主评判员的评判结果作为内容分析的结果。

⑤ 如果信度值不达标，则需要解决产生问题的环节。可能需要重新修订分析维度，也可能需要对评判者再培训。重复评判过程，直到取得可接受的信度为止。

例如一项研究中有 10 个类目，由 A、B、C 三名评判员进行评判，其评判结果登记如表 10-2 所示。假定 A 为主评判员，评判员 B、C 均为助理评判员，我们可以按照表给出的结果计算 AB、AC 和 BC 之间的相互同意度。

表 10-2 信度的计算

项目	评判员 A	评判员 B	评判员 C
1	√	√	×
2	√	×	√
3	√	√	√
4	×	×	×
5	√	√	√
6	×	×	√
7	×	×	×
8	√	√	√
9	√	√	√
10	×	×	×

求平均相互同意度 K：

(1) 对于评判员 A、B 之间，除了第 2 项意见不一致外，其他 9 项意见都一致，因此他们之间的相互同意度为：

$$K_{AB} = 2 \times 9 / (10 + 10) = 0.90$$

(2) 对于评判员 A、C 之间，第 1 和第 6 项的意见不一致，即共有 8 项意见是一致的，因此它们之间的相互同意度为：

$$K_{AC} = 2 \times 8 / (10 + 10) = 0.80$$

(3) 对于评判员 B、C 之间，第 1、2 和 6 三项的意见不一致，共有 7 项意见一致，因此它们之间的相互同意度为：

$$K_{BC} = 2 \times 7 / (10 + 10) = 0.70$$

求信度 R：

(1) 假如只考虑 A、B 两人的评判信度，则其信度为

$$R=\frac{2\times0.90}{1+[(2-1)\times0.90]}\approx0.95$$

(2) 假如同时考虑 A、B、C 三位评判员的评判信度，则需要先算出三人的平均相互同意度 K：

$$K=(K_{AB}+K_{AC}+K_{BC})/n=0.80$$

三位评判员的评判信度 R 为：

$$R=3\times K/\{1+[(3-1)\times K]\}\approx0.92$$

六、统计分析

统计分析指对评判结果（所获得数据）进行统计分析，描述各分析维度（类目）特征及相互关系，并根据研究目标进行比较，得出关于研究对象的趋势、特征或异同点等方面的结论，对统计分析结果进行有用性和可靠性分析。一方面对分析体系的合理与否提供定量的支持；另外如若体系合理，可以根据结果对实际问题提出解释。解释结论时一定要谨慎，必要时结合口头或文字材料，甚至对研究者的观察做出尽可能切合实际的推断。

为了进一步说明内容分析法的步骤，我们举一内容分析法在心理学研究中简单的事例加以说明。例如，在心理咨询中，我们想知道来访者的认知焦虑程度如何，第一步便是我们把研究的问题确定为"来访者认知焦虑程度的测查"。第二步为抽样，来访者咨询之时，说话的多少不固定，如何选择关于他（她）的认知焦虑材料呢？这关系到抽样。首先，可以在一定标准语的指导下，引导来访者讲"最近生活怎样，有哪些事情让自己感到苦恼"等，然后从来访者所谈内容中随机抽取几段话（共约 5 分钟），作为分析来访者焦虑水平而抽取的样本。然后进入第三步确定分析单元，分析单元是解释来访者认知焦虑差异的最小单位。基于咨询这一特征，最方便的材料取样便是来访者的直接谈话内容，为此分析单元可确定"句子"。第四步即量化分析。一般分析文字材料时，应该确定分析单元归类的体系，但鉴于咨询的特殊性，分析体系应该在问题确定之后依据定性分析事先建立起来。我们可以把认知焦虑分为镇定、轻度、中度、重度四类，每种认知焦虑的类型又可分为对事件难度的估计和对自己应对能力的估计两个方面，每个方面又可区分出几种不同的特征，对每一特征要有明确的操作性定义，并且尽可能详尽列举每一种特征的典型语句。之后进入第五步信度检验，直到取得可接受的信度为止。第六步统计，即把来访者的话，依据类型用一定的数字代表，必要时借助计算机分类汇总，然后按一定的方式计算。

资料链接10-2

一、特征分析

特征分析见图 10-2。

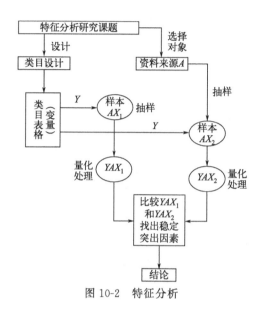

图 10-2 特征分析

图 10-2 中，A 代表反映研究对象特征的资料来源；X 代表对象在不同情境、不同场合时所显示的资料内容；AX_1、AX_2 则分别代表在场合 X_1 和场合 X_2 时的资料样本；Y 则表示类目项，即为测量变量。

通过对某个优秀教师的教学实况录像的内容分析，研究他的教学风格特点，总结他的教学经验；

通过对某些优秀教学电影、电视教材的内容分析，研究它们的编制特色、艺术风格；

通过对某学者学术报告实况录像的内容分析，研究该学者的学术思想、意图和动机等等。

二、发展分析

发展分析见图 10-3。

通过对某个学者或学术流派的代表人物在不同时期所作学术报告的录音、录像资料的内容分析，可以研究该学术流派或某个学者的学术思想发展过程。

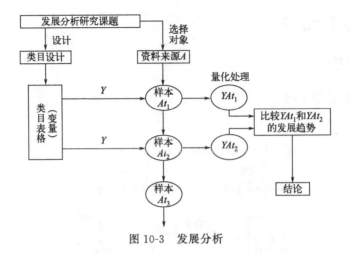

图 10-3   发展分析

图 10-3 中，A 代表反映研究对象特征的资料来源；t 表示在不同时期所显示的资料内容；At_1、At_2 分别代表在时期 t_1 和时期 t_2 的样本资料；Y 则代表类目项，即测量变量。

某幼儿师范学校在新生入学时，对每一位新生要求按规定进行一段语文朗读和舞蹈动作的表演，学校对此进行 5～10 分钟的录像，把所得录像资料按编号归类整理。以后每一学年均按同类型的要求作表演录像，直到毕业。以后，教师可以把语文朗读和舞蹈动作的基本技巧分成若干类目，通过对这些录像资料进行内容分析，便可以分析研究学生在三年学习中的变化发展情况。

三、比较分析

比较分析见图 10-4。

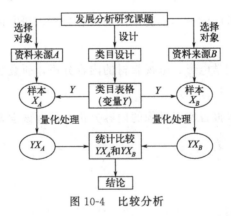

图 10-4   比较分析

图 10-4 中，A、B 代表不同对象的资料来源，它们的样本用 X_A 和 X_B 表示；Y 则代表类目项，即测量变量。在比较分析中，尽管分析对象不同，但分析类目 Y

只有一个，即在共同的测量标准下才能作出有效的比较。

比较不同国家或地区教育电视节目设计思想和制作技巧上的异同；

比较软件公司或学校多媒体教学软件设计思想和制作技巧上的异同；

比较两个学术流派学术观点的异同；

比较不同学校、不同教师的教学方式和教学效果的差异；

比较反映同一学科内容，不同形式音像教材的差别等等。

第三节　内容分析法的优点和局限

一、内容分析法的优点

（一）内容分析是一种基于定性研究的量化分析方法

内容分析法以定性分析为前提，通过对文献内容"量"的分析，找出能反映文献资料内容的一定本质的易于计数的特征，将用语言表示的文献转换为用数量表示的资料，并将分析的结果用统计数字描述，从而获得一般从定性分析中难以找到的联系和规律，有助于克服定性研究的主观性和不确切性的缺陷，达到对文献"质"的更深刻、更精确的认识。这是内容分析法最根本的优点。

（二）客观性与通用性

尽管内容分析法并不属于传统的、主流的研究方法，但它擅长处理敏感的数据和话题，因此已经成为传统教育科学研究方法的重要补充。作为一种科学的研究方法，内容分析法具有客观性、系统性、通用性。研究者根据预先设定的计划按步骤进行，不同的研究者，在不同时间内重复这个过程，都可以得到相同的结论。如果结果不同，就要考察研究过程有什么问题。这里的客观性与前面关于特征分析的客观性有所不同，主要体现在两个方面。第一，内容分析是一种非接触性研究，它不是以人为对象，而是以文献所反映的事物为对象，在进行分析的过程中，研究人员与被分析的事物之间没有任何互动，被研究的事物也不会对研究者做出反应，所以分析结果较为客观。第二，由于文献资料是客观存在的历史记录，所以研究人员对操作对象即文献资料的影响也较小，在内容分析中所采取的抽取文献样本的方法，也使得分析论证的结果具有较好的代表性。结构化研究的最大特征是对量化结果的统计分析，结构化研究方法有明确的目标，研究者只要按照事先确定的方法程序操作即可，该方法得出的结论也十分利于计算机模拟与处理。

（三）低成本与高效率

内容分析法不需要特别昂贵的设备，也不需要大量的研究人员。只要有资料，就可以进行内容分析。内容分析法擅长处理大量的原始数据。相比于问卷调查、访谈、实验等方法，研究者可以以很低的数据收集成本（网络数据）、较低的数据分析成本（两三个编码人员即可），处理大量的数据并产生有效的发现。不仅如此，研究者还可以根据需要对这些数据进行反复的分析加工、查遗补漏。其他研究方法，如实验法或者调查法，如果在研究中发现做得有缺陷，可能就要重新进行一次研究。但是重做一次不太可能，因为被研究的事件可能已经不存在了或者要花上重复的时间和金钱重新开始。而内容分析法只需要重做研究中的一部分，只需要将数据中的一部分编码修改，不必重做整个研究。

（四）适用对象多与适用范围广

研究结果表明，目前基于在线数据的内容分析已经占到此类研究的一半。在数据类型方面，内容分析法不仅可以用来分析论坛讨论帖、邮件、博客等文本数据，还可以用来分析视频录像、视频会议、学生作品等其他音视频数据；不仅可以用来分析访谈、问卷等传统数据，还可以分析论坛讨论帖、博客、微信记录等在线数据。同时，研究发现内容分析法应用在在线交互、技术应用和教学设计三个主题的研究最多，可见，内容分析法可以应用在远程教育领域的各个核心主题。任何有交流价值的信息都能成为内容分析的对象，因此其应用领域十分宽广。从分析对象的内容来说，可以是学术信息，也可以是任何社会信息；从分析对象的性质而言，它可以是文字记录形态的内容（如报纸、杂志、书籍、文献以及其他文字资料），也可以是非文字记录形态的内容（如广播与演讲录音、电影、电视节目、录像、图片等）；就分析对象的来源而言，它既可以是用于其他目的的现有资料（如会议资料、教科书、作业等），也可以是为某一特定的研究目的而专门收集的有关材料（如访谈记录、观察记录、测验内容等）；就分析的侧重点来说，它既可以着重于资料的内容，也可以着重于结构，或对两者都予以分析。

（五）突破时空条件的限制

社会现象、事件等具有不可重复性，而文献在一定程度上反映了社会现象的发展历程，所以可以利用文献对已经成为历史的社会现象进行分析研究。只要文献资料系统完整，即可突破时空条件的限制，对社会现象和事件等进行大跨度、多方面的比较研究。突破了研究时间上的缺陷，只要文献资料充足，就可以进行大跨度的历史研究。

（六）真实了解社会现象和历史事件

内容分析通过揭示文献内容的本质，可以了解社会现象和历史事件客观真实的变化趋势；追溯学术发展的轨迹，描述学术发展的历程；依据标准鉴别文献内容的优劣。还可以揭示宣传的技巧、策略，衡量文献内容的可读性，发现作者的个人风格，分辨不同时期的文献体裁类型特征，反映个人与团体的态度、兴趣，获取政治、军事和经济情报，揭示大众关注的焦点等等。

（七）非介入研究

非介入研究指的是在不影响研究对象的情况下研究社会行为的一种方法。它可以是定性的，也可以是定量的。研究者与被研究者之间没有任何互动，被研究的事物不会对研究者作出反应，因此不存在主试效应。在这种研究方法下，研究者与事物（被研究对象）之间是一种完全没有互动的非接触状态，双方不存在干扰，因此这种研究方法具有研究效度高的特点。

二、内容分析法的局限

（一）研究的内容本身不客观

研究的资料是人写的，可能本身就隐含着作者的个人意见，因此存在主观性，影响传播内容的准确性、全面性和客观性。比如，研究者只会记载他认可的事情，有意或无意地回避或忽略他不认同的事情。所以，利用内容分析法研究得出的结论可能会与实际情况有所偏差。

（二）定性研究中信效度检验不足

内容分析法对数据的分析可以是定量的，也可以是定性的。如果是纯定量的分析，例如词频统计，则容易忽略上下文的影响，使得研究结论过于简单或肤浅。如果仅采用质性的文本或语义分析，则研究结论将极大程度上依赖于编码人员对数据内容的理解，由此可能产生信度或效度上的偏差。信度上的偏差是指不同编码人员可能对数据内容有不同的理解；效度上的偏差则意味着编码人员对数据的理解可能与实际产生数据的人员（如学习者本人）的理解有所不同。信度检验的缺失会影响研究结论的可信度。

（三）操作对象缺乏系统性和客观性

内容分析的操作对象是现有的被记录和流传的媒介资料，资料的确定、抽样的范围和方式都会影响到分析结果，由于历史、存储、传播等原因，可能导致资料完整性和系统性受限。数据随时间的原因而丢失，只有部分名人的数据被保留下来，缺乏完整性。而且留存下来的数据比例不均，某部分很多，某部分很少。依赖于信息资料的系统性和客观性，失真的信息会导致错误的结论。此外，分析人员在收集资料时也可能遭遇困难，由于内容分析对分析资料的完整性、系统性要求比较高，当需要获得的资料内容超出了分析人员能力范围的时候，可能导致分析结果的偏差，甚至无法进行内容分析。

(四) 适用范围有限

内容分析只适合研究那些明确的、显在的、可重复操作的信息内容，而对具有潜在的或深层含义的内容则不适于进行研究，否则难以保证分析结果的一致性和准确性，因此在处理意识形态、价值、观念、意义这些含义精妙的概念方面不大适用。由于需要分析的内容在时间和数量上都应有一定的历史沉淀和一致性，所以内容分析也不太适应变化迅速的新兴领域，如新事物和突发事件，不仅文献资料数量受限，而且在选择分析单元或类目设计上也很难一致和规范，因此难以分析。

(五) 在内容分析的前期阶段，主观因素的影响较大

无论是主题的确定、文献资料的选取、评价标准的建立，还是确定分析单元、分类方法，进行类目设计，这些前期的工作，尚没有结构化的程序和规范，而是由分析人员根据课题要求进行主观设计，因此可能会受到分析人员主观意图和主观推断的影响，从而导致分析结果因人而异。例如，选择的分析单元不能覆盖资料的全部内容，类目的定义和设计不能完整和真实呼应研究假设，评价标准片面等等。因此，内容分析法对分析人员素质要求较高。分类系统体现主观性。内容分析法在进行类目的确定时，必须建构一个分类系统，而任何分类系统都是人工选择的，这种不可避免的主观性也可能导致失真。

(六) 大型的内容分析项目工作量较大，所需投入较多

由于加工、统计量和数据处理量随分析资料的增加而急剧增加，当对时间长、范围大的课题进行跟踪和统计时，面对大量的资料，不仅分类、类目设计等工作相当烦琐，统计分析工作也费时费力、枯燥乏味。

思考与练习

1. 内容分析法的概念是什么？
2. 内容分析法的实施步骤包括哪些？
3. 内容分析法的优缺点包括什么？

实践与训练

根据本章所学，就某一主题，采用内容分析法开展深入的研究。

第十一章

教育科学研究资料的整理与分析

【知识目标】

1. 理解资料整理的含义及意义。

2. 掌握资料整理的步骤。

3. 掌握定性分析和定量分析的方法。

【任务目标】

1. 能对获取的研究资料进行整理。

2. 能对定性材料进行分析。

3. 能对数据资料进行初步的统计分析。

问题导入

当我们运用前述各种方法收集到有关教育教学和学生成长发展的信息、资料和数据时，接下来就要对这些资料进行分析和研究，以便把握研究对象的基本情况和教育教学中存在的问题。但是，人们在研究过程中所收集到的反映学生成长发展和有关教育教学改革效果的资料性质、数量、种类非常多，为了得到令人信服的科学结论，研究者就要学会用科学的方法对繁杂的资料进行整理分析。

第一节 教育科学研究资料的整理

资料的整理是研究过程中的重要环节并贯穿研究活动的始终。研究者通过文献法、观察法、调查法、实验法等不同研究方法获得了大量的原始资料，接下来就要对这些杂乱的资料进行系统的加工整理，发掘资料的价值、意义，以说明或解释研究的问题。

一、资料整理的含义

（一）资料整理的定义

资料整理是指研究者根据研究的目的，运用科学的方法，对收集到的原始资料进行核实、分类和汇总，使之条理、系统化的过程。研究中收集到的资料大多数是零散、无序、不系统的，研究前必须按照研究的目的和要求对资料进行整理，确保进一步的资料研究工作的顺利开展。

（二）资料整理的意义

1. 有利于提高研究资料的真实性

研究者虽然对研究资料的收集和获取工作做了详细的计划与安排，研究资料的收集过程又完全按照研究目的与计划展开，但是也可能研究者或被研究者的主客观原因，使获得的资料出现假、错、缺、冗等现象。如用测量法进行的研究中，受测者经常会出现不负责任的填答、猜测或空答现象，或者研究者在摘录文献以及抄写数据过程中发生错误等，由此造成的资料失真将严重影响资料的分析工作，进而影响研究结果的科学性和真实性。

另外，研究资料的获取是多途径、多方面的，研究者希望这些资料能彼此协调，因为研究对象是已经确定的，它的属性特征应该是确定的，而且也应是协调、有组织的统一整体。然而多渠道得到的资料和信息有可能出现彼此不相协调，甚至相互矛盾的现象。因此在研究资料的整理过程中可以进一步核实，去伪存真，确保研究结果的准确性和真实性。

2. 有利于提高研究资料的效度，提高研究的效率

我们在收集资料的过程中常常有多多益善的想法。资料的收集阶段尚处于研究的初级阶段，研究者不能完全理性地思考问题，总担心收集到的资料太少、涉及范围不够大，从而会漏掉一些有价值的信息，这最终导致收集的资料显得杂乱无章、冗长烦琐、粗细兼容。因此，在资料整理的过程中就要采用分类、比较、筛选等方法，对资料进行果断的判断、取舍，去掉粗糙、虚假、难以说明研究主题的资料，而保留精华。资料整理的去粗取精的过程，不仅提高了研究资料的质量和精确性，并使资料条理化、结构化，还节省了研究时间，提高了研究效率。

3. 有利于增加资料的充分性和完整性

对资料的去伪存真、去粗取精有助于提高研究资料的质量水平，但这并不能充分保证资料的高质量，因此在研究中，要有意识地、严格地进行研究资料质量的控制。研究资料质量的控制包括研究中的目标控制、资料收集的过程控制和资料整理

时的事后控制。目标控制是指研究者要在明确的目标、目的指导下收集资料；过程控制是指在资料收集过程中选择适当的研究对象、运用正确的研究方法和手段等；事后控制是指在研究资料的整理过程中研究者要积极观察、比较、反思、联想，不断地将整理过的资料与研究目的进行联系，思考资料的充分性、完整性与适用性，对资料收集的工作质量进行反思和评价。

资料整理中，对获得的资料进行评价与反思是必不可少的环节。对资料的评价与反思，可以及时发现还缺乏哪些资料，哪些方面的资料还需要完善，并及时采取"补救"措施，这将有利于资料研究工作的深入展开。强调资料的整理，并非说在资料分析阶段不能再补充一些资料或再收集一些新资料，"补救"在任何时候都是必需的，科学研究需要老实、严谨的工作态度和作风，不得有半点虚假。

4. 有利于把握研究的主导方向

资料整理不仅可以帮助我们形成最具典型性的材料，另一方面资料的整理还为研究工作提供有用的信息，即有助于我们了解每一个方向、内容范围的资料多寡，提高了资料的指向性，便于更好地确定下一步研究的方向和主题。

（三）资料整理的基本原则

1. 目的性原则

整理后的资料要与所研究的问题有较强的针对性和关联性，也就是整理留下的资料应是有用的信息。因此，在整理资料时，要明确研究目的，紧紧围绕要研究的问题删减资料。在按照严格的标准筛选资料中，要对材料进行果断的取舍，如一旦发现某个事实、观点、数据不符合要求，则应及时、大胆地将其删除。对资料的科学果断地取舍，减少了对资料进一步分析研究的压力和负担，又能有力地说明和论证研究的结果。

2. 客观性原则

资料的客观性是我们探究事物、认识事物本质的重要前提条件之一。因此，在搜集和整理资料时，都要坚持客观性的原则。首先，为了避免收集的资料出现"系统误差"或"失真"，在运用任何一种研究方法和手段时，都应严格遵循其操作规则和要求，例如运用访谈法搜集资料时，如果接受访谈的人之间有矛盾冲突，一部分人可能会避重就轻，这势必影响资料的客观性。研究者要对其有基本的识别能力，不能有丝毫的侥幸心理和不负责任的态度，一定要全面查找、考量多种信息，辨伪存真，做到资料整理过程的客观和科学。再者，客观性原则体还现在研究者不能"先入为主"，以自己已有的"定论"去理解、筛选资料；在整理资料时能否心平气和、冷静地去分析与归类，都会直接影响资料的客观性。

3. 全面性原则

对客观现象的全面把握是认识事物本质的前提条件之一。在研究中，研究者只有充分、全面地掌握研究资料，才能通过科学的分析、推理和判断形成科学、客观的研究结果。要保证研究资料的全面性，在对资料去伪存真、去粗取精后，要从不同的层面、时间、空间和不同的关系中对资料进行审核、分类和汇总，根据研究目的需要对缺少或不足的研究资料进行及时补救，这样通过整理的资料充分且全面，有助于进一步的资料研究分析工作。

4. 有效性和准确性原则

资料的有效性是指研究资料对研究的问题是否有价值，也就是说要对研究资料是否有利于观点的提炼、是否利于研究论据的获得、是否有利于研究思路的形成等进行判断，然后再进行资料的取舍。因此，有效性是资料整理时必须遵循的原则之一。另外，我们在整理资料时，要求尽可能保证研究资料的准确而不是大概或过于模糊；要尽可能全面而不是片面；要尽可能深刻而不是肤浅；要尽可能是典型而不是偶然。如果资料是大概的，那么所得的结论只能是可能的或也许的。因此资料的有效性、准确性越高，才越有可能获得真正科学的结论。

二、事实性资料的整理

研究中获得的事实性资料很多，包括文献、观察记录和访问记录、调查记录等，事实资料的整理包括审核、分类和汇编。

(一) 审核

资料审核就是指对所获得的研究资料进行审查和核实。审查是仔细研究和详尽考察事实材料的真实可靠性以及是否符合要求；核实是确认资料有无虚假、伪造。对事实资料的审核可以消除其中的虚假、错误、短缺、冗余等现象，可以保证资料的真实、准确及有效完整性。事实性资料的审核主要看资料是否真实、准确、适用和完整。

1. 文献资料的审核

对文献资料的审核主要是确定资料的真实性和准确性，否则即使再好的材料也不能利用。文献资料的审核要做以下的具体工作：

① 应搞清资料的作者及其背景。包括作者的政治态度、学术观点；作者描述事件发生时是否在场；作者是事件的参与者还是观察者；作者描述事件的资格等。

② 对重要的资料（如重要的观点、事实、引文等），要考证其出处及来源，以审核资料的真实性、可靠性与准确性。如，有的文献属于变异文献（是指由一次文献做了一些改动的资料），对该文献的疑问应该在研究中进行说明。

③ 对初步整理过的资料进行印证。研究者可以根据已经确认为正确的其他方面的知识、规则、原理等，判断加工后的文献资料的可信度和正确性。

④ 对资料进行理性分析，判断其是否合乎逻辑。

⑤ 对文献资料的有效性进行审核。如果资料与研究目标的关联性很低，应该删除。

2. 观察记录的审核

由观察获得的资料一般比较真实可靠，但有时也会掺杂人为的成分。如由于观察者与老师在场等原因，被调查的对象会做出种种假象来掩饰事情的本来面目。同时，由于对教育现象的感知和解释受观察者自己的价值标准、经验及观察者期望效应的影响，故观察资料会不准确。因此，在审核资料时要注意以下几个方面：

① 要检查观察资料是否是严格遵循科学的方法和操作程序而获得的。

② 资料如果是通过多种方法收集的，应把观察获得的资料与通过其他方法获得的资料进行比较，发现问题再去审核。

③ 观察研究由多个人进行，可将不同观察者获得的资料进行对照。若有差异，要进行讨论和验证。

④ 对于较重要的问题要注意观察时间的长短。一般来说，长时间的观察要比短时间的观察真实可靠。

3. 对访谈记录的审核

用访谈法获得资料主要包括两种：一种是研究者直接访问研究对象获得的资料；另一种是利用访谈问卷收集到的资料。审核这两种不同的资料时着眼点不同：第一种观察资料是否真实可靠，与访问者的谈话技巧和记录水平有关，如果访问者不擅于引导与提问，且记录水平较低，则容易出现错误，另外访问者与受访者能否建立信任、和谐的关系，也影响资料的真实可靠程度。因此，如果几个访问者访问相同的对象，最好将记录的资料进行比对、核实。第二种访谈资料的审核要注意：资料是否完整，即是否有漏填项目；是否有逻辑错误，如年龄为 11 岁，文化程度是高中。

（二）分类

事实资料审核后，留下的都是必不可少的准确的资料，但这些资料仍然是杂乱无章的，此时研究者必须运用一定方法将其条理化和系统化。资料分类就是根据资料的性质、内容或特征，将相同或相近的资料归为一类，将不同的资料进行区分。分类的正确性取决于分类标准的科学性。分类的标准很多，研究者可以根据研究的需要和具体方向等选择适宜的分类标准。

研究资料的分类主要有现象分类和本质分类。现象分类就是按照事物的外部特征或外在联系进行的分类。如按历史年代划分文献资料，根据研究对象的性别、年龄进行资料分类，这都属于现象分类。现象分类的优点是简便易行，资料的存取与查找方便，但这种分类的缺点是比较肤浅，不能较好地揭示事物的内在联系及其本质。本质分类也叫科学分类，就是根据事物的内在本质或内在联系进行的分类。例如，根据研究对象的社会经济地位、政治态度、智能及人格特征等社会属性进行的分类，就属于本质分类。整理的资料必须要从现象分类过渡到本质分类。

另外，对资料的分类还有一次划分、连续划分和系统划分。一次划分是划分一次便可达到分类目的。连续划分是一次划分之后再划分，形成多种层次的划分。系统划分是按研究对象本身的科学系统进行分类，它能更深刻地揭示研究对象各构成元素之间的自然组合关系。

（三）汇编

汇编就是根据研究目的和要求，对分类后的资料进行汇总和编辑，成为可以客观地反映研究对象状况的完整、系统、简明的材料。进行资料汇编，首先要根据研究目的和研究对象的客观情况，确定资料的合理逻辑结构。汇编后的资料不仅要真实反映研究对象的情况，还要能说明研究将要说明的问题。其次要对分类资料初次加工，如给不同资料加上标题，重要的资料标示上各种符号，将资料按照一定的逻辑结构编上序号等。最后使汇编的资料完整、系统、简明和集中。即将所有可用的资料都要汇总到一起，做到类属层级分明，能系统完整地反映研究对象的全貌，尽可能简短明了地集中说明研究对象的客观情况，并注明资料的来源与出处。甚至还可以对资料的价值和作用等进行简要的评述，以供后续研究参考。

三、数据资料的整理

数据资料是通过观察、调查、测验、实验等方法收集到的用数量形式表现的资料，如幼儿的智力水平、识字量、心理健康状况等均可以用数量的形式表现。数据资料的整理包括审核、分类、编制统计表和统计图等工作。

（一）数据审核

数据审核就是对数据资料进行认真仔细的审查与核实，是数据资料整理工作的首要环节。数据资料的审核工作主要是对数据的客观性、完整性和有效性进行确认。

数据的客观性指收集到的数据与事实要相符，精确客观，不能有任何错误和篡改现象。要保证数据的客观性，首先要检查数据搜集的过程是否符合要求；其次，要检查数据本身是否符合要求，如数据是否呈正态分布、具有独立性等，这可以根据将要采用的数据分析方法的假设条件检查；再次，可以凭借经验对数据资料的客观性进行核查；最后，还要检查计算方法是否正确，用计算方法对数字的计算结果进行复计，并检查数据的单位是否清楚。发现错误、缺失要及时修正，确保每一个数据的准确性与客观性。

数据的完整性是指描述研究对象的各个要素和基本方面的数据资料不能有遗漏，确保数据统计分析的全面性。如使用问卷法收集数据资料，就要检查抽取的样本能否满足研究的要求、问卷涉及的研究内容和项目是否全面完整、问卷的回收率情况等。

数据的有效性是指收集的原始数据必须具有代表性，与研究目的相契合，能满足研究的需要。数据有效性的审核要从研究变量、研究变量的界定、指标体系的界定及其逻辑关系等方面进行。

（二）数据资料的分类

数据分类又称统计分类，是根据统计研究的需要，按照一定的标准，把数字资料划分为若干个性质或类型不同的组。根据资料统计分组的标志不同，有品质分类和数量分类。

1. 品质分类

品质分类是指按事物的某种质量属性进行分类。如按幼儿的性别、兴趣的有无、体质的强弱等对数据进行分类。这种分类能直接获得总体样本的构成情况，认识不同属性事物的数量、特征及其在总体中的地位与作用。

2. 数量分类

数量分类是以数量为标志进行的分类，其反映事物数量的大小差异。如按照年龄、成绩、身高、人数等进行分组。按照数量分组，可以从不同发展水平、速度及规模上认识事物，也可分析研究具有不同数量特征的事物间的相互关系。数量分类方法有顺序排列法、等级排列法和次数分布法。

顺序排列法是指将各数值从大到小或从小到大进行排列。这样就可以看出最高分和最低分以及各分数出现的次数和位于中间的数是多少。

等级排列法是指根据顺序排列划分等级。但又与顺序排列不同，它是根据数值所含的意义来确定以数值大的为第一级还是以数值小的为第一级。例如学习成绩的等级，则以分数高者为第一等级；而完成一项学习任务所用的时间，则以数值小的为第一等级。

次数分布法是指数据在各个分组区间的散布情况，根据次数产生方式有简单次数分布、分组次数分布等。如，调查发现幼儿与家长一起阅读的时间情况：半小时的有 5 人次，阅读 15 分钟的有 15 人次，从不阅读的有 10 人次。任何一种次数分布都可以用表和图来表示。

(三) 数据汇总

数据汇总是根据研究目的，对分类数据进行计算和汇总，以集中反映研究对象的总体情况。数据资料的汇总方式有统计表和统计图。

1. 统计表

统计表是数据资料汇总的重要方式，它可以直观、简明地将数字资料很好地呈现出来，便于发现数据中蕴含的规律和特征，便于比较各项目之间的相互关系；便于各种计算，也便于检查计算错误和项目遗漏。

(1) 统计表的构成　统计表一般由表号、标题、标目、表身和表注共五部分组成。

① 表号。表号是统计表的序号，写在表的左上方。表号要按照统计表在文章中出现的先后次序进行排列。

② 标题。标题是统计表的名称，要简约、明了地概括统计表的内容，其写在表的正上方。

③ 标目。标目是分类项目的标称，分类的项目要按照分类的标志进行划分，分类要明确、具有互斥性，并且还要确保所有数据都有归属。标目分为纵向标目和横向标目。

④ 表身。表身占据了统计表的大部分空间，表身中包括统计数字（统计指标）、表线等。表中内容的书写位置要上下左右对齐。表中暂缺的数据可以用"…"或"—"来表示，数据为"0"应该据实填写。统计表的上下端线要画成粗线，中间表线可以用细线分开，一般表的左右两端不封闭（不画线），表线切忌过多。

⑤ 表注。表注写在统计表的下面。它可以对标题做补充说明，另外数据来源、附录等一些需要进一步说明的注解也可以作为表注的内容。

(2) 统计表的种类　统计表可以分为有单项表、双项表、复合表，次数分布表。

① 单项表。单项表是只包括一项内容或只有一种分类的简单表格，如表 11-1。

表 11-1　某幼儿园小 (1) 班幼儿家长学历情况统计表

初中以下/人	高中、中专/人	大学/人	研究生/人	合计/人
0	10	23	6	39

② 双项表。双项表是最常用的统计表，是指包括两种分类或两种事项的统计表，如表 11-2。

表 11-2　实验组与控制组不同情境下幼儿助人行为统计表

组别　　情境	无冲突情境助人/次	冲突情境助人/次	合计
实验组	80	95	175
控制组	55	68	123

③ 复合表。复合表是指两种以上事项进行比较的表，如表 11-3。

表 11-3　某幼儿园大中小班幼儿阅读时间统计表

项目		30 分钟以上	20 分钟左右	10 分钟以下	合计
大班	男	5	4	8	17
	女	8	11	2	21
中班	男	2	7	5	14
	女	9	12	5	26
小班	男	1	8	5	14
	女	6	8	6	20
合计		31	50	31	112

④ 次数分布表。次数分布表是资料定量分析的重要类型，是在对数据资料分类整理的基础上，根据大小把数据分成若干小组，并将数据归到相关的组内，即可得到各组区间内的数据分布的次数，从而清楚地显示出全部数据的分布情况，如表 11-4。

表 11-4　某幼儿园大班幼儿身高统计表

分组区间/厘米	组中值/厘米	次数
130～140	135	5
120～130	125	30
110～120	115	60
100～110	105	11
90～100	95	1
合计		107

注：各组中的起点分数归入本组。

2. 统计图

统计图是指用点、线、面及色彩等元素绘制成整齐简明的图形，揭示数据资料关于研究对象的特征、结构及其相互关系等方面的情况。它具有直观、形象、生动等特点，还能准确表现统计数据资料，便于对统计资料进行分析研究。

（1）统计图的构成　统计图一般由图号、标题、图目、图形、图例和图注构成。图号是统计图的序号，写在图的左下方。标题是统计图的名称，要简要醒目，写在图序号后面。图目是图中的标目，是对图中每部分的说明，写在图的基线下面。图形，是表示统计数字大小的线条和图形，是统计图的主体部分。图例，是举例说明某部分图形所代表的内容，放在图中空白的适当位置。

制图时应该注意以下方面：

首先，统计图一般采用直角坐标系，即一个统计图要有横轴（x 轴）和纵轴（y 轴）。

其次，横坐标一般表示事物的组别或自变量（x），纵坐标表示事物的数量、出现的次数或因变量（y）。

最后，一般将坐标的交点设为 O 点，然后对横纵坐标的刻度进行选择，一般图形数据的高度是宽度的 3/4。

（2）统计图的种类

① 条形图。离散型的数据资料通常用条形图来表示。条形图是用条形的高度表示相应统计数据的数目以及各部分之间差异的图形。条形图分为单式和复式条形图，如图 11-1、图 11-2。

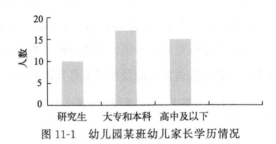

图 11-1　幼儿园某班幼儿家长学历情况

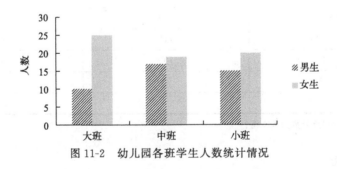

图 11-2　幼儿园各班学生人数统计情况

② 圆形图。其也用于离散数据资料的整理，即用圆形图显示各部分在整体（圆形）中所占比重以及各部分结构的统计图，如图 11-3。

③ 线形图。线形图用于连续型的数据资料的汇总整理。线形图是以折线表示事物的发展变化趋势的统计图。其通常用以描述某种事物在时间上的变化趋势，还

可以表示变量的函数关系等，如图 11-4。

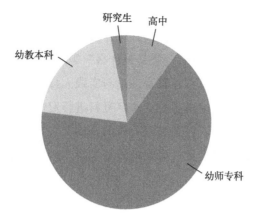

图 11-3　某幼儿园教师学历情况

图 11-4　某幼儿园 2010—2014 年幼儿人数的变化情况

④ 直方图。直方图是用面积表示次数分布的统计图，用于连续性的数据资料整理，如图 11-5。

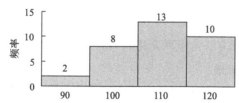

图 11-5　某幼儿园大（1）班幼儿智商分布图

第二节　教育科学研究资料的定性分析

一、定性分析的内涵

（一）定性分析的含义

定性分析是对经过整理的资料进行质的分析，以揭示事物的本质，或解释某种现象变化的原因及变化发展的过程，并为研究结果的解释和理论的建构提供一定的依据。研究者按照公认的理论原理、演绎逻辑、大量的历史事实及个体的经验等分析研究资料，以揭示事物的主要特征及其相互关系。具体讲就是要回答事物在性质上"是什么""为什么""怎么样""意义是什么"等问题。

教育规律则蕴含在教育过程、教育理论与实践人员的观点和看法以及研究者收集的各种资料中，对于其中的事实性、文字资料进行定性分析以揭示教育现象及其发展规律；另外获得的数据资料在整理分析的基础上，也要对其进行高层次的定性研究分析。因而，掌握一定的定性研究的方法和技术对教育教学研究工作者是必不可少的内容。

（二）定性分析的特点

① 定性分析重在揭示事物的本质。

② 事实性资料以及定量分析的结果均要进行定性分析。

③ 定性分析的研究步骤比较灵活。

④ 定性分析易受主客观因素（研究者、环境、研究对象）的影响。

二、定性分析的基本方法

（一）因果分析法

一切事物、现象以及其结构的多个要素间都是相互影响、相互制约的，其形成的联系是多种多样的，因果关系就是一种。因果关系是指原因与结果之间的联系，当一个事件或现象的发生导致了另一个事件或现象的发生时，就说它们之间存在因果关系。因果分析法就是通过对事物现象的分析，找出该事件或现象产生的原因和由之引起的结果的思维方法。下面介绍几种常用的因果分析法。

1. 解释性因果分析法

（1）解释性因果分析法的类型　因果关系有一因多结果、一果多因等不同类型。学前教育科学研究中的解释性因果分析有一果多因分析法（解释性的个性模型）和多果共因分析法（解释性的共性模型）。

一果多因分析法就是分析多种原因导致或引起某一特殊现象或行为。该方法就是从一个结果（现象、行为）出发，寻找造成这一结果的多方原因，可列举某些原因试图解释某一行为。譬如，我们想了解幼儿教育小学化的原因，每位园长都可能用许多原因来解释为什么会这样。如果某园园长列举出的原因有 5 种，这 5 种原因不能用于解释所有具有幼儿教育小学化的幼儿园的普遍性问题，因为一些幼儿园如此做的原因基于它的个性考虑而非共性。

多果共因分析法是分析导致某些结果的共同原因的方法。它是有意识地查找可以解释一类行为事件（现象）的那些最为重要的原因，就是说该方法试图用最少的原因，最大限度地解释一类事物的因果关系。例如，某地幼儿园的幼儿教育小学教育化的原因中，假如"幼儿园升小学必须考查幼儿的识字和算数等情况"这一原因是幼儿园进行小学教育最普遍、最重要的原因，那么当地的大多数幼儿园都可能会出现对幼儿提早进行小学化教育的现象。当然该原因不能对所有幼儿园的此种现象做全面的解释。

（2）解释性因果分析法的使用

① 要特别重视分析因果关系中的必要和充分原因。

在研究中使用一果多因分析法和多果共因分析法时均要进行该原因是必要还是充分原因的分析。必要原因就是指该原因是某种结果出现的必备条件。例如，必须加强户外活动，才能增强幼儿的体质，虽然并非参加户外活动的幼儿都能增强体质。但"户外活动"是"增强体质"不可缺少的条件。可以这样说，如果没有原因 X 的发生，结果 Y 则绝不会产生，即原因 X 对于结果 Y 就是必要、不可缺少的原因。充分原因是只要其出现某种结果就一定会出现的条件，也就是说只要原因 X 发生，结果 Y 就一定会发生，这里的 X 就是 Y 出现的充分条件。例如，只要全面贯彻幼儿教育方针，就一定会克服幼儿教育小学化的现象，虽然通过其他途径也可以杜绝幼儿园进行小学教育的现象，但"全面贯彻幼儿教育方针"已经是克服片面幼儿园进行小学教育的满足条件。

在考察事件原因时，应注意下面三种情况的区分：

首先，必要但非充分原因。

必要而非充分的原因表达的内容是原因 X 必定发生在结果 Y 之前，但只依靠原因 X 并不一定导致结果 Y 的发生，而是结果 Y 发生前，除了必不可少的原因 X 以外，还必须要有其他因素。如上例中，加强户外活动对增强幼儿的体质是必不可少的，但要增强幼儿的体质，仅仅加强户外活动不够，还要有良好的环境条件、幼儿的身体素质、幼儿的饮食营养、幼儿睡眠等因素。因此，加强户外活动，只是增强幼儿体质的部分原因。

其次，充分但非必要原因。

充分但非必要原因是说原因 X 的出现一定导致结果 Y 的出现，但是反过来结果 Y 不一定是原因 X 所导致的，也可能是另外的原因所致，这时的原因 X 就是结果 Y 的充分但非要条件。例如，要杜绝幼儿教育小学化的现象，除全面贯彻幼儿教育方针外，也可采用行政命令的方法，这也是克服幼儿教育小学化的充分条件。因为这两条途径，只要选择其一就可以克服该教育现象，不必两种途径并用。只要选择其中一种途径，另外一种途径即可免除。

最后，充分必要原因。

充分必要原因是指原因 X 对结果 Y 的存在既是必要原因也是充分原因，就是说如果没有原因 X 的存在，就没有结果 Y 的发生，而且只要原因 X 存在，则结果 Y 就一定发生，没有其他可代替的原因，它是因果关系最理想的形式。例如，若假定从事学前教育工作是取得教龄津贴的充分必要原因，则所有学前教育工作者都可取得教龄津贴，而不从事学前教育工作的则不可能取得教龄津贴。即，X 是 Y 的必要原因，也是充分原因。

② 要善于发现构成因果关系的事物，确定因果关系的性质并对因果关系的程度作出适当的解释。

2. 推理性因果关系法

推理性因果分析法包括求同法、求异法、求同求异法和共变法等。

（1）求同法　如果某一现象（a）分别在若干不同场合出现，在每个场合的具体情况中，只有一种情况（A）相同而其他情况都不相同，那么相同的情况（A）就可能是该研究现象（a）的原因，这种因果关系的分析方法就称为求同法。求同法用简单图示表达为：

场合	具体情况	被研究对象
1.	$AB_1C_1D_1$	a
2.	$AB_2C_2D_2$	a

所以，　　　　A $\longrightarrow$ a

例如：两个平行的幼儿园大班（1 班和 2 班），幼儿的识字水平分别为 B_1、B_2，幼儿教师 C_1、C_2，教学环境 D_1、D_2，1 班和 2 班采用阅读教学方法均为 A，一年后幼儿的阅读水平都提高了（现象 a），那么可以认为阅读方法是幼儿阅读水平提高的可能原因。

注意：运用求同法分析得到的事件（现象）的原因只是可能的原因，因为我们只对有限的几个条件进行了观察和分析，或者可能观察到的诸多条件中还存在着没有发现的共同条件，所以用求同法得到的结论具有或然性，一定要通过其他方法加以验证，以提高结论的真实性、科学性。

（2）求异法　如果某一现象（a）在一种场合出现，在另外的场合不出现，在两种场合的具体情况中，只有一种情况（A）不同，而其他的情况都相同，那么，不同的情况（A）就可能是该现象（a）的原因，这种因果关系分析的方法就称为求异法。求异法用简单图示表达为：

场合	具体情况	被研究对象
1.	ABCD	a
2.	—BCD	—

所以，　　　　　A ————————→ a

例如：经过随机分组的两个平行教学班 1 班和 2 班，幼儿的识字水平（B）、授课教师（C）和教学环境（D）都相同，1 班采用阅读教学方法为 A_1，2 班采用阅读方法为 A_2，一年后幼儿的学习水平产生了差异（现象 a），则可以认为阅读方法是产生阅读水平差异的可能原因。需要注意的是求异法的结论也是具有或然性的。如上例中阅读方法的不同是产生阅读水平差异的可能原因，而在一年的阅读过程中，幼儿的阅读态度、兴趣等是否影响了阅读水平并不知晓。

（3）求同求异法　如果某一现象（a）在几个正面场合出现且在它们的具体情况中都只有一个共同情况（A），而在几个反面场合不出现且在它们的具体情况中都没有这个共同情况（A），就可以确定这个共同情况（A）可能是该现象（a）的原因，这种因果分析法就是求同求异法。用求同求异法得到的研究结论比较可靠。其用简单的图示表达为：

先行情况	被研究对象
$AB_1C_1D_1$	a
$AB_2C_2D_2$	a
…	…

而且

$A'B_1C_1D_1$	—
$A'B_2C_2D_2$	—
…	…

所以，　　　　　A ————————→ a

例如：两个平行教学班 1 班和 2 班，学生的识字水平分别为 B_1、B_2，授课教师 C_1、C_2，教学环境 D_1、D_2，1 班和 2 班的阅读教学方法均为 A，一年后幼儿的阅读水平都提高了（a）；同时作为控制组的平行班 3 班和 4 班，3 班和 4 班学生的识字水平分别为 B_1、B_2，授课教师 C_1、C_2，教学环境 D_1、D_2，3 班和 4 班的阅读教学方法分别为 A′，一年后幼儿的阅读水平都没有提高。我们可以认为阅读教学方法（A）是使幼儿阅读水平提高（现象 a）的可能原因。

（4）共变法　共变法是指在某些场合的具体情况中的条件（B，C，D…）不变的情况下，某一现象（A）发生一定程度的变化，同时另外一种现象（a）也随之发生一定程度的变化，那么，前一现象就可能是另一现象的原因。其简单的表达图示为：

场合	具体情况	被研究对象
1.	A_1BCD	a_1
2.	A_2BCD	a_2
3.	A_3BCD	a_3
…	…	
所以，	$A \longrightarrow a$	

（二）归纳分析法

归纳是指从大量的个别事实推导出一般性的理论认识的方法。例如用量表测定幼儿 S_1 的绘画能力高于幼儿 A，S_1 绘画水平高于 A，幼儿 S_2 的绘画能力高于 B，S_2 绘画水平高于 B，幼儿 S_3 的绘画能力高于学生 C，S_3 绘画水平成绩高于 C，我们就可以归纳出幼儿的绘画能力越高，绘画水平就越好，即幼儿的绘画能力与绘画水平成正比关系。其可以表达为：

个别现象	一般性质
S_1	P
S_2	P
S_3	P
…	…
S_n	P
S	P

归纳分析法可以分为完全归纳法、简单枚举法和科学归纳法三种方法。具体如下：

1. 完全归纳法

完全归纳法是由某类事物中的每一具体对象都有（或没有）某种属性，而概括出该类事物中的所有对象都具有（或不具有）某种属性的归纳方法。该方法是在考察了一类事物（现象）的所有个体之后得出的概括性结论，由此推断出的结果是可靠的。但是使用该方法有一定的限制：即只有在样本的数量也就是选择的研究对象的数量有限时才可以用，如果样本数量很多或者无限量，并且个别的事实非常繁杂时，应用完全归纳法进行研究就比较困难。

2. 简单枚举法

简单枚举法是指只对研究对象的部分事实或要素进行考察，进而得出一般性结论的方法，可见使用该方法进行研究，研究者不会基于科学抽样，对选取的有代表性的样本（具体事物）进行考察，而是只对几个具体事物的分析就概括出了它们的共同特性，显然简单枚举法进行归纳推理的依据仅是少数几个研究对象，缺乏代表性，由此得出的结论则不可靠。

3. 科学归纳法

要研究的对象数量如果是无限的，用完全归纳法考察每一个对象的特征或用简单枚举法得到的结论可靠性会很差，基于此提出了科学归纳法，它是教育科学研究中经常使用的方法。

科学归纳法是根据事物间的因果联系，通过考察研究对象的一部分事实或要素的特征，推断出该研究对象的所有事实或要素都具有某种特征的归纳方法。此方法的科学性体现在，选择了具有代表性的部分事实作为研究对象，经过观察和实验研究得出一类事物中的部分对象与某种特性有必然的联系，就是说对可以代表"整体"的"部分"进行研究，以此推出的结论在统计学上的可靠性比较高。科学归纳法与因果分析法有很多相同之处，都是通过对事物的因果关系进行分析得出结论的思维过程，但是其具体的研究过程有所不同。

对以上三种归纳法进行分析可知：完全归纳法的结论最可靠，但可行性差；简单枚举法简单实用，但结论的可靠性很差；科学归纳法的可行性和结论的可靠性都较高，它是进行归纳分析的首选方法。

（三）演绎分析法

1. 演绎分析法的定义

演绎是指由已知的一般的或普遍性的结论推论出个别或特殊结论的思维方法。简单地说就是一类事物或现象都具有某一特征，某一事物或现象归属于该类事物，那么就可以推断出这一个别事物或现象也具有此特征。例如：

所有教育活动都要注意培养幼儿的规则意识

幼儿的户外活动是教育活动

所以，幼儿的户外活动应注意培养幼儿的规则意识

即：　　　　　　所有现象（S）具有性质 P

个别现象 S_1 属于 S

所以，S_1 具有性质 P

2. 演绎分析法的分类

（1）公理演绎分析法　公理演绎分析法是指从一个具有普遍意义的公理或结论而进行的演绎分析。其由三个判断组成，前两个判断是前提，后一个判断是结论。如上例，"所有的教育活动都要注意培养幼儿的规则意识""幼儿的户外活动是教育活动"这两个判断是被公认的理论，构成推论的前提，"幼儿的户外活动应注意培

养幼儿的规则意识"是在前提下的推论（结论）。

（2）假设演绎分析法　假设演绎是基于假设判断而进行的演绎，其是一种条件性的判断，或者说所提供的判断的条件中至少有一个是假设的判断，由假设判断的成立来推出结论。例如：

如果要增强幼儿的体质，就一定要加强体育锻炼

我们要增强幼儿的体质

所以，必须加强体育锻炼

由于演绎是通过前提推断结论，假设演绎的大前提又是假设的，那么推出的结论会更不可靠，因此假设演绎得出的结论是否正确要运用实践、理论和逻辑进行检验。尤其在运用假设演绎分析问题时，一定要先论证假设的前提的正确性。如上例中只有确保"要增强幼儿的体质，就一定要加强体育锻炼"这一前提是正确的，才能进一步保证结论正确。

归纳分析法和演绎分析法是相互对立且又相互关联的推理方法，反映了两条截然相反的认识事物的思维方式，合理的运用，有利于提高研究结论的科学性和研究过程的便利性。

（四）比较分析法

比较分析法就是对两个或两个以上的事物加以比较，从而找出事物间的相同点和差异的方法。事物间可比较的角度非常多样，可以从不同领域、不同过程、不同阶段对两个事物进行比较，对同类事物的各个部分、细节进行比较找出差异，对不同类事物的各个部分、细节比较找出性质上的差异。比较分析法分为横向比较法、纵向比较法和类比法三种方法。

1. 横向比较法

横向比较法是指按照一定标准，对不同的各类事物或现象进行对照，以确认现象之间的异同，以把握事物本质的思维方法。要进行横向比较，事物或现象之间必须是有联系的，且一般都选择同一历史时期的，或相对静止不变的事物或现象进行比较，找出其异同。

例如：运用比较分析法研究幼儿园的管理模式和运行机制对幼儿发展的影响，首先要选择同一层次的幼儿园，如同是农村或城市幼儿园，考察其管理模式和运行机制的差异及幼儿发展的差异，通过比较发现二者的共同点和各自的特色，从而找出幼儿园的管理模式、运行机制与幼儿发展间的关系。

2. 纵向比较法

纵向比较法也叫历史比较分析法，是指对事物（现象）发展过程中的不同阶段或不同历史时期的状况进行对照，确定事物发展的阶段性特点或发展规律的思维方

法。它是对时间轴上的若干时段的横断面（事物的状况）进行对照，以动态的观点来分析资料，弄清其发展的来龙去脉，即从事物的发展变化过程来研究其发展变化的规律。

如考察幼儿园的管理模式与运行机制与幼儿发展之间的关系，运用纵向比较法，就要对同一所幼儿园在不同历史阶段的管理模式和运行机制进行对照，找出异同点，比较不同阶段的幼儿发展的差异，进而分析该园管理模式和运行机制与升学率之间存在的关系。再如对一所幼儿园的办园水平是否提高、幼儿的发展变化状况等的研究，都可以通过纵向比较法，对不同时期的情况进行对照研究，得到一定的结论。

3. 类比法

类比法是根据两个事物具有某些相同的属性的判断，从而推断出两者其他的某个属性也相同的结论。类比法可以进行如下表达：

$$A \text{ 有属性 } a、b、c、d$$
$$\frac{B \text{ 有属性 } a、b、c}{B \text{ 可能有属性 } d}$$

要提高类比分析的结论的可靠性，必须注意以下两点：

① 类比所依据的相同属性（性质）越多，结论的可靠性越高。就是说在运用类比法时，要尽可能多地寻找事物之间的相似属性。

② 类比所依据的相同属性之间的关联性越强，结论的可靠性越高。即 a、b、c、…，之间的联系越密切越好。

（五）分析综合法

分析是对事物（现象）进行分解，从而认识事物（现象）本质的思维活动；综合与分析相反，即通过对事物要素的本质认识，从而认识事物（现象）整体的思维活动。可见分析与综合是两种互相关联且具有不同思维过程的分析方法。

1. 分析法

对研究资料的分析就是将研究对象分为各个部分、方向、因素、层次等，并对这些不同部分、层次等的资料逐一研究，以认识研究对象本质的思维方法。运用分析法，使最初仅存有感性认识的事物或现象，被分解为各方面的联系和特征，进而使我们的认识逐步深入到事物本质。如，为了研究某一幼儿园的管理情况，我们可以暂时把它分解为教学管理、德育管理、教学设施管理、财务管理、后勤生活管理等部分，并分别考察认识，研究各部分的特点和功能。

分析法可以使复杂的事物（现象）变得简明、清晰，有利于抓住现象本质。但运用该方法应注意以下几方面：

① 对事物的分解要基于总体目标和整体观念，不是简单机械地分割，即不能为了分析而分析。分析是为了更好地把握事物的整体属性，如果忽略事物部分间的相互联系，仅仅着眼于局部的分析研究，容易导致对事物的认识片面和割裂，歪曲事物本质。

② 必须按照一定的标准和规则进行分析。确定分析标准要考虑如何有助于认识事物的内在特点和本质属性。

③ 要在一定的理论指导下进行分析，即分析要有一定的理论基础或前提框架。

2. 综合法

综合法是基于分析的结果，把事物的各个部分（要素）加以整合，从整体上把握事物的本质和特征的思维方法。也就是说综合首先必须以周密分析为基础，其次要对由分析取得的局部性认识进行综合，其关键是要借助特定的理论框架，如概念、范畴等来找出联结各个部分的联系方式，将对象的各个部分联结为一个有机的整体，以力求形成对事物完整而深刻的认识。

分析与综合是辩证统一的。它们在资料研究中发挥着不同的作用。分析法着眼于局部研究；综合则着眼于整体研究，是在分析的结果上进行的，离开分析则无法进行，因此二者虽不同但又相互依存、相互关联、相互补充、相互配合。资料研究的第一阶段，要分析得具体而深入，并且分析要以综合认识为目的；在第二阶段，要基于分析的结果加以综合，完成对研究整体的新的认识。

（六）科学抽象法

科学抽象法就是透过现象以抽取本质，对事物进行科学解释的一种方法。具体来讲，科学抽象是对各种具体的经验、事实进行比较分析，排除非关键要素，抽取事物的重要、关键特征，以揭示事物的本质和规律。进行科学抽象，可以使我们对事物认识从感性或表面上升到理性，即对事物的规律性的认识。

科学抽象过程有三个环节：分离—提纯—简略。分离，就是不考虑所要研究的对象与其他对象之间各式各样的联系，把研究对象分离出来，就是从科学的研究领域出发探索某一事物的规律，而避开研究对象同客观现象的总体联系。提纯，就是排除干扰因素，能在纯粹的状态下对研究对象进行思考。简略就是撇开非本质因素，以把握事物的基本性质和规律。

定性分析的方法是形成科学理论的研究方法。形成科学理论的方法是指在已有事实材料或已有理论的基础上，进一步探索事物的本质与规律或构建理论体系的研究方法。

第三节　教育科学研究资料的定量分析

定量分析就是对用数量描述的事物（内容），运用一定的统计方法进行数量分析，挖掘数量中所包含的事物特征及规律的方法。定量分析中最常用的分析方法是统计分析方法，即用统计学的原理与方法，整理和分析研究过程中得到的数据资料，并依此进行科学推断，以揭示事物（现象）的本质特征。按照不同的研究目的，可以将统计分析大致分为描述统计、推断统计和多元统计三类。本节重点介绍前两种。

一、描述统计

对数据进行分析时，一般要对数据先进行描述统计。描述统计就是将研究中获得的数据通过图表和数学方法进行整理分析，对数据的分布状态、数字特征和变量间关系进行描述的方法。描述统计分为数据的集中趋势、离散程度和相关程度等，最常用的指标有平均数（$\overline{X}$）、标准差（S）、相关系数（r）等。

（一）集中量数

集中量数是表示一组数据集中趋势或描述一组数据典型水平的统计量。常用的集中量数有算术平均数、加权平均数、中数和众数。

1. 算术平均数

算术平均数是指一组数值的总和除以数据的总个数所得的商，其常被简称为平均数、均数或均值，用 $\overline{X}$ 表示，公式为：

$$\overline{X} = \frac{X_1 + X_2 + \cdots + X_n}{n} = \frac{\sum X}{n}$$

式中，X_1、X_2、$\cdots$、X_n 表示具体的观测值，为收集到的原始数据；n 表示观测值的个数（数据的个数）。

例如：某幼儿园小 1 班 15 名幼儿的身高（cm）分别为：

89　90　91　95　99　87　92　93

94　87　89　92　91　94　97

其平均身高或者说身高的算术平均数为：$\overline{X} = \dfrac{89 + 90 + \cdots + 97}{15} = 92$

2. 加权平均数

在计算平均数时，不仅要考虑数据的大小，有时也要考虑不同的数据或不同组的数据所起的作用大小或重要性程度，因此计算平均数时必须先对数据的作用大小有所区分。常用的数学方法就是对重要性不同的数据分别赋予不同大小的数值（权重、权数，用 W 表示），用数据乘以权重的总和除以权重的和所得的商，所得指标就称作加权平均数。计算公式如下：

$$\overline{X}_w = \frac{X_1 W_1 + X_2 W_2 + \cdots + X_n W_n}{W_1 + W_2 + \cdots + W_n} = \frac{\sum X_i}{\sum W_i}$$

式中，W_1、W_2、$\cdots$、W_n 分别为各个数据的权重。

例如：对幼儿教师的评价采用同行、领导、教师个人相结合的评价方式，而且对每方面评价的重视程度不同，也就是权重不同，其分别为 0.40、0.35、0.25，某幼儿教师的各方面评分分别为 89、90、86，则该幼儿教师评价的平均得分为：

$$\overline{X}_w = \frac{89 \times 0.40 + 90 \times 0.35 + 86 \times 0.25}{0.40 + 0.35 + 0.25} = 88.6$$

3. 中数

中数是指按照大小顺序排列的一组数据中居于中间位置的数据，也叫中位数、中值、中点数，用符号 M_d 表示。当一组数据中有极端值或者数据两端的个别数值不清楚的等情况下，需要快速估计一组数据的代表性值的时候，就会用到中位数。中位数的计算方法分两种情况：

① 如果数据的个数为奇数，就以处于中间的数据作为中位数。

② 如果数据个数为偶数，则计算位于序列中间的两个数据的算术平均数作为中位数。

注意上述两种中位数的计算都要先对数据进行排序，然后才可以计算位于序列中间的那个数值（中位数）。

例 1：有 9 个数据，从大到小排列依次为：35，33，30，28，25，24，18，16，13，其中 25 就是中位数，即 $M_d = 25$。

例 2：有 8 个数据分别是 82，56，61，76，87，92，94，72，计算其中位。

解：将数据依次从大到小排列为：94，92，87，82，76，72，61，56

数据个数为偶数，所以

$$M_d = (82 + 76)/2 = 79$$

4. 众数

众数是指在一组数据中出现次数最多的那个数，又称为密集数、范数、通常数，用符号 M_0 表示。众数只用于对一组数据的分布情况做粗略的了解。例如一组数据是 2，6，8，14，8，15，8，17，则其中出现最多的 8 就是众数。

众数的意义简明易懂，较少受极大值和极小值的影响，而且本身就出现在数据中，可以作为数据的代表。但是要注意：计算众数有一定的条件要求。当总体单位数较多而且有明显集中趋势的数据资料才可以计算众数。如果总体单位数少或者单位数虽然较多但是没有明显集中趋势时，不能计算众数。另外，即使总体单位数较多而且有明显的集中趋势，但是最多次数的数据不止一个时，则要慎重考虑总体单位是否为同一类型，然后重新分组后才可以找出众数。

平均数、中位数、众数之间的比较见表 11-5。

表 11-5　平均数、中位数、众数之间的比较

比较项目	平均数	中位数	众数
意义	与其两侧数据距离之和相等的重心	与其两侧数据个数相等	出现次数最多的数，典型性质
适用类型	等距、等比	顺序、等距、等比	顺序、等距、等比
计算特性	需所有的数据	只需中间数	计算迅速
进一步运算	可以	不可以	不可以
受抽样的影响	较小	较大	较大
受分组的影响	不大	较大	最大
极端数的影响	最严重	最小	较少
使用场合	一般情况下都用平均数	有极端数据时；当两段数据或个别数据不清楚时；快速估计代表值时	有极端数据时；数据不同质时；快速估计代表值时，估计分布形态时

资料来源：辛涛等编著. 心理与教育统计学. 北京：中国人民大学出版社，2010：34-35.

（二）差异量数

在研究中，我们要全面了解被研究对象的数量特征，可以用集中量数了解数据间的典型的集中情况（数据的"相似"程度），还要了解数据的分散、变异情况（差异程度）。例如两组数据：

A：50　64　72　75　87　90　94

B：71　70　74　75　79　81　82

虽然 A、B 两组数据的平均数都为 76，但他们的离散程度却不同。A 组数据比较分散、参差不齐、差异性大；而 B 组数据则比较集中、差异性小。由此可知对一组数据的全貌描述，只用集中量数来描述还不够，还要对数据的离散程度进行描述，这样才能很好地揭示数据的信息。

用来描述一组数据的离散趋势的统计量称为差异量数。差异量越大，说明数据分布的范围越广，数据就越松散。集中量数的代表性与差异量数有很大关系。差异量数越大，则集中量数的代表性就越小；差异量数越小，则集中量数的代表性就越大。差异量数常用全距、离差、平均差、标准差和方差等来表示。

1. 全距

一组数据中最大数到最小数的距离，称为全距，也叫两级差，用 R 表示。R 大说明离散程度大，反之则小，数据比较整齐。例如上例 A、B 两组数据，A 组数据的全距 $R=94-50=44$，B 组的数据的全距 $R=82-70=12$。说明 A 组比 B 组数据的离散程度大。

2. 离差、平均差

离差是指某一变量与该组数据的算术平均数的差，用 d 表示，则 $d=X_i-\overline{X}$。

平均差指一组数据内的每个数据的离差的绝对值的平均数，也叫离均差。用 AD 表示。公式为：$AD=\dfrac{\sum|d|}{n}$。

3. 方差与标准差

(1) 方差　方差是一组数据离差的平方和的算术平均数，用符号 S^2 或 σ^2 表示：

$$S^2=\frac{\sum(X_i-\overline{X})^2}{n}$$

例：某幼儿园小 1 班 15 名幼儿的身高（cm）分别为：89、90、91、95、99、87、92、93、94、87、89、92、91、94、97，求该组幼儿身高的方差。

解：幼儿平均身高 $\overline{X}=\dfrac{89+90+\cdots+97}{15}=92$

$$S^2=\frac{(89-92)^2+(90-92)^2+\cdots+(97-92)^2}{15}=11.0666667$$

(2) 标准差　标准差又称均方根差、变异数，就是方差的平方根，具体是指一组离差数据的平方和的平均数的平方根，用 S（或 σ）表示，计算公式为：

$$S=\sqrt{\frac{\sum(X_i-\overline{X})^2}{n}}$$

上例中幼儿身高的标准差 $S=\sqrt{\dfrac{(89-92)^2+(90-92)^2+\cdots+(97-92)^2}{15}}$ ≈ 3.33。

统计分析中最常用的差异量数就是标准差。标准差的数值越大，则这组数据的离散程度越大；标准差的数值越小，则这组数据的离散程度越小。

（三）地位量数

地位量数是描述某一观测值（数据）在整体中所处位置的统计量。标准分数是常用的地位量数。

标准分数又叫 Z 分数，是以标准差为单位表示某个原始分数在团体中所处的相对位置的量数。对一组数据的大小进行比较，可直接比较观察值（原始分数），但要对两组或多组数据进行比较，由于各组的平均数和标准差有所不同，或者由于获得数据使用的观测工具、特质不同，则难以进行比较。为了解决不同组的数据比较问题，引入了标准分数，是指原始数据距离平均数有几个标准差。计算公式为：

$$Z = \frac{X - \bar{X}}{S}$$

式中的 Z 为标准分数，X 为原始分数，S 为标准差。

例 1：幼儿红红的身高为 99cm，娟娟的身高为 89cm，已知全班幼儿的平均身高为 92cm，标准差为 4，红红和娟娟身高的 Z 分数分别是多少？

解：$Z_{红} = \dfrac{99 - 92}{4} = 1.75$

$Z_{娟} = \dfrac{89 - 92}{4} = -0.75$

红红和娟娟身高的 Z 分数分别为 1.75、-0.75。

说明红红的身高处在班内幼儿身高平均数以上 1.75 个标准差的位置上，而娟娟身高处在班内幼儿身高平均数以下 0.75 个标准差的位置上。

例 2：幼儿苗苗的故事叙述的得分为 28 分，全班平均分为 26 分，标准差是 5；她的舞蹈得分 88 分，全班平均得分 83 分，标准差是 8。问苗苗的哪种成绩好，表现更突出。

解：$Z_{故事} = \dfrac{28 - 26}{5} = 0.4$

$Z_{舞蹈} = \dfrac{88 - 83}{8} = 0.625$

因为 0.625>0.4，虽然苗苗的各项分数都高于全班平均分，但她的舞蹈成绩距离均分比叙述故事距离均分要远，所以她的舞蹈表现更突出。

（四）相关系数

1. 相关的含义

相关是指两种事物或现象之间的关系，它不像函数关系表示事物之间严格的一一对应的依存关系，即一个变量的每个值都和另一个变量的值有对应，如圆的面积与半径就存在这种关系，而相关关系表达的是一种不确定的关系。在学前教育科学研究中，我们经常要分析变量间的关系，如教师的学历水平与教学效果之间的关系，学生的智力水平与学习之间的关系，幼儿的人格与家庭教养方式的相关关系。

2. 正相关、负相关和零相关

相关关系有多种分类，我们在此仅讨论正相关、负相关和零相关。

正相关，是指两个变量的变化方向相一致，即一种变量的数值增大时，另一种变量的数值也随之增大；一种变量数值变小，则另一种变量的数值也随之变小。如幼儿的言语表达能力与复述故事的成绩之间的关系。

负相关即两种变量的变化方向相反，当一种变量数值增大时，另一种变量的数值随之减小；而一种变量数值变小时，另一种变量的数值则增大。如解题能力与解题花费时间之间的关系。

零相关，也叫无相关，是指两种变量之间不存在相互关系，即两种变量的数值变化没有一定方向或规律，当一种变量的数值变大时，另一种变量数值变大变小的机会均等。如幼儿的身高与成绩、相貌与行为习惯之间的关系等。

3. 相关系数

两个变量之间的相关程度用相关系数表示。相关系数是关于两个变量间相互关联的程度与方向的数量指标，用字母 r 来表示，r 的取值范围是 $-1.00 \sim +1.00$。相关系数为正，表示呈正相关，数值越大，相关度越高；相关系数为负，表示呈负相关，数值越小，负相关程度越高；相关系数为 0，表示无相关。由此可知，数值的变化方向用"＋""－"表示，但其相关程度用数值的绝对值来表示。例如 $r_1 = -0.6$，$r_2 = 0.3$，r_1 为负相关，r_2 为正相关，但是 r_1 的相关程度却高于 r_2。$r_1 = -0.76$，$r_2 = 0.76$，r_1 为负相关，r_2 为正相关，但是 r_1 与 r_2 的相关程度相同。

4. 相关系数的常用计算方法

(1) 积差相关（r）（也叫皮尔逊积差相关）　该方法适用于两个变量为连续数据，且都服从正态分布。由于教育科学研究中产生的数据大都为连续变量，而且在样本较大的情况下（样本容量一般 $n \geq 30$），变量均服从正态分布，因此积差相关是教育科学研究中最常用的一种方法。

积差相关系数的计算公式为：

$$r_{XY} = \frac{\sum (X_i - \overline{X})(Y_i - \overline{Y})}{nS_x S_y} = \frac{\sum x_i y_i}{\sqrt{\sum x_i^2}\sqrt{\sum y_i^2}}$$

计算积差相关系数的步骤有：①求两列数据的平均数 $\overline{X}$ 和 $\overline{Y}$；②计算两列数据的离差 x_i（即 $X_i - \overline{X}$）和 y_i（即 $Y_i - \overline{Y}$）；③计算两列数据离差的平方和 x_i^2 和 y_i^2；④计算两列数据离差之积 $x_i y_i$；⑤代入积差相关公式，求积差相关的数值。

例：某幼儿园大班 10 名幼儿故事叙述成绩与阅读兴趣得分如表 11-6 所示，求积差相关系数。

表 11-6　10 名幼儿阅读兴趣与故事叙述成绩的相关系数表

幼儿	故事叙述 X_i	阅读兴趣 Y_i	x_i	y_i	x_i^2	y_i^2	$x_i y_i$
1	86	83	1.70	−3.20	2.89	10.24	−5.44
2	75	80	−9.30	−6.20	86.49	38.44	57.66
3	89	85	4.70	−1.20	22.09	1.44	−5.64
4	92	94	7.70	7.80	59.29	60.84	60.06
5	83	92	−1.30	5.80	1.69	33.64	−7.54
6	89	91	4.70	4.80	22.09	23.04	22.56
7	79	81	−5.30	−5.20	28.09	27.04	27.56
8	88	84	3.70	−2.20	13.69	4.84	−8.14
9	82	89	−2.30	2.80	5.29	7.84	−6.44
10	80	83	−4.30	−3.20	18.49	10.24	13.76
合计	$\overline{X}=84.3$	$\overline{Y}=86.2$			$\sum x_i^2=260.1$	$\sum y_i^2=217.6$	$\sum x_i y_i=148.4$ $r_{XY}=0.642$

（2）等级相关（r_R）（斯皮尔曼等级相关）　如果两个变量中的一个或两个为顺序变量（比赛或成绩的排名），或者两个连续变量数据不符合正态分布条件，可以先将其转化为等级变量，这些情况下均可以应用等级相关的方法。

等级相关的计算公式为：

$$r_R = 1 - \frac{6\sum D^2}{n(n^2-1)}$$

其中，D 表示两列数据对应等级差。

例：8 位幼儿的单腿跳比赛和扔球比赛，他们所得名次如表 11-7，求幼儿这两种比赛成绩的相关程度。

表 11-7　幼儿单腿跳比赛和扔球比赛名次表

幼儿编号	单腿跳比赛名次 R_X	扔球比赛名次 R_Y	等级差 $R_X - R_Y = D$	差数的平方 D^2
1	3	5	−2	4
2	1	2	−1	1
3	4	1	3	9
4	6	4	2	4
5	8	7	1	1
6	7	8	−1	1
7	2	3	−1	1
8	5	6	−1	1
Σ	—	—	—	22

表 11-7 中，第四列和第五列分别为按照已知名次等级，逐个计算等级差数 D 和 D^2；左下角数值为等级误差平方和 $\sum D^2$。

将表中的数值代入公式：

$$r_R = 1 - \frac{6\sum D^2}{n(n^2-1)} = 1 - \frac{6 \times 22}{8 \times (8 \times 8 - 1)} \approx 0.738$$

（3）点二列相关

当两列变量其中的一列为连续变量，另一列为二分变量时，要计算其相关程度所用的统计方法，叫点二列相关。其计算公式为：

$$r_{pb} = \frac{\overline{X_p} - \overline{X_q}}{S}\sqrt{pq}$$

式中，p 是二分变量中第一类变量值的比率；q 是二分变量中第二类变量值的比率；$\overline{X_p}$ 是连续变量 p 部分的数据的平均数；$\overline{X_q}$ 是连续变量 q 部分的数据的平均数；S 是连续变量的标准差。

点二列相关常用丁试卷中是非题与整个试卷的相关性的研究，或者说是非题的区分度指标。

例：随机抽取 10 名考生数学考试的卷面总分和一道是非题的得分，如表 11-8，试求该是非题的区分度。

表 11-8　10 名考生的点二列相关分析计算表

学生	是非题得分	总分数	变化率
1	0	75	
2	1	68	
3	1	74	
4	1	69	$S = 6.02$
5	1	68	$p = 7/10 = 0.7$
			$q = 3/10 = 0.3$
6	0	59	$\overline{X_p} = 69$
7	1	64	$\overline{X_q} = 66$
8	1	60	
9	0	64	
10	1	76	

由表 11-8 可知，是非题的得分只有两种 0 和 1，是二分变量，卷面总分为连续变量，而且来自正态分布的总体，因此可以用点二列相关进行计算。

$$r_{pb} = \frac{\overline{X_p} - \overline{X_q}}{S}\sqrt{pq} = \frac{69 - 66}{6.02} \times \sqrt{0.7 \times 0.3} \approx 0.227$$

可以说，这道是非题和卷面总分之间存在着 0.227 的正相关，是非题的区分度为 0.227。

二、推断统计

推断统计就是用概率的形式来推断数据之间是否存在某种关系，即用样本的统计值，在一定可靠程度上（置信水平或显著性水平上）来推测总体特征的一种重要的统计方法。推断统计主要包括参数估计、假设检验。

（一）参数估计

参数估计就是用样本统计量估计总体参数的方法，具体讲是利用样本信息描述参数总体均值或总体百分率区间范围的过程。通常样本的平均数、标准差、相关系数可通过样本的数据直接求得；但是总体的平均数、标准差和相关系数等参数不能直接计算求得，就要通过对样本的统计量进行推断得到。参数估计的方法有很多，下面进行介绍。

1. 点估计

样本统计量为数轴上某一点的值，估计总体参数的结果也可以用一个点的数值来表示，这就是点估计。例如，估计某市 10000 名幼儿身高，抽样测得 500 名幼儿身高，平均身高为 92cm。这一次抽样的样本平均身高 92cm，可以作为总体 10000 名幼儿身高的平均值。这种方法就是点估计。当然点估计是一种很不精确的粗略的估计方法，只有样本容量够大，其总体估计才够精确。

2. 区间估计

区间估计就是估计量在一定可靠程度上推断出总体参数所属的区间范围，具体来讲它是用数轴上的一段距离表示未知参数可能落入的范围，它不能得出总体参数的具体值，但能说明未知总体参数落入某一区间的概率有多大。区间估计，不仅给出一个总体参数所在的范围，还能得到估计精度并说明对估计结果的把握程度。例如，估计某地小学一年级数学平均成绩，估计平均成绩在 85～88 分。如果估计 100 次，96 次都在此区间，则其正确率为 96%。

（二）假设检验

在教育科学研究中常常要确定统计量之间是否存在真正的差异。导致两个统计量之间的差异原因有：一种是它们来自两个总体，两个总体间存在真正的差异；另一种就是它们来自一个总体或总体参数相同的总体，它们之间的差异是由随机误差（抽样误差）引起的。如果经检验存在显著差异，说明两个统计量（代表样本特征的量数，如样本平均数、标准差等）是由样本算得的，来自两个总体，标志着两个总体之间有差异；如果经检验不存在差异显著，说明两个统计量可能来自一个总体或两个参数相同的总体，两个统计量之间的差异是由随机误差或抽样误差造成的。可见，统计检验就是要回答这种差异是偶然因素引起还是由实验因素引起。

假设检验也叫显著性检验，是以小概率原理为理论基础，对某一假设进行保留和拒绝的判断。小概率事件是指在一次试验中几乎不可能发生的事件。若我们假设某事件是小概率事件，则它在一次抽样中几乎是不可能发生的，这时可以接受原假设，反之，若在一次抽样中该事件发生了，则该事件就不是小概率事件，说明原先的假设有问题，原假设则被拒绝。在统计学上把概率小于 0.05（或 0.01）的事件称为小概率事件，可以分别表示为 $P < 0.05$ 或 $P < 0.01$。

假设检验包括参数检验和非参数检验。对平均数的差异检验是常用的参数检验，卡方检验（χ^2）则为最常用的非参数检验方法。下面分别进行介绍：

1. Z 检验

Z 检验是用正态分布的理论来推断差异发生的概率，进而推论两个平均数间的差异是否显著。连续性随机变量的分布一般都是正态分布，教育心理测量的变量都服从正态分布，如学习成绩、智商、体重等得到的数值等。Z 检验适合于 $n \geqslant 30$ 的大样本资料。Z 检验有以下两种不同的方法：

（1）独立样本 Z 检验　独立样本是指两个变量来自两个彼此独立的样本（两个样本不存在任何关系）。独立样本的 Z 值计算公式为：

$$Z = \frac{\overline{X_1} - \overline{X_2}}{\sqrt{\dfrac{S_1^2}{n_1} + \dfrac{S_2^2}{n_2}}}$$

式中，Z 为检验统计量；$\overline{X_1}$、$\overline{X_2}$ 分别为样本的平均数；S_1、S_2 分别为两样本的标准差；n_1、n_2 为样本容量。

例：某地区 6 岁幼儿中随机抽取男生 40 人，平均体重 24.9kg，女生 40 人，平均体重 22.3kg，该地区 6 岁幼儿男生体重的标准差为 5.6，女生体重的标准差为 5。问该地区 6 岁男女儿童的体重有无显著性差异？

检验步骤：

① 提出虚无建设 H_0：男女体重无显著性差异（零假设）；

② 计算检验统计量：$Z = 2.19$；

③ 确定显著性水平（0.05 或 0.01），本统计采用 $a = 0.05$，理论 Z 值（临界值）$= \pm 1.96$；

④ 统计推断：因 $|Z| = 2.19 > 1.96$，则 $P < 0.05$，在 0.05 显著水平上拒绝零

假设，即 6 岁男女幼儿的体重存在显著性差异。

（2）相关样本 Z 检验　相关样本是指两组数据不是来自两个独立的样本，而是来自同一组被试实验前后的测量分数或者是重复测验结果，抑或是配对样本。相关样本的测验结果存在着某种程度的相关，即相关系数起着一定的作用，因此，相关样本 Z 检验不同于独立样本 Z 检验，其计算公式为：

$$Z = \frac{\overline{X_1} - \overline{X_2}}{\sqrt{\dfrac{S_1^2}{n_1} + \dfrac{S_2^2}{n_2} - 2r \dfrac{S_1}{\sqrt{n_1}} \cdot \dfrac{S_2}{\sqrt{n_2}}}}$$

式中 r 表示相关系数，其余同上。

例：抽取某幼儿园中班学生 30 名做实验，实验前测识字量平均成绩为 76.5 分，标准差为 8 分；该 30 名学生实验后测识字量平均成绩 86.5 分，标准差为 7 分，两次测验的相关系数为 0.6。问前后两次测验成绩有无显著性差异？

检验步骤如下：

① 提出虚无建设 H_0：实验前后两测验成绩无显著性差异（零假设）；

② 计算检验统计量：$Z = 8.01$；

③ 确定 $a = 0.01$ 显著性水平，理论 Z 值（临界值）$= \pm 2.32$；

④ 统计推断：因 $|Z| = 8.01 > 2.32$，则 $P < 0.01$，在 0.01 显著水平上拒绝零假设，说明实验的前后测验成绩存在显著性差异。

2. t 检验

当总体成正态分布，但是总体方差未知时，要用 t 检验来检验差异。

t 检验就是用 t 分布的理论来推断差异发生的概率，从而比较两个平均数是否存在显著性差异。t 检验适用于小样本资料（即 $n < 30$）的显著性检验。

t 分布的密度函数比较复杂，因而编制了 t 分布表。t 分布表是用 t 变量的分布密度，根据自由度 n 和 a（即显著性水平）的不同而计算得到的 t 变量的临界值，所以，我们知道了自由度 n 和 a 的大小就可以查 t 分布表找到临界值。

用 t 分布检验平均数差异，将 t 值（样本平均数差的标准值）与理论临界值（$t_{0.05}$ 或 $t_{0.01}$）进行比较。当 t 值大于理论临界值时，拒绝接受虚无假设，认为两个平均数之间存在显著性差异；当 t 值小于理论临界值时，接受虚无假设，认为两个平均数之间不存在显著性差异。

（1）独立样本 t 检验　当两个平均数来自独立小样本时，其计算公式为：

$$t = \frac{\overline{X_1} - \overline{X_2}}{\sqrt{\dfrac{n_1 S_1^2 + n_2 S_2^2}{n_1 + n_2 - 2}\left(\dfrac{1}{n_1} + \dfrac{1}{n_2}\right)}}$$

公式中，各符号意义同 Z 检验公式。

例：为了比较 5 岁幼儿男女社会认知方面的差异，随机抽取 5 岁男孩 25 人，女孩 30 人，进行社会认知测验，结果男孩的 $\overline{X_1}=25.5$，$S_1=6$；女孩的 $\overline{X_2}=29$，$S_2=10$。试问 5 岁幼儿的社会认知能力在性别上是否存在显著性差异？

检验步骤如下：

① 提出虚无建设 H_0：幼儿的社会认知能力在性别上无显著性差异（零假设）；

② 计算检验统计量：$t=-1.507$；

③ 确定 $a=0.05$ 显著性水平，根据自由度 $df=n_1+n_2-2=53$，理论 t 值 $=2.021$；

④ 统计推断：因 $|t|=1.507<2.021$，则 $P>0.05$，在 0.05 显著水平上接受零假设，即 5 岁幼儿的社会认知能力在性别上无显著性差异。

（2）相关样本 t 检验　当两个平均数来自相关小样本时，其显著性差异检验公式为：

$$t=\frac{\overline{X_1-X_2}}{\sqrt{\dfrac{S_d^2}{n-1}}}$$

式中，d 代表每对对应数据的差，$d=X_1-X_2$；S_d^2 是 d 的方差；n 代表对应样本的个数。

相关样本 t 检验的步骤：

① 提出虚无假设 H_0；

② 计算检验统计量；

③ 确定 $a=0.05$（或 0.01）显著性水平，根据自由度 $df=n_1+n_2-2$，查表得到理论 t 值；

④ 统计推断。

教育科学研究中平均数差异的显著性检验，一般都可以采用 t 检验。因为当样本越大，其理论 t 值会越接近 Z 值。t 检验比 Z 检验更常用。

3. 方差分析（F 检验）

影响事物的原因很多、很复杂，而且这些原因的不同水平对事物都会产生不同的影响，研究就是要厘清这些因素对事物影响的程度及其所发生的作用。方差分析就是可以找出众多因素中对研究结果具有显著影响作用的因素的一种适用方法。方差分析分为单因素方差分析和多因素方差分析。

（1）单因素方差分析　实验的结果（因变量）只是由一个因素影响而发生变化

（该因素可以有若干不同水平），而其他因素保持不变的实验，被称为单因素实验。

例：为了寻求最佳的数学教学方法，研究者选取了 4 种教学方法，分别对 4 个平行班进行为期半年的教学，期末对 4 个班进行统一考试。数学成绩如表 11-9。

表 11-9　4 个班选用 4 种教学方法的统一考试成绩

序号	成绩			
	方法 1(X_1)	方法 2(X_2)	方法 3(X_3)	方法 4(X_4)
1	68	94	71	83
2	75	79	54	77
3	80	82	67	87
4	83	91	80	93
5	96	88	84	64
6	82	78	62	79
7	66	96	55	88
8	75	87	50	77
9	83	99	63	91
10	60	92	78	98
Σ	768	886	664	837
$\overline{X_i}$	76.8	88.6	66.4	83.7

该实验中只有教学因素在发生变化，而且教学因素分为了 4 种不同的水平，因变量是学生的数学成绩。研究者想弄清楚 4 种不同教学方法下的学生数学平均成绩是否存在显著性差异。这时要采用的方差分析就是单因素方差分析。

单因素方差分析的计算公式如下：

$$F = \frac{MS_A}{MS_E} = \frac{SS_A/df_A}{SS_E/df_E}$$

其中 $SS_A = n\sum\limits_{i=1}^{k}(\overline{X}_i - \overline{X})^2$；$SS_E = \sum\limits_{j=1}^{n}\sum\limits_{i=1}^{k}(\overline{X}_{ij} - \overline{X}_i)^2$；$SS_T = SS_A + SS_E$。

MS_A 为组间均方差；MS_E 为组内均方差；SS_A 为组间离差平方和；SS_E 为组内离差平方和；SS_T 为总离均平方和；df_A 为组间自由度；df_E 为组内自由度。

计算上例中的 SS_A、SS_E、SS_T 等，列出表 11-10。

如果想进一步知道哪一种方法的效果更好，可以进行多重比较，具体说就是对每 2 组教学水平下的数学成绩均值进行显著性检验。

表 11-10　4 种教学的方差分析表

方差来源	离差平方和	自由度	均方差	F 值
教学方法(SS_A)	2777.875	3	925.958	9.431
随机误差(SS_E)	3534.500	36	98.181	
总计	6321.375	39		

注：$F=9.431 > F_{0.01}(3,36)=5.25$，所以可以认为 4 种不同的教学方法的效果有显著性差异。

（2）多因素方差分析　实验研究中有两个及两个以上因素（自变量）发生变化的实验就是多因素实验，对该研究结果进行的方差分析就是多因素方差分析。

例：某幼儿园进行幼儿阅读的教学实验研究，其有两个自变量，教学方法又分为 A_1、A_2 共 2 个水平（方法）；幼儿在教学过程中的阅读兴趣也有高、低 2 个水平。随机抽取幼儿园大班的 30 名学生并随机分组，每 5 人一组，经过一学期教学后，对所有参加实验的幼儿进行同样的阅读效果测试。得到的数据如表 11-11。

表 11-11　幼儿阅读成绩统计表

教学方法	阅读兴趣	
	高	低
A_1	73,72,91,81,78	66,76,84,79,61
A_2	85,98,88,87,94	68,77,79,75,80

多因素试验中，影响实验结果的因素并非独立，往往存在交互作用。多因素方差分析就是研究各个因素的主效应（即某因素水平的改变造成实验结果的改变）以及各因素之间的交互效应对实验结果的影响是否存在显著性差异。

多因素方差分析的基本思想与单因素方差分析是一致的，但是其计算更加烦琐，因此在此不再介绍其计算公式，其数据的统计分析通过 SSPS 实现将会非常快捷。

4. 卡方检验

上述三种假设检验都属于参数检验，使用参数检验有比较严格的条件要求，其基本条件是数据必须是连续数据，且服从正态分布。但是在研究中，得到的数据可能是称名数据（如性别、血型、国籍）、顺序（等级）数据（如及格或不及格，赞同或不赞同），这些数据都不是连续数据，不能进行数字运算，只能进行频次（百分比）统计，因此不能对它们进行参数检验，只能进行非参数检验。非参数检验的方法比较多，在教育科学研究中常用的就是卡方检验（χ^2）。

卡方检验（χ^2）可以处理一个因素两项或多项分类的观察次数与理论次数分

布是否相一致的问题，即是否存在显著性差异。观察次数也叫实际数，是在试验中得到的计数资料；理论次数又叫期望次数，是根据概率原理、某一理论或经验次数分布计算出的次数。其基本公式：

$$\chi^2 = \sum \frac{(f_0 - f_e)^2}{f_e}$$

式中 f_0 是观察次数；f_e 是理论次数。

卡方检验（χ^2）因研究的问题不同，可以细分为很多类型，如配合度检验、独立性检验和同质性检验等，下面仅介绍常用的方法。

（1）配合度检验 该检验方法主要用于检验观察次数与理论次数是否存在显著性差异。

理论次数一般是按照概率相等的原则进行计算，等于总次数乘以分类项数的倒数。

例：随机抽取幼儿园大班 60 名幼儿，询问他们喜欢画画还是唱歌，要求每人只选一种，结果幼儿选择画画的 36 人，选唱歌的 24 人，问他们对画画、唱歌的喜好是否有显著性差异？

解：此题只有两项分类，其理论次数 $f_e = 60 \times 1/2 = 30$

提出虚无假设 H_0：选择唱歌、画画的人数相等（无显著差异）。

计算统计量：$\chi^2 = \sum \frac{(f_0 - f_e)^2}{f_e} = \frac{(36-30)^2}{30} + \frac{(24-30)^2}{30} = 2.4$

$$df = 2 - 1 = 1$$

查 χ^2 表，当 $df = 1$ 时，$\chi^2_{0.05} = 3.84$。

故 $\chi^2 < \chi^2_{0.05}$，$P > 0.05$。

答：幼儿对画画、唱歌的喜好没有显著性差异。

（2）独立性检验 该方法主要用于两个或两个以上因素的多项分类计数资料的分析，即研究变量间是否关联的问题。如性别与吸烟是否有关联；学生社会经济地位与其学业成绩是否有关联。

例：为了调查男性和女性对公共场合禁烟的态度，随机抽取了 100 名女性和 80 名男性。女性赞成吸烟的有 44 人，不赞成的有 56 人；男性赞成的 55 人，不赞成的 25 人。问男女对公共场所禁烟的态度是否存在显著性差异？

独立性检验一般均采用列联表来记录观察的结果，如该例。因为分类的不同，列联表可以分为多种形式。例如两个因素均分为两项，则成为 2×2 表，若一因素分为 2 项，另一因素分为 k 项，则为 $2 \times k$ 表。鉴于独立性检验的列联表的复杂性，在此仅对该例题即 2×2 表进行数据呈现。该题中涉及两个因素，分别是性别和态度，而且每个因素又分为 2 个水平，可以用 2×2 列联表来呈现数据，如表 11-12。

表 11-12 性别与公共场所禁烟态度的频次统计

项目	赞成	不赞成	行总和
女性	44	56	100
男性	55	25	80
列总和	99	81	180

独立性检验的理论次数可以运用列联表提供的数据进行推算。因此本例题的理论次数：总体上赞成的比例为 $\frac{99}{180}$；不赞成的比例为 $\frac{81}{180}$。若男女在调查中所持的态度相同，则男女赞成和不赞成的比例也应与总体比例相等，因此可以计算期望次数：

女生赞成吸烟的期望次数：$\frac{99}{180} \times 100 = 55$

男生赞成吸烟的期望次数：$\frac{99}{180} \times 80 = 44$

女生不赞成吸烟的期望次数：$\frac{81}{180} \times 100 = 45$

男生不赞成吸烟的期望次数：$\frac{81}{180} \times 80 = 36$

统计量的检验：

$$\chi^2 = \sum_i \sum_j \frac{(f_{0ij} - f_{eij})^2}{f_{eij}}$$

$$= \frac{(44-55)^2}{55} + \frac{(55-45)^2}{45} + \frac{(55-44)^2}{44} + \frac{(25-36)^2}{36} = 9.2$$

自由度 $df = (R-1) \times (C-1) = (2-1) \times (2-1) = 1$（$R$ 为列联表行数，C 为列联表列数）

查表：当 $df=1$ 时，$\chi^2_{0.01} = 6.63$。

故 $\chi^2 > \chi^2_{0.05}$，$P < 0.01$。

答：男女对公共场所禁烟的态度存在显著性差异。

各种量的分析方法均可用计算机进行计算，包括使用 SPSS、MPLUS 等软件，其操作非常快捷、方便。研究者只要通过统计原理的学习，能准确掌握不同的统计方法的使用条件，根据需要正确选择统计分析方法，利用统计软件进行数据统计与分析将大大提高研究的速度和能力。

思考与练习

1. 定性分析的方法有哪些？

2. 描述统计的统计量数的类型有哪些？

3. 推断统计的类型有哪些？

实践与训练

查阅一篇教育定量研究的文献，分析其中应用的数据分析方法，并说明其应用的理由（条件）。

第十二章

教育科学研究成果的呈现

【知识目标】

1. 了解研究成果表述的目的与意义。

2. 明晰研究成果表述的基本特点。

3. 掌握研究成果的表述类型。

4. 掌握教育科学研究成果的结构与要求。

5. 了解教育科学研究成果的评价指标体系。

6. 掌握学术论文写作规范要求。

【任务目标】

通过本章的学习，能按照教育科学研究成果的结构与要求撰写研究论文，能利用研究成果的评价指标体系来衡量论文写作的质量与价值，并按照学术论文写作规范要求对论文进行修改、完善。

⇥ 问题导入

问题：如何将教育现象和教育问题转化为教育科学研究成果并实现交流和共享？

当面对纷繁的教育现象时，我们不断地进行着思考、实践与探索，围绕不同的主题，开展形式各异的调查活动，将思考、实践与探索的内容转化为文字成果。研究成果如何才能实现交流和共享呢？这就体现在教育科学研究成果的呈现，即研究和撰写论文的过程。研究论文是研究成果的文字表述，是研究者运用科学的方法，对教育理论或实践中相关问题进行研究所形成的成果。其中，幼儿教育论文则是通过对保育、教育和保教反思中存在的问题进行深入的思考和实践探索形成的成果。本章将学习几种研究成果的呈现方式。

第一节 教育科学研究成果的表述

教育科学研究成果的表述是指通过调查研究、实验研究或思辨分析，对当前某种教育现象、教育问题或教育理论进行分析与探究，得出新的教育观点、教育思想、教育方法与教育理论等内容的表述。具体而言，教育科学研究成果的表述是指以教育现象、教育活动、教育规律、教育成果为表述对象，运用书面语言（文字、数据、图表、公式等）对其进行总结、记录、描述、储存、交流、传播的创造性认识和书写实践活动。由于研究成果是通过科学研究的方式、方法获取的，因此，具有一定的理论价值和应用价值。

一、教育科学研究成果表述的目的与意义

任何一项教育科学研究工作按计划完成后，都需要对整个过程及其结果进行分析与总结，形成一份研究的书面文本资料，将研究成果形成书面文本资料的过程即是教育科学研究成果表述的过程。这种对教育科学研究成果进行文字加工的过程，既是教育科学研究的重要环节，又是呈现教育科学研究成果的重要形式，可以直接影响到教育科学研究成果交流和运用的效果。

教育科学研究成果是教育科学研究的结晶，不仅能够科学地总结阶段性的研究成果，还能够向教育工作者、研究者与社会提供教育科学研究信息，为研究成果的交流与传播提供条件；为教育教学的发展形成推动力，为丰富教育教学理论的成果提供支持；为促进教育教学实践工作的改进奠定基础。具体表现如下：

（一）深化成果理解，提升学术科研综合素质

教育科学研究成果的表述需要对整个教育科学研究过程进行高度概括和科学总结，提炼新观点，揭示新规律。因此，教育科学研究成果的表述能够促进研究者进一步深化理解教育科学研究成果。教育科学研究成果的表述是一个严密的思维过程，需要具备发现、分析、综合、概括的能力，具有准确运用语言文字的能力和技巧。教育科学研究成果的表述，有助于锻炼研究者的思维能力和表述能力。

（二）记录科学研究的成果，增进学术和技术交流

教育科学研究过程是获得直接经验的过程，这种经过精心设计、精心探索而获得的直接经验，不仅对直接参加者来说是十分宝贵的，而且对于所有经验工作者，对于人类整体认识的提高和发展都是十分宝贵的。教育科学研究成果表述最直接显著的功能即有条理地记录研究者认知、思考与实践后创造的成果，借助此种方式将

成果记录并储存在人类知识宝库中。教育科学研究成果的公开发表，能够使科研成果获得交流与推广的机会，推进理论学术向社会实践转化进程的加速发展，同时，由于其能克服时间和空间的限制，因此，它对增进学术和技术交流具有重要作用。

（三）丰富教育理论资源，推动教育改革实践

教育科学研究成果的创新性、科学性、前沿性使成果具有理论意义和实践意义。通过研究成果的表述，如实地将教育调查的基本情况准确、系统地呈现出来，为制定教育政策和丰富教育理论资源提供必要的数据和资料；同时，能够及时地提供教育实践中的典型经验、典型事例，作为指导教育工作、解决教育问题的现实依据，推动教育改革实践。

二、教育科学研究成果的基本表述形式

教育科学研究成果有三种基本表述形式：研究报告、学术论文、专著与编著。

（一）研究报告

教育科学研究报告是通过事实的描述和数据说明来解决问题，即对研究过程和研究成果的概括与总结。此类文章具有较为固定的结构，要求清晰、具体地描述研究方法和相关材料，客观地反映研究过程，合理地解释研究结果。通常，教育科学研究报告包括教育课题研究报告、教育调查研究报告和教育实验研究报告等。

1. 教育课题研究报告

教育课题研究报告即教育科学研究课题按照研究计划完成后，将有关的事实和数据材料进行统计、分析与整理，在此基础上，研究者对整个研究过程与研究结果进行归纳总结，形成一份关于该课题研究的文字表述材料。教育课题研究报告是对教育过程和结论的概括与总结，是教育科学研究工作理论升华的关键步骤，具有学术价值和社会意义。

2. 教育调查研究报告

教育调查研究报告是对教育现象中的客观事物或问题进行深入细致、全面客观的调查研究，再经过分析与整理将获取的成果形成的书面报告。它既是教育调查研究成果的概括与总结，又能够帮助人们正确认识客观事物，了解客观事物发展的规律，为指导今后实践的方向和促进理论的发展提供有利的条件，有效构建起理论与实践互通的桥梁。

3. 教育实验研究报告

教育实验研究报告是一种以书面形式反映教育实验过程及其结果的研究报告。教育实验研究报告与其他类型的研究结果相比，最为显著的特点即为客观性，必须

是客观实际的展现。因此，实验研究报告需要准确、清晰、简明地阐述问题，表述结论。教育实验研究报告根据实验研究的基本方法可分为定量研究实验报告与定性研究实验报告。定量研究实验报告强调通过严格地控制实验条件来获得定量的研究数据，分析论证各研究变量之间的内在关系，从而对实验假设进行科学的验证，多数实验研究都属于定量研究实验报告；定性研究实验报告则是强调对对象进行质的分析，如教育改革实验报告、德育实验研究报告及个案实验研究报告。而许多教育实验中，两种调查方法是结合使用、互相补充的。

（二）学术论文

教育科学研究学术论文是指对某种教育学术问题在理论性、实验性或预测性等方面形成的创新见解或成果的科学记录，是对某种理论应用与实践后获得新进展的科学总结，是可以用于交流、谈论或在学术刊物上发表的文字资料，是衡量个人教育学术水平和科研能力的重要标志。按照研究内容不同，教育科学研究学术论文可分为理论性研究论文和应用性研究论文。其中，理论性研究论文主要是针对教育的基本概念和原理进行研究；而应用性研究论文则重点探讨教育理论对教育教学实践的影响。教育科学研究学术论文成果的价值主要体现于其理论来源与选择是否正确，其实践推广与应用是否可行。由于学术论文需要具备论证色彩，论文的内容必须以客观性、科学性和创造性为基础，形成结构严谨、逻辑清晰、表述准确的学术研究成果。

（三）专著与编著

1. 专著

专著是指对某一学科或某一专门课题进行全面系统论述的著作，一般是对特定问题进行详细、系统考察或研究的成果表述。通常，专著侧重于作者的"一家之言"，即围绕某问题进行深入的探讨和全面的论述，形成个人的认识和观点，具有论述系统、内容广博、观点创新等多种特点。专著是一种重要科学研究成果的体现，具有较高的学术参考价值。

2. 编著

编著是指把现成的文字材料经过选择加工而写的著作。编著与专著相比，不强调创造性，而强调采用最新的研究成果，采用科学的体例编撰成书，它有一定的理论性、学术性，但更强调应用性。

专著与编著都是对教育问题的论述，但其独创性表现上存在不同。专著的独创性高，是研究者最新的学术研究成果；而编著则包含对已有文献资料的汇集与改写，独创性低于专著。

三、教育科学研究成果的基本特点

（一）科学性

科学性是教育科学研究成果的灵魂。文稿中运用的概念含义应准确、清晰，符合科学理论的阐述；采用科学的理论思想、调查统计方法和数据分析，文中观点正确、数据准确、材料真实、论证严密、结论客观；撰写研究成果时，应注意推敲斟酌词句，避免出现错误或混淆不清的概念与词句。因此，研究者在具备良好科学素养和理论水平的基础上，还需具备严谨的治学精神。

（二）创新性

教育科学研究成果要求研究者具有独特的见解，有创造性。科学研究是一种创造性的劳动，需要不断开拓新领域、探索新方法、阐述新理论、发现新问题、形成新见解和得出新结论。同时，教育科学研究成果的创新性还表现在其探索性，寻求改革的突破口，开拓未知领域。

（三）逻辑性

教育科学研究成果通常需采用逻辑推理的方式，结合作者自身的经验和收集到的资料，运用科学的概念、判断、推理、证明或反驳等手段进行思维加工，从而得出新的理论、新的见解或解释自己提出的新观点。因此，教育科学研究成果的表述必须经过周密详尽的思考、严谨而富有逻辑性的论证。

（四）可读性

教育科学研究成果是为了将研究者的指导思想、学术观点、研究方法与过程以及研究成果等内容，与他人进行交流，为教育实际工作提供实践的依据与建议，是研究者与实践者之间的重要沟通渠道。因此，教育科学研究成果为了适应不同的读者对象，文字应力求言简意赅、深入浅出，尽量避免晦涩难懂的词句。在呈现数据分析结果时，可利用简明、直观的图表，形象化、总结性地辅助读者获取相关的信息，并注意用易于理解的文字解释统计分析结果所表示的含义，帮助读者正确地理解文章的观点和结论。

四、教育科学研究成果的结构与要求

教育科学研究成果的表述既是一个文字加工的过程，又是一个逻辑思维加工过程，还是一个再创造的过程。一般而言，由于研究课题、研究方法和研究时间等方面的差异，教育科学研究成果即研究报告或研究论文无统一结构和格式，但总体来说，研究报告或研究论文一般包含题目、作者与单位署名、摘要、关键词、引言、

正文、结论与建议、参考文献、附录、致谢等部分。

（一）题目

题目又称标题，是论文内容的高度概括，是论文精髓的体现。标题要以最恰当、最简明的词语反映出论文论述的主题、范围和内容。

1. 题目的分类

按照功能角度来看，题目通常分为总标题、副标题和分标题三类；按照表现形式来看，题目可以划分为问题式、叙述式、比较式等。

2. 题目的写法

常用的写法有三种：一是，类似文章标题的写法，在标题中呈现出调查研究涉及的对象和研究的主要问题，如《小学语文教师专业自觉现状与发展特点》、《试论师范生专业核心素养的内涵及提升策略》和《美国幼儿教师全纳教育素养的职前培养及启示》；二是，类似公文标题的写法，如《全国家庭教育状况调查报告（2018）》、《六年制公费师范生自主学习能力现状调查报告》和《乡韵心育——农村欠发达地区学校心理健康教育特色报告》；三是，用正副标题的写法，如《构建新时代发展素质教育的学校育人体系——以北京市海淀区实验小学为例》、《中学化学课堂中渗透核心素养的教学思路——以人教版九年级〈原子的结构〉教学为例》和《基于"核心素养"的卓越小学全科教师培养课程体系架构——兼论专科层次小学教育专业课程》，副标题是对正标题的补充和说明，只在正标题不能完全表达论文主题时使用。

3. 题目拟定的要求

题目对于读者了解论文全貌、吸引读者的注意和兴趣有着重要的作用。因此，拟定论文题目的基本要求如下：第一，论文题目要具体明确，直接揭示论点或课题，准确反映论文的内容，避免出现过于笼统或文题不符的情况；第二，论文题目的选择宜小不宜大，应注重从小切入点入手来增强论述的深度；第三，论文题目要简短精练、规范鲜明，题目不宜过长，一般以不超过 20 个字符为宜，若字数超过20 个字，应尽量通过增加副标题等方式转化；第四，论文题目以具有新颖性与独特性为宜。

（二）署名

论文署名者指参与研究课题和制定研究方案、直接参与研究工作并做出主要贡献，以及参与论文撰写的人员。通常，署名位于论文题目下方，包含作者姓名、单位及邮编，是作者拥有版权的声明、发表文责自负的承诺及便于读者同作者进行联系和文献检索。个人的研究成果，个人署名；集体的研究成果，集体署名。一般集体署名时，会根据对研究工作贡献的大小排列名次。

署名应注意事项如下：第一，多数课题对于主要参与者的人数限定为 5～8 人，如有需要，其他参与者可以备注于正文末致谢的部分；作者单位应写标准全称，内容包括作者单位的名称、单位所在市（县）和邮政编码，基本格式如下：

中国义务教育均衡发展的新时代特征与治理路径（文章题目）

作者姓名

（作者工作单位名称，地址　邮政编码）

（三）摘要

摘要，又称内容提要，是指以提供文献内容梗概为目的，简明扼要地陈述文献内容的短文，包括研究目的、方法、结果和结论四个重要因素。

1. 摘要的分类

摘要主要分为报道性摘要、指示性摘要和报道-指示性摘要三种。其中，报道性摘要即资料性摘要或信息性摘要，指明文献的主题范围、学术论文的目的、方法及结果与结论等信息。因此，学术期刊采用报道性摘要，篇幅一般不超过 400 字，以 200～300 字为宜。指示性摘要即概要性摘要或简介性摘要，简单地介绍论文的论题或概括论述论文研究的目的、内容及取得的进展，使读者对论文内容有一个概括的了解。综述性论文应撰写指示性摘要，篇幅一般不超过 200 字，以 50～100 字为宜。报道-指示性摘要即以报道性摘要的形式表述论文中的核心内容，其他部分则以指示性摘要形式表达，篇幅一般不超过 200～300 字，以 100～200 字为宜。

2. 摘要写作的要求

根据有关规定，摘要的写作要求如下：第一，使用第三人称进行写作，摘要中若将"作者""本文""笔者""我或我们"作为陈述的主语，会在一定程度上削弱表述的客观性，且在逻辑上也呈现混乱的情况。摘要应采用"对……进行了研究""进行了……调查""报告了……的现状"等语句。第二，摘要不得简单重复题目中已有的信息。第三，摘要应具有自明性和独立性，即不阅读文献的全文，就能获得必要的信息。第四，摘要不论长短均不分段。第五，摘要应排除本学科领域方面已成为常识的内容。第六，摘要应结构严谨、表达准确、简单明了。第七，要采用规范化的符号和名词术语，不使用非公知、非公用的符号与术语，若遇新术语或无适合汉语表述的术语，可采用原文或译文加括号注释原文的方式处理。

3. 摘要的写作举例

《生物学学科核心素养：内涵、外延与整体性》一文的摘要为：生物学学科核心素养探讨话题中有一些倾向值得关注，其内涵、外延需要进一步明确。生物学学科核心素养所包含的价值观念、必备品格和关键能力，体现出生物学教育价值；学科核心素养中，生命观念、科学思维、科学探究、社会责任之间，是彼此关联的立体结构，其中生命观念居于突出的位置，体现学科核心素养的生物学特征。它们都需要以生物学概念为支撑，又在价值观、品格与能力层面走向一致，具有整体性。❶

（四）关键词

关键词是为了文献标引与检索工作，从论文中提取能够反映论文研究方向与研究领域的重要词汇。通常情况下，关键词应按《文献主题标引规则》（GB/T 3860—2009）的原则和方法，参照各种词表和工具书选取，使用规范词或术语。每篇论文通常列举 3～5 个关键词，位于摘要之后。

例如，《义务教育均衡化发展中的问题及其解决策略》一文中❷，关键词选定为："义务教育、教育均衡化、义务教育均衡化"；《改革开放 40 年我国中小学英语教科书的成就、问题和建议》一文❸，将关键词选定为："改革开放 40 年、中小学英语、教科书"。

（五）引言

引言也称为绪论、导言、序言或前言，是论文的开头。引言的作用在于补充和强化主题，引言的内容即介绍论文的写作背景、缘由及目的，强调论文的理论依据、实验基础和研究方法，并预测论文结果、地位、作用及意义。

引言的写作要求主要包含：言简意赅、重点突出、客观评价；开门见山、不用套话、不绕圈子；避免与摘要雷同；遵循首尾呼应原则。尤其应注意，在综合论述前人的研究现状、进展或存在问题时，切忌随意否定或轻易断言，如"此问题尚无人研究"、"针对此问题研究的人较少"和"此问题西方学者研究不足"等。总之，引言对文章起到提纲挈领的作用。引言要写得紧扣主题、简明扼要，既要突出中心，又要考虑正文需要，为展开研究提供基础和方便。

例如，在《幼儿家长感知保教价值的量表开发》论文中，引言为："本研究试图通过剖析感知价值理论及研究进展，从学前教育利益主体之一的幼儿家长视角，研究家长在参与幼儿园活动中的合理需求与主观感知，探讨家长对幼儿园保教价值的感知构成，构建家长感知保教价值的结构模型，实证研究以武汉市部分

---

❶ 谭永平. 生物学学科核心素养：内涵、外延与整体性 [J]. 课程·教材·教法，2018（8）.

❷ 李霞. 义务教育均衡化发展中的问题及其解决策略 [J]. 教学与管理，2018（7）.

❸ 吴驰. 改革开放 40 年我国中小学英语教科书的成就、问题和建议 [J]. 中国教育学刊，2018（10）.

幼儿园为例，检验模型假设，尝试研制幼儿家长感知保教价值测评量表，为幼儿园管理实践提供实用测量工具，不断促进幼儿园保教质量检测提供决策咨询服务。"❶

在《"核心素养"概念的混沌与厘定》一文中，引言为："受境外众多关于关键能力研究的影响及启示，我国教育界近十年来掀起了核心素养研究的热潮。核心素养概念虽然源于境外'关键能力'研究，但它作为具有中国特色的创造性词语，自然不可套用境外诸如关键能力的理解，而需要通过对其文字表述、内涵的本质属性、外延的确指对象范畴的阐释来明晰该概念。由此提出的问题是：我国教育界当下对核心素养这个概念作出了科学的概念表述、科学的内涵揭示、准确的外延界定，以及恰当的外译名称表达了吗？答案是否定的。因此，本文试图立足汉语言文字文化的习惯，从概念的科学辨析角度，对核心素养的概念解释、内涵阐释、外延界定等进行梳理、分析、完善，以破解当下大谈特谈"核心素养"，却又因为缺乏上述厘定而存在的混沌现象。"❷

（六）正文

正文是一篇论文的本论，即论文的主体部分，是作者表达研究成果的部分。正文应包含论点、论据、论证三个基本要素。由于论文所体现的创造性成果或新的研究成果将在此部分中呈现，因此，正文应确保内容充实，论点明确具体，论据充分、可靠，论证主题明确，符合逻辑规则。一般来说，正文包含调查与研究对象、实验和调查方法、材料原料、实验和调查结果、计算方法与分析、整理的数据资料、经过加工形成的图片、形成的论点以及得出的结论等。

1. 正文的写作方法

正文写作方法可以归结为五种主要形式，分别为标题式写法、中心句式写法、理论论文写法、实验论文写法和描述论文写法。其中，标题式写法即把论文总标题分别设计出若干小标题，然后将搜集的资料分别按照小标题进行归纳整理，形成论文；中心句式写法是指在拟定论文提纲时，先根据论题与论据提炼出表达论文主要内容的中心句，然后按照层级，结合论文的逻辑顺序排列中心句，列出句子式写作提纲；理论论文写法没有固定的形式，完全以抽象理论为研究对象，其正文结构形式为证明式、剖析式和运用式，而以观测资料或文献资料为研究对象探讨规律的理论型论文，形式则为时间式、空间式和现象本质式；实验论文的正文一般包括"材

---

❶ 俞文，高云. 幼儿家长感知保教价值的量表开发 [J]. 教育科学研究与实验，2015（3）.
❷ 唐智松，徐竹君，杨士连."核心素养"概念的混沌与厘定 [J]. 课程·教材·教法，2018（8）.

料和方法"、"结果与分析"和"结论与讨论"三个部分；描述论文的结构形式，相对较为固定，由描述和讨论两个部分组成。

2. 正文写作时的注意事项

正文写作时，需做到条理清晰、数据确凿、材料可靠、观点明确、事例典型。具体注意事项如下：第一，写作应做到先后有序、主次分明、详略得当；第二，概念明确，语言表达流畅、规范；第三，为科学、准确、生动形象地表达研究成果，使人一目了然，提高说服力和可信性，减少不必要的文字叙述，增强论文的可读性，应合理地采用图、表、照片来集中反映数据和关键事例；第四，若论文篇幅较长，为了使论述层次分明、思路清晰，可以分节或冠以大小标题，或使用不同的序号加以显示。

（七）结论与建议

结论又称结语、结束语，是研究者在理论分析和实验结果的基础上，通过推理、判断得出的富有创造性、指导性或经验性的结果与讨论。结论将反映论文研究内容的价值，与摘要和引言相呼应。结论不是将论文前述部分简单重复，也不是研究成果的简单罗列，它是作者在理论分析和实验结果基础上经过分析、整理、推断、归纳总结的过程后形成的深入的、概括性的认识和观点。结论部分主要应重点、集中论述研究结果说明了什么问题，揭示了何种规律，解决了哪些理论或实践的问题，检验了前人的哪些结论，阐述了怎样的独特见解，遗留了哪些尚待解决的问题，未来解决这些问题的设想等。

结论的写作要求为：措辞严谨、逻辑严密、词句准确，对尚不能确定的内容留有余地；结论的语句只作一种解释，即一句话只总结一个认识、一个概念、一条规律或一个结论；必须建立在事实数据和资料的基础上；适用范围与取样范围始终保持一致；语言简洁明了、准确，避免使用"大概"、"可能"和"也许"等词语；在写作格式上，若内容较多，每项内容可分条论述，每一条单独成一段；而若内容较少，可以将内容相互整合，特别是重要的数据也可以作为结论出现。

（八）参考文献

研究都是建立在前人已有成果基础上进行的，为了能反映出真实的科学依据，体现严谨的治学态度以及尊重前人的科学成果，涉及与课题有关的资料或摘录，引用已发表的文献资料，均需注明出处，编排于正文之后。参考文献的数量和质量间接地反映出作者对课题的了解和把握情况。参考文献要标明序号、作者姓名、著作或文章的名称，应按照文章参考或引证文献资料的先后顺序，依次排列。参考文献的两种体系即顺序编码制和著者出版年制。参考文献中包含多位作者时，列出前 3 位作者，超过的则需在第三位作者后面加"等"字。论文种类不同，参考文献数量也不同。

（九）附录

附录是学术论文的补充项目，应附于参考文献之后。被纳入附录的资料通常包含：研究者设计的调查测量工具，如调查问卷、访谈提纲、观察记录或测验量表等；调查研究过程中所搜集的重要一手资料；与论文密切相关且具有旁证性的文献等。

（十）致谢

对在课题研究和论文写作中提供指导、帮助的老师、同事、朋友等人员都可以在正文末致谢。同时，在此过程中，对研究提供人力、财力和物力支持和帮助的人员、组织或机构也应该表示感谢。

一般教育科学研究成果的表述会有所不同，但从格式上来说，标题、作者及其所在的单位、摘要、关键词、引言、正文和参考文献是必不可少的部分。

第二节　教育科学研究成果的评价

教育科学研究成果的评价是一个复杂而困难的问题，由于其性质和类型的不同，如人文社会科学论文与自然科学论文、理论性论文与应用性论文、学术论文与学位论文等，评价的方式与标准都有所不同。尽管对其进行量化十分困难，但是也应基于学术价值和应用价值两大核心来构建评价体系并确定评价标准。

一、评价指标

（一）毕业论文

毕业论文的考核必须通过"审阅"、"评阅"和"答辩"三个环节，对其进行综合评定。审阅的内容主要包括：任务的难度、分量及完成情况；综合运用所学理论知识进行实践的能力；创新性；查阅资料、获取信息的能力；工作态度和工作能力；存在的问题及错误等方面。评阅的内容则主要包括选题是否符合专业培养目标，深度和广度是否恰当；逻辑结构和语言表述是否正确、严密，有无独创性；调查方法设计是否合理等；答辩即是根据论文质量和答辩情况进行评定，主要考核指标为文献综述、业务水平、论文质量、工作量和工作难度等。合理地运用毕业论文的各质量指标，合理分配各评价指标的权重，对毕业论文质量进行客观、准确的评价。毕业论文最终具体评价指标见表 12-1。

表 12-1　毕业论文（设计）质量评价指标体系

一级指标	分值	二级指标	权重	各指标得分
毕业论文选题	20	指导思想	25	
		难度	25	
		工作量	20	
		综合实际的程度	30	
运用基础理论和专业知识能力	20	论文是否与专业紧密相关	40	
		是否综合运用了专业知识	60	
研究内容与研究成果	40	研究理论、内容与方法的创新性	30	
		是否有确定的科研成果	30	
		研究分析深度与广度	20	
		研究成果的实用性	30	
文献引用	10	参考文献数量是否达标	30	
		参考文献格式是否正确	30	
		是否引用研究的最新成果	40	
写作能力	10	论文是否语句通顺 表述是否完整准确	70	
		图、表、文是否规范	30	
毕业论文（设计）总得分	100		100	

资料来源：周新年. 科学研究方法与学术论文写作——理论技巧案例［M］. 北京：科学出版社，2012.

（二）其他类型研究成果

其他类型研究成果的评价指标，主要是指在评价研究报告的各个主要成分时，可以提出的各项问题。读者可将这些问题作为评价的指标，来评价报告质量的优劣，评价指标从研究成果的阐述中归纳如下，见表 12-2。

表 12-2　教育科学研究成果质量评价指标

一级指标	二级指标
标题	是否能简明扼要地概括全文主要内容
	关键词是否能提示研究方向和领域
摘要	用词是否简明准确
	是否使读者对研究目的、方法、结果有大致的了解

续表

一级指标	二级指标
文献综述	所包含的内容是否恰当切题,叙述的结构是否易于理解
	是否包含有关领域中新的重要发现
	是否容纳了与当前研究结果相反的发现
	引用他人的研究与文字的方式是否恰当
研究问题	是否阐述清楚、范围合理、价值明确
	是否与所阅读的文献资料的内容有联系
	对重要的名词术语有无必要的解释
研究假设	是否完整清晰、易于理解
	能否在文献综述部分得到其支持理由
	是否可能受到检验
研究方法	取样是否恰当
	是否对研究被试、情境或环境等特征作出说明
	是否清楚交代了研究步骤,测量工具是否适宜
	操作定义是否合理,研究设计是否恰当,统计处理方法选择是否恰当
	对无关变量是否做了适宜控制
研究结果	是否呈现了与问题有关的所有主要结果
	所附图表是否恰当有效,统计分析是否合乎逻辑、针对问题
	对统计结果是否做出简明准确的解释
讨论	是否围绕研究问题与假设
	是否有新的发现或进展
	是否提出有待进一步研究的问题
	是否说明结果的理论与实践意义
结论	证据是否重复
	分析是否客观
	阐述是否清楚简洁
结语	是否综合叙述研究问题、方法、结果与结论
参考资料	是否简短概括
	是否呈示了所有引用过的资料
	是否包括了所有必需的信息来源
	有无错误之处

二、教育科学研究成果质量标准

研究报告的质量标准，即对研究报告进行价值判断。为了较为细致、精确地评价报告的质量，还可对每一项指标进行等级评定，如评为优、良、中、差；或好、中、差；或仅简单地分为较好、较差等。要达到所有这些质量标准的较高层次，实际上是不大可能的。对研究报告的质量评价，也并无绝对的标准。本节介绍的这些质量标准，是向报告作者与读者提供的启示：作为研究成果的作者，可以参考上述质量标准，将其作为努力的方向，或作为自我评价的依据；而作为研究成果的读者，则可对别人的报告加以鉴定和评价，以判断其科学性与有用性。

第三节　教育科学研究学术规范概述

教育研究学术规范，即学术论文写作规范，是指在写作学术论文时所要遵守的明文规定和约定俗成的"规定"的标准。

一、常用标准的分类与使用

撰写学术论文时，通常采用的国家标准有"量和单位"（GB 3100～3102）、"科学技术报告、学位论文和学术论文的编写规则"（GB 7713）、《信息与文献　参考文献著录规则》（GB 7714）、《文献主题标引规则》（GB/T 3860）、《校对符号及其用法》（GB/T 14706）、《标点符号用法》（GB/T 15834）和《出版物上数字用法》（GB/T 15835）等。1992 年以后发布的国家标准中，代号为 GB 的是强制标准，代号为 GB/T 的是推荐性标准。了解正式出版物的出版规范方面的知识对于论文的发表具有重要的意义。

二、学术论文写作规范要求

（一）文献的规范

1. 引用文献

通常，教育科学研究成果的生成需建立在阅读大量文献的基础上。在写作过程中，为了增强其论述的科学性与合理性，我们经常会引用其他书籍、杂志、学术论文和会议论文等资源中的内容，称为文献的引用。引文应用时应注意以下四个方面：①引文必须来源于公开发表的著作、报纸、学术论文或会议论文等；②引文的观点必须与个人文章中阐述的观点保持一致，能有效、充分地补充个人的观点；

③引文的内容由于常是在特定的时间和条件下，针对特定的问题或对象发表的，使用时需做出必要的解释；④引用文献的标示不得出现在标题处。正确的引用文献标示位置于所引用内容最末句的右上角，引文编号即将阿拉伯数字置于方括号"[ ]"中。例如，"基于学生思维发展的英语课堂提问研究[1]"。

2. 参考文献

参考文献是指为撰写或编辑教育科学研究成果而选用的相关图书资料。根据规定，在各类出版物中，凡是引用他人的观点、数据和材料等内容时，都需在文章中出现的地方进行注明，且依次列于研究成果的末尾，即参考文献著录。由于其所处的位置，也可称之为"文后参考文献著录"。

参考文献作为研究成果中必不可少的一部分，具有以下极其重要的作用：①参考文献著录能真实地反映出研究者的态度。我们的研究都是在继承前人研究工作基础上获得发展的，列出相应的参考文献，体现出作者严谨的学科态度和尊重他人研究成果的态度。②参考文献著录能反映出论著的研究水平。引用参考文献，既可以有效地反映、提升论著的科学性，又可以显示出论著的起点、深度与广度等多方面的研究基础。③参考文献著录有利于节省论文篇幅。论著中涉及参考文献的内容只需标明出处，这可以在保证论著的观点与结论的创新性的基础上，有效减少文章的篇幅。④参考文献著录为他人研究提供便利条件。读者可以通过参考文献的出处去查阅资料，详细了解研究的具体内容、调查方法及成果等。由于参考文献具有上述重要的作用，因此，参考文献在呈现时，既需保证其著录项目要完整齐全，又需执行中华人民共和国国家标准《信息与文献　参考文献著录规则》（GB/T 7714—2015）、《文后参考文献著录规则》及《中国学术期刊（光盘版）检索与评价数据规范（试行）》，还需注意采用顺序编码制。除此之外，还需注意只有公开发表的文献可以著录，而对于未发表的资料则不可进行著录。例如，保密文件、内部文件及政府内参等资料。

资料链接12-1　常见参考文献著录的格式

（1）期刊文章（文献类标识：J）

形式一：［序号］作者. 题名 ［J］. 刊名，年，卷（期）：起止页码.

形式二：［序号］作者，作者. 题名 ［J］. 刊名，年，卷（期）：起止页码.

例如：

［1］李召存. 以儿童为本：走向"为了儿童"与"基于儿童"的整合 ［J］. 学前教育科学研究，2015（7）：9-13.

［2］左瑞勇，杨晓萍. 在文化哲学视域下重新审视幼儿园课程内容的选择

[J]．学前教育科学研究，2010（9）：31-35．

[3] Hsu S H，Huang K．Effects of word spacing on reading Chinese text from a video display terminal [J]．Perceptual and Motor Skills，2001（1）：81-92．

（2）专著（文献类标识：M）

形式一：[序号] 作者．书名 [M]．出版地：出版社，出版年：引用的起止页码．

形式二：[序号] 作者，作者．书名 [M]．出版地：出版社，出版年：引用的起止页码．

形式三：[序号][国籍] 作者．书名 [M]．翻译者．出版地：出版社，出版年：引用的起止页码．

例如：

[1] 姜勇．国外学前教育基本文献讲读 [M]．北京：北京大学出版社，2013：57-58．

[2] 陈时见，何茜．幼儿园课程的国际比较——侧重幼儿园课程设置的经验、案例与趋势研究 [M]．重庆：西南师范大学出版社，2011：148-154．

[3][英] 约翰·洛克．教育漫话 [M]．杨汉麟，译．北京：人民教育出版社，2006：7．

（3）论文集（文献类标识：C）中显示文献（文献类标识：A）

形式一：[序号] 析出文献主要责任者．析出文献提名 [A]．论文集主要责任者．论文集题名 [C]．出版地：出版社，出版年：析出文献起止页码．

形式二：[序号] 析出文献主要责任者．析出文献提名 [A]．论著主要责任者．论著题名 [M]．出版地：出版社，出版年：析出文献起止页码．

例如：

[1] 李季湄．《幼儿园教育指导纲要（试行）》解析 [A]．教育部基础教育司组织编写．《幼儿园教育指导纲要（试行）》解读 [C]．南京：江苏教育出版社，2002：50．

[2] 刘焱，潘月娟，孙红芬．中国大陆二十年幼儿园教育改革的历程回顾与现状分析 [A]．朱家雄主编．中国视野下的学前教育 [C]．上海：华东师范大学出版社，2007：18．

（4）学术论文（文献类标识：D）

形式：[序号] 作者．题名 [D]．授予学位单位，出版年．

例如：

[1] 龚文进．双语双字词听觉词汇识别进程中词频效应和多义词效应研究 [D]．华南师范大学硕士学位论文，2007．

［2］施汶倩．台湾师资培训制度中幼稚园教师资格检定之研究［D］．台北市立教育大学硕士学位论文，2011.

（5）电子文献

形式：［序号］作者．电子文献题名［EB/OL］．电子文献出处（或可获得的地址），发表（或更新）日期/引用日期．

例如：

［1］教育部．2013年全国教育事业发展统计公报［EB/OL］．http：//www. moe. edu. cn/publicfiles/business/htmlfiles/moe/moe_633/201407/171144. html，2014-10-19.

［2］National Association for the Education of Young Children. Developmentally appropriate practice in early childhood programs serving children from birth through age 8（adopted 2009）［EB/OL］．http：//www. naeyc. org/files/naeyc/file/positions/PSDAP. pdf，2014-8-5.

（6）技术报告（文献类标识：R）

形式：［序号］主要责任者．报告题名［R］．出版地：出版者，出版年．

例如：

［1］Boersma P，Weenink D. PRAAT［R］．Amsterdam：University of Amsterdam，2009.

（7）国际、国家标准（文献类标识：S）

形式：［序号］标准编号，标准名称［S］．

例如：

［1］GB 7714—2015，信息与文献　参考文献著录规则［S］．

（8）未定义类型的文献（文献类标识：Z）

形式：［序号］主要责任者．文献题名［Z］．出版地：出版者，出版年．

如果需要两行的，第二行文字要位于序号的后边，与第一行文字对齐。

（二）数字的规范

1. 数字用法

文章中汉字数字和阿拉伯数字的使用应按照国家标准《出版物上数字用法》执行。总体原则为凡是可以使用阿拉伯数字的地方，均使用阿拉伯数字。如遇特殊情况，可以相对灵活变通，但应注意全文保持一致性。同时，学术论文中的计量单位必须遵循国务院颁布的《中华人民共和国法定计量单位》和《国家标准国际单位及其应用》，表述量值时，一律使用单位的国际符号，且单位符号与数值间要空出1/4个字长。

2. 数字书写注意事项

① 年份书写时不能简写，如 2012 年不能写成 12 年。

② 引文标注中版次、卷次、页码，除古籍应与所据版本保持一致外，通常均使用阿拉伯数字。

③ 文中的数值应尽量避免使用分数，需转化为小数。

④ 5 位以上的数字或尾数零较多时，可采用以万、亿为单位。例如，教育经费投入 123000000 元就应改写为教育经费投入 1.23 亿元。

（三）表格的规范

表格是辅助文字表达的重要手段，内容始终需与文字叙述有直接的联系，表格应位于正文首次出现处最近的地方，不应过分超前与拖后。表格还应该具有清晰明了的特点，即通过标题、表格的内容就能理解其含义。

1. 表格类型

按照表格的结构形式来划分，可将表格分为圈框表、卡线表、横线表和无线表等。卡线表是由表号、表题、表头和表身四部分构成的，如表 12-3；若将它的左右两边形成闭合的状态，即为圈框表；若表内只保留横线，去除掉所有竖线，则为横线表，见表 12-4；若将表内部的横线也去掉，则形成无线表（见表 12-5）。当前，较为提倡使用三线表，如表 12-6 所示。

表 12-3　家长基本情况

项目	北京		邯郸	
	父亲	母亲	父亲	母亲
家长平均年龄/岁	38.5	32.5	34.8	33.5
家长平均学历(中值)	本科	本科	大专	大专
家庭平均月收入(中值)/元	15000～20000		5000～8000	

资料来源：刘丽伟，李敏谊. 在家努力还是参与学校：家长参与幼小衔接情况调查 [J]. 教育科学研究，2015（6）：33.

表 12-4　三种实验条件举例

无切分条件 一只小羊被大灰狼抓住了。
词块切分条件 一只小羊 被 大灰狼 抓住了。
词切分条件 一只 小羊 被 大灰狼 抓住 了。

资料来源：赵微，周硕，王庭照. 词切分对学前儿童早期阅读影响的眼动研究 [J]. 教育科学研究，2015（7）：18.

表 12-5　儿童在无切分条件和词间空格条件下的注视结果（标准差）（$N=25$）

呈现 条件	首次注视 时间/ms	单次注视 时间/ms	凝视 时间/ms	总注视 时间/ms	注视 次数
无空格	296(35)	301(37)	395(74)	581(132)	2.4(0.5)
词间空格	288(33)	293(33)	347(45)	495(124)	2.0(0.3)

资料来源：赵微，周硕，王庭照.词切分对学前儿童早期阅读影响的眼动研究［J］.教育科学研究，2015（7）：14.

表 12-6　小学生口语表达能力的性别显著性检验

性别	N	均值	标准差	F	Sig（双侧）	df
男生	135	73.0039	11.74409	0.307	0.013	268
女生	135	76.5061	11.32348		0.013	267.644

资料来源：张雅俐.小学生口语表达能力调查研究——以运城市盐湖区某小学三、四、五年级小学生为例［J］.教育理论与实践，2018（14）：60-62.

2. 制表规则

要科学精选表格，表格内容需要主题明确，重点突出，简单明了。选择适合的表格形式，科学安排表格内容，使表格保持其逻辑对比功能。具体规则如下：①文章中的表格必须具备表序和表题。其中，在论文中，表序按照全文前后顺序依次排列，如，"表1　幼儿园教师专业自觉各维度平均数比较"；而在论著中，表序则需按照章来进行分别排序，例如，"表1-1　幼儿园教师专业自觉各维度平均数比较"，横线前的数字代表章的编号，后面的数字则表示其在这一章中的顺序号，即第1章第1个表。表号后面需要空一格写表题，然后居中放在表格的上方。②表格内的数字统一采用阿拉伯数字，同一项目保留小数位数应一致，表中的小数点应尽量对齐。③表格内若出现相同数字时，不能用类似"同上"的词汇来替代。④表内不设立"备注"的项目，若需注释，可标记于表格的下方，表内相应位置需用"(1)、(2)……"来表示。⑤使用表格时，还需注意上下和左右各项对比。

（四）插图的规范

论文中常用线条图，包含示意图（如图12-1）和频数分布图两大类。其中，频数分布图包含直条图、饼状图、直方图和折线图等种类。制图规则如下：①图位置不能远离正文，其大小能准确、清晰、全面地反映出插图所要表达的内容。图号和图题应放置于图下方且居中。②凡能用表格表述清楚的内容，尽量避免使用插图。③图序应统一编号，并用阿拉伯数字进行标注。例如，图13-1即表示第13章第1图。写法上，图序与图题间应空一格字符。

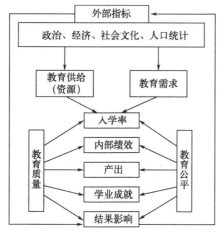

图 12-1　UNESCO 教育指示框架

资料来源：徐方．大连市义务教育均衡发展状况评估——全域城市化的视角［D］．大连：大连理工大学，2013.

1. 直条图

直条图是利用宽度相同的直条的长短表示性质相似却无连续关系的数据的次数的图形。按照数据分类标志的多少，可分为单式与复式两种。若仅表示一个分类标志的数据，称为单式直条图，如图 12-2。若表示的是两个及以上分类标志的数据，则称为复式直条图，见图 12-3。按照排列的方向，又可分为纵条图和横条图，如图 12-2 和图 12-4 所示。

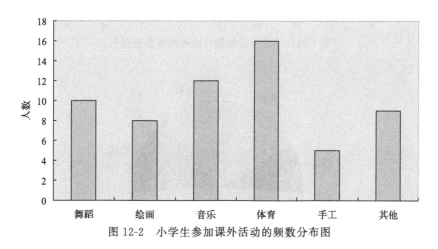

图 12-2　小学生参加课外活动的频数分布图

2. 饼状图

饼状图是通过圆内扇形面积来表示数值大小的图形。它适用于表示总体中各部分所占的比例，即研究结构性的问题，如图 12-5 所示。

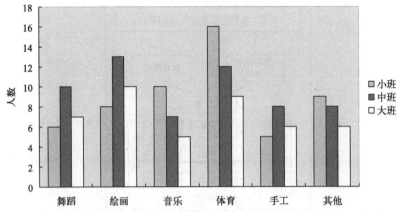

图 12-3　幼儿园小班、中班与大班学生参加课外活动的频数对比分布图

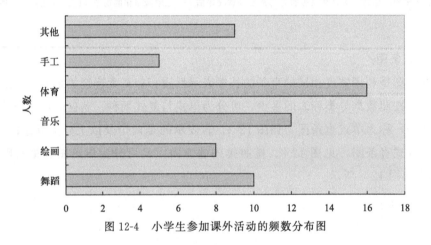

图 12-4　小学生参加课外活动的频数分布图

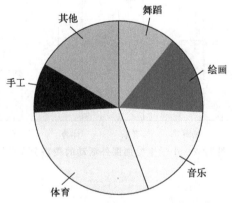

图 12-5　小学生参加课外活动的频数分布图

3. 直方图

直方图是指利用直条的面积显示次数分布的图形，通常，直方图的宽度表示组距，而高度则表示次数，适用于连续性数据的频数分布统计，如图 12-6 所示。

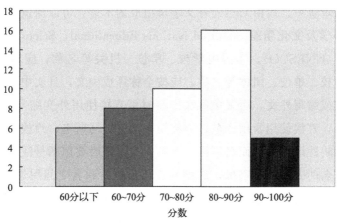

图 12-6　小学生体能测试分数分布图

4. 折线图

折线图是用直线段将各数据点连接起来而组成的图形，以折线方式显示数据的变化趋势。折线图可以显示随时间而变化的连续数据，因此，非常适用于显示在相等时间间隔下数据的趋势，见图 12-7。

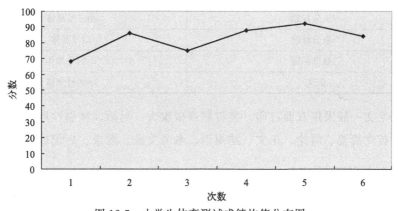

图 12-7　小学生体育测试成绩均值分布图

（五）标点符号的规范

标点符号简称标点，是现代书面语中不可缺少的组成部分。但是，由于各个国家对于标点符号的习惯不同、用法不同，查阅翻译外文资料以及撰写外文文献摘要和参考文献时需注意。

（六）名词术语规范

学术名词术语应以全国科学名词审定委员会审定的为依据。具体规则如下：①新兴的学科术语或尚无通用翻译名称的术语，可在文中第一次出现时加以注释或附原文，并力求统一。而由缩写的外文字母组成的术语，可以保留外文缩写，如联合国教育、科学及文化组织（United Nations Educational, Scientific and Cultural Organization，UNESCO）。②国内学校、单位、机关等名称，应写全称，不要写简称。外国学校、单位、团体等名称，应按全称译成中文，且文中首次出现时要用括号附注原文或缩写外文，后文中再次出现时可直接使用外文缩写。③外国人名，若有通用译名，直接使用常用译名，如裴斯泰洛齐、马斯洛、卢梭、洛克等。若无通用译名，则将姓译成中文而名不译，且第一次出现时要用括号注明原名，写法为先写姓，后写名的大写缩写字母，加缩写点，且将姓和名之间用逗号隔开。其中，首字母大写，其余小写。William George Harkins 应写为哈金斯（Harkins，W. G.）。④所有的名词、术语、人名等名称，均需保证在文稿中的一致性。

（七）打印与装订规范

文稿定稿后，需调整格式与打印。论文常用字体和字号，见表12-7。

表 12-7　论文常用字体和字号

标题	字体字号
论文标题	小二号黑体
一级分标题	小三号黑体
二级分标题	四号黑体
三级分标题	小四号黑体
正文	小四号宋体

学术论文一般采用双面打印，装订顺序依次为：封面、独创性声明、目录、中文摘要、英文摘要、绪论、正文、结束语、参考文献、附录、后记或致谢。

思考与练习

1. 简述教育科学研究成果的基本形式及其特点。
2. 撰写研究报告应抓住哪些基本环节？掌握哪些写作技巧？
3. 教育科学研究成果质量评价指标有哪些？

实践与训练

选取研究课题，用定量或定性研究方法进行调查，按照研究论文的结构与要求，撰写一篇研究论文。

参考文献

[1] 曾晓洁. 小学教育研究方法[M]. 北京：高等教育出版社，2015.

[2] 陈向明. 质的研究方法与社会科学研究[M]. 北京：教育科学出版社，2000.

[3] 陈时见. 教育研究方法[M]. 北京：高等教育出版社，2016.

[4] 丁钢. 声音与经验：教育叙事研究[M]. 北京：教育科学出版社，2008.

[5] 金哲华，俞爱宗. 教育科学研究方法[M]. 北京：科学出版社，2011.

[6] 风笑天. 社会研究方法[M]. 4版. 北京：中国人民大学出版社，2013.

[7] 李泽宇. 中小学教育研究方法[M]. 北京：教育科学出版社，2016.

[8] 刘淑杰. 教育研究方法[M]. 北京：北京大学出版社，2016.

[9] 欧阳康，张明仓. 社会科学研究方法[M]. 北京：高等教育出版社，2001.

[10] 裴娣娜. 教育研究方法导论[M]. 合肥：安徽教育出版社，1995.

[11] 茹荣芳，高庆春，陈新景. 学前教育研究方法[M]. 北京：清华大学出版社，2016.

[12] 宋虎平. 行动研究[M]. 北京：教育科学出版社，2006.

[13] 童辉杰. 心理学研究方法导论[M]. 北京：中国人民大学出版社，2012.

[14] 徐红. 教育科学研究方法[M]. 武汉：华中科技大学出版社，2013.

[15] 杨晓萍. 教育科学研究方法[M]. 重庆：西南师范大学出版社，2017.

[16] 杨小微. 教育研究的理论与方法[M]. 北京：北京师范大学出版社，2008.

[17] 赵新云. 教育科学研究方法[M]. 北京：中国人民大学出版社，2009.

[18] 张湘洛. 教育科学研究方法[M]. 北京：国家行政学院出版社，2012.

[19] 张黎. 怎样写好文献综述——案例及评述[M]. 北京：科学出版社，2014.

[20] 刘易斯·科恩，劳伦斯·马尼恩，基思·莫里森. 教育研究方法[M]. 6版. 上海：华东师范大学出版社，2015.

[21] Ian Menter. 教育科研实用指南[M]. 刘常庆，邱超，译. 上海：华东师范大学出版社，2014.

[22] 劳伦斯·马奇，布伦达·麦克伊沃. 怎样做文献综述——六步走向成功[M]. 陈静，肖思汉，译. 上海：上海教育出版社，2014.

[23] 阿琳·芬克. 如何做好文献综述[M]. 齐心，译. 重庆：重庆大学出版社，2014.

[24] 哈里斯·库珀. 如何做综述性研究[M]. 刘洋，译. 重庆：重庆大学出版社，2013.

[25] 高尔. 教育研究方法导论[M]. 许庆豫，译. 南京：江苏教育出版社，2002.

[26] 张希希. 教育叙事研究是什么[J]. 教育研究，2006，28（2）：54-59.

[27] 刘良华. 教育叙事研究：是什么与怎么做[J]. 教育研究，2007，29（7）：84-88.

[28] 傅敏，田慧生. 教育叙事研究：本质、特征与方法[J]. 教育研究，2008，30（5）：36-40.

[29] 李云鹏. 中小学教师问题意识研究[J]. 中国教育学刊，2010（12）：64-67.

[30] 李枭鹰. 文献综述：学术创新的基石[J]. 学位与研究生教育，2011，28（9）：38-41.

[31] 李润洲. "主题编织"抑或"问题先导"——对教育学科学位论文文献综述的思考[J]. 研究生教育研究，2014，12（3）：57-60.

[32] 简成熙. 哲学、教育理论和教育研究范式之关系[J]. 教育学报，2017，13（4）：3-16.

[33] 黄宗智. 问题意识与学术研究：五十年的回顾[J]. 开放时代，2015（6）：7，123-134.

[34] 冯向东. 关于教育研究方法的功能分层[J]. 大学教育科学，2010，2（2）：4-7.

[35] 徐建华，张天雪. 对教育科学研究方法知识体系建构的思考[J]. 课程·教材·教法，2012，32（4）：27-31.

[36] 孙绵涛. 西方范式方法论的反思与重构[J]. 华中师范大学学报（人文社会科学版），2003（6）：110-125.

[37] 仇立平. 社会研究和问题意识[J]. 江苏行政学院学报，2010（1）：70-75.

[38] 苏力. 问题意识：什么问题以及谁的问题？[J]. 武汉大学学报（哲学社会学报），2017，70（1）：10-17.

[39] 王洪才. 教育研究的基本方法论[J]. 北京师范大学学报（社会科学版），2006（6）：21-27.

[40] 王琪. 撰写文献综述的意义、步骤与常见问题[J]. 学位与研究生教育，2010（11）：49-52.

[41] 支运波. 人文社会科学研究中的文献综述撰写[J]. 理论月刊，2015（3）：79-83.

[42] 钟柏昌，李艺. 行动研究应用中的常见误区——基于过去6年教育类核心期刊论文的评述[J]. 现代远程教育研究，2012（5）：31-35.

[43] 赵明仁，王嘉毅. 教育行动研究的类型分析[J]. 高等教育研究，2009，30（2）：49-54.

[44] 宋永宁，金野. 一个自闭症儿童辅导的行动研究[J]. 中国特殊教育，2006（4）：58-61.

[45] 邹菲. 内容分析法的理论与实践研究[J]. 武汉：武汉大学，2004.

[46] 余娟. 论心理学研究中的内容分析法[J]. 河西学院学报，2006（01）：74-77.

[47] 邱均平，余以胜，邹菲. 内容分析法的应用研究[J]. 情报杂志，2005（08）：11-13.

[48] 赵蓉英，邹菲. 内容分析法学科基本理论问题探讨[J]. 图书情报工作，2005（06）：14-18，23.

[49] 邱均平，邹菲. 关于内容分析法的研究[J]. 中国图书馆学报，2004（02）：12-17.

[50] 邱均平，邹菲. 国外内容分析的研究概况及进展[J]. 图书情报知识，2003（06）：6-8.